中华长江文化大系

长江流域的物流枢纽

物之驿站

总 主 编　黄　强　唐冠军

本卷编著　张培林　孙孝文　崔　文

长江出版社

图书在版编目（CIP）数据

物之驿站——长江流域的物流枢纽/张培林,孙孝之,
崔文编著.—武汉:长江出版社,2014.6

（中华长江文化大系.Ⅱ）

ISBN 978-7-5492-2727-3

Ⅰ.①物…　Ⅱ.①张…②孙…③崔…　Ⅲ.①长江流域
—物流—水路运输管理—研究　Ⅳ.①F552.42

中国版本图书馆 CIP 数据核字(2014)第 139447 号

物之驿站——长江流域的物流枢纽　　　　　　　　　张培林　孙孝之　崔文　编著

出版策划:别道玉　赵冕

责任编辑:吴曙霞

封面绘画:刘偲

装帧设计:刘斯佳

出版发行:长江出版社

地　　址:武汉市解放大道 1863 号　　　　　　　　邮　　编:430010

E-mail:cjpub@vip.sina.com

电　　话:(027)82927763(总编室)

　　　　　(027)82926806(市场营销部)

经　　销:各地新华书店

印　　刷:武汉精一印刷有限公司

规　　格:787mm×1092mm　　　　1/16　　　15.25 印张　　　260 千字

版　　次:2014 年 6 月第 1 版　　　　　　　　2014 年 7 月第 1 次印刷

ISBN　978-7-5492-2727-3/K・304

定　　价:　86.00 元(平装)
　　　　　128.00 元(精装)

序一

季羡林

改革开放以来，长江文化研究日益繁荣昌盛，突飞猛进。研究的范围，可分为两大方面：一是对长江流域各大地区文化的研究，比如巴蜀文化、楚文化、吴文化，等等，有的出了专著，有的发表了论文，有的甚至组织了学会，总之是百花齐放，异彩纷呈。二是对长江文化综合的研究。这方面的成果也是异常卓著的。已出版的专著有李学勤先生主编的《长江文化史》(1995年)，材料丰富，论证精湛，受到读者的好评。此外，正在编纂中的还有湖北社会科学院主持的《长江文化研究文库》，邀请了全国许多学者担任各部分的主编，规模之庞大可说是空前的。另一部正在进行编纂的巨著，是由长江航运系统主编的《中华长江文化大系》，共分8编64卷，规模也是十分巨大的。仅从这三个例子就能看到，长江文化研究已是当今学坛上的显学了。

宇宙间，事出皆有因。在这里，因究竟何在呢？经过我反复思索，我觉得，这首先应该归功于改革开放，没有改革开放，中国学人头上的紧箍未松，时时如临深渊，如履薄冰，唯恐什么人一念紧箍咒，则只好再一次躺倒在地大打其滚了。现在终于盼来了改革开放，头上的紧箍取掉，内心中的喜悦陡增，创作欲和写作欲突然腾涌起来，如海上怒涛，势不可遏。学坛上一片盎然生机，从来不敢谈的问题，现在敢说了。从前说得吞吞吐吐，欲语还休的问题，现在敢于直抒胸意了。长江文化，从前不能说没有谈过；但是讨论问题最多只能说是处于萌芽状态。现在则可以大谈而特谈了。

其次一个原因，我认为与弘扬中华民族的优秀文化这个号召或者共识有关。中国文化，博大精深，对人类作出了巨大的贡献。到了近代，由于众所周知的原因，隐而不彰，连中国人民自己都失去了信心。崇洋媚外之歪风邪气，达到了令人难以忍受的程度。一旦弘扬中华文化的口号提出，顺乎民心，应乎人情，"好雨知时节"它滋润着亿万中华心。中华文化，内容异常丰富，长江文化是其中重要组成部分，归入弘扬之列，自然不在话下。

再次，中华文化的来源决不止一途。世界文化史的公

季羡林

例是，古老文化的诞生离不开长江大河。古代埃及如此，古代巴比伦也是如此。中国又焉能例外。中国河流之长者，北有黄河，南有长江。中国最早的文化，即源于此二江河流域。总起来看，黄河流域可能早了一点，至少，是比较为人所知。中国历史上最早的几个朝代的首都都在黄河流域，可以为证。但是，长江流域文化的兴起决不稍晚。现在的考古发掘工作明确无误地证明了这一点。但是，由于某一些原因……有的原因至今还说不明白……，多少年来，黄河文化一花独放，讲中国历史，也往往只讲黄河流域的古代文化，没有能让人了解中国古代文化的全貌或者真正面貌，不能不称之为憾事。现在改革开放的春风吹绿了神州大地，也吹醒了长江文化的研究。中国古代史的真面目才大白于世。对中国和世界学术界来说，这不能不说是十分值得庆幸的事。

也或许有人要问：在短期内，一下子出版了三部内容相同的巨著，这是否可能有重复之处呢?这是否也属于中国常见的一窝蜂的现象呢？我敬谨答曰：不!不!那是绝对不可能的。因为，三部巨著虽然研究的对象都是长江文化；但是，取材的繁简并不相同，处理材料的角度和重点并不相同，读者对象也不相同。三部巨著只有互补之功，决无重复之嫌。

《长江文化史》，既然称之为"史"，就必然要按照历史顺序来叙述长江文化，从史前一直讲到近代，在每个时期中分门别类叙述文化的各个方面，对文化交流特别重视。这是一部谨严的自成体系的学术著作。至于《长江文化研究文库》，既然号称"文库"，就是以单独著作为基础，这些著作涉及长江文化各个方面。既然号称"研究"，就是要强调学术性，强调系统性，强调真知灼见。

谈到现在这一套《中华长江文化大系》，虽然规模同样巨大，却与上述《文库》不同，不是专门著作，而是综览概述，以人文景观、自然风光、艺术神韵、风土人情等为主干；虽同样强调学术谨严；但文字力求生动、活泼，雅俗共赏。与《文库》可说是异曲而同工，殊途而同归。

我个人认为，黄河与长江，有许多共同之处，"黄河之水天上来"，长江之水也同样是天上来；却也有极大的不同之处，黄河由于地理环境的限制，自然景观有些单调、枯燥；而长江则迥乎不同。这里山高水长，峰峦竞秀，鬼斧神工，天造地设。特别是在三峡一段，更是秀色甲天下。中间的庐山，拔地而起，成为世界名胜。长江流域，大山之外，还有大湖，洞庭湖、鄱阳湖、太湖，像一颗颗明珠镶嵌在万里长江的岸边上。

也许有人会提出疑问：长江的自然景观，不管是多么秀丽雄伟，毕竟都是天造地设自然生成的，而文化则是人类创造出来的东西，二者能够同日而语吗?这个疑问不能说没有道理，我曾再三仔细地考虑过这个问题。我觉得：二者确有不同之处，而相同之处则更多，更重要，更有关键性。文化的特点在于有个性，有生命。我曾在国内游过一些名山。最初不过是慕名而去，只是浮光掠影地欣赏大山之秀奇雄伟，没有深入思考。现在思考起来，山与山是不同的。泰山决不同于黄山，黄山决不同于青城山。依此类推，则峨眉山决不同于华山，华山决不同于五台山。每一座山的个性昭然可见，而山的生命即寓于其中矣。我也曾到过世界上许多国家，瑞士独以山青水秀蜚声世界。我面对瑞士的山水，只觉得秀丽神奇，非语言文字所能表达，心动神移，徒唤"奈何"。现在想来，瑞士的山水决不同于中华，这种奥妙神奇，难道不就是瑞士山水的个性表现吗？联合国把世界上，包括中国在内的一些名山列入文化范畴，是非常有道理的。

眼前这一部《中华长江文化大系》，以生动活泼的语言介绍人杰地灵、物华天宝的长江文化的方方面面，把长江流域的自然景观纳入书内，而且占有重要的地位，其见编著者眼光之犀利，识力之超群，不能不令人佩服。

根据我这些简略的论述，这一套《大系》的重要意义以及它在三套巨著中特殊的地位，已跃然纸上。它的出版一定会受到国内外读者热烈欢迎的。

是为序。

季羡林

序二

黄 强

长江一唱几千秋，入海出山气韵悠。
浩淼沧茫歌万里，经天纬地润神州。

长江是中华民族的母亲河，她与黄河一道哺育了灿烂辉煌的中华文明。长江从远古走来，从雪域启程，越高原、穿峡谷、走盆地、过平原、入东海，一路阅尽沧桑，一路创造奇迹。她挥洒出雄奇秀美的山峰、高峻深切的峡谷、连绵不绝的丘陵、坦荡如砥的沃野、辉煌灿烂的文明。长江之水，如诗如画，至柔至刚，激荡中华大地；长江之歌，荡气回肠，响彻天外，激励炎黄子孙。

长江滚滚东流，气势恢宏，神韵悠长。奔涌不息的既是滋润万物的生命之水，更是中华民族的历史与文化。在长江流域180万平方公里的土地上，不同区域不同形态的文化竞放异彩。工业、农业、商贸、交通、水利、林业、渔牧等业态文化薪火相传；青藏、巴蜀、湖湘、荆楚、皖赣、吴越和沪上等区域文化争奇斗艳；巴人歌舞、夔州竹枝、秭归龙舟、昆曲越剧等非物质文化各领风骚。此外，还滋生了其他各类丰富的文化形态。长江文化依水而生、以通为本、以江为魂、因博而兴，采古今众长，纳中外精华，逐步形成了源远流长、博大精深、人水和谐、同舟奋进的文化特质，为中华文化的形成与发展作出了巨大贡献。

《中华长江文化大系（二）》是一套全面介绍长江文化的系列读本。在《中华长江文化大系（一）》的基础上，本丛书力求更全面、更系统地展示长江文化，更加注重长江文化底蕴挖掘和特质提炼，并着力把握长江流域经济社会发展新特征。作为国家级大百科历史文化重点出版工程，本丛书按照文化百科全书整体构架，分为浩淼沧茫、金粉烽烟、千秋吏法、商贾兴衰、伦理传承、语言文化、天堑通途、山水传奇等8编64卷。《大江经纬》开篇来，《北纬绿斑》放异彩，全套丛书包括2000多万文字和近万幅图片，时间跨度五千年，地域涵盖全流域。它以人

黄　强

文历史的宏大视野，用生动的史话语言和精炼的叙述文字，全方位展示多彩的长江文化，为读者提供完整准确的长江印象。

值此举国上下推进文化强国战略之际，适逢长江航运发展上升为国家战略之时，长江儿女秉持"中国黄金水道、世界内河一流"的美好愿景，同舟共济谋跨越，文化为先促发展，长江涌动文化建设的热潮。交通运输部长江航务管理局举长江航运业之力，集社会各界之智，聚长江情结、国家意识、世界眼光为一体，以一流组织，一流编著，一流出版，一流成果为目标，担纲编著《中华长江文化大系（二）》。各位同仁全力以赴、披肝沥胆、广征博引，又好又快完成了这一功在当代、利在千秋的精品力作，向长江和祖国献上了一份厚礼。

《中华长江文化大系（二）》立足大长江、大流域、大文化，融知识性、趣味性、学术性为一炉，博大精深、雅俗共赏，适合全民阅读。走进丛书，您将饱览一条奔腾不息的万古长江，品味一部千秋弥香的人文历史，获得一份弥足珍贵的精神财富，拥有一册在手走长江的愉悦享受。本丛书的出版，对于提升长江文化影响力，推进中华文化大发展，促进流域经济新跨越，必将产生积极而深远的影响。

中华长江文化大系

指导委员会

中华长江文化大系

学术顾问委员会

中华长江文化大系

编纂委员会

中华长江文化大系

联合编辑部

前　言

　　我国古籍《尔雅·释水》称："江河淮济为四渎。"所谓四渎，乃古代四条独流入海的大水，以长江位居首位。可见，我国古代就对长江的地位有充分认识。长江发源于青藏高原唐古拉山主峰各拉丹冬雪山，从西向东流经 11 个省（自治区、直辖市），最后注入东海，全长 6300余公里，是世界第三、亚洲第一大河，流域总面积 180 万平方公里，约占我国国土总面积的五分之一，被称为中华民族的母亲河。长江从古至今养育着世世代代的华夏儿女，长江沿岸的考古发现说明长江流域是中华民族的摇篮。1959 年，在浙江省嘉兴县马家滨发现的新石器时代文化遗址，向世人展示了长江下游的远古文明，打破了古代文明起源是以黄河流域为中心逐渐向四周辐射的一元说。1973 年位于浙江省余姚市的河姆渡村发掘了河姆渡文化遗址后，长江流域也是中华民族的发源地之说日渐被人们所认同。事实上，距今 170 万年的直立元谋人已知使用石器和火，他们是长江流域文明的最早开拓者，从长江早期文明的发展规律和发展过程来看，长江文明同样是中华文明的重要发祥地。

　　长江自古航运发达，素有"黄金水道"之称，拥有雅砻江、岷江、沱江、赤水河、嘉陵江、乌江、湘江、沅江、汉江、赣江、青弋江、黄浦江等支流以及滇池、草海、洪湖、洞庭湖、鄱阳湖、巢湖、太湖等重要湖泊，在江苏省扬州市与京杭运河相交，其中汉江是长江的最大支流。自古以来，长江流域勤劳智慧的人们，开发利用长江及其支流的舟楫之便，通过船舶运输使长江成为我国重要的货物运输大动脉。蓦然回首，在数千年的历史长河中，长江货通天下，物畅其流，在沿岸形成了

星罗棋布的货运枢纽,为各时期社会经济的发展作出了重要贡献,谱写出世界运输史上壮丽的篇章。在人类社会迈入充满希望与挑战的信息化时代,现代交通工具使货物的流通向规模化、速度化方向发展;特别是电子商务、EDI 系统、物联网等各种越来越智能、便捷的现代物流技术如雨后春笋般出现,在现代生产及生活中发挥着越来越重要的作用,古老的长江正焕发着时代的青春。

本书是《中华长江文化大系》丛书之一,全书梳理了长江货运枢纽发展变化的历史,以时间为经,以地理方位为纬,按照史话体裁写作,兼顾史料性、可读性的要求。全书共 9 章,分为 4 个部分。第一部分包括第一章和第二章,是长江货运枢纽历史背景与地位的总体描述。第二部分包括第三章至第七章,是对长江沿江重要物流枢纽历史及发展现状的描述。第三部分为第八章,是对长江区域性物流枢纽历史及发展现状的描述。第四部分为第九章,是对现代物流技术的描述。本书力图全景式地向读者展示长江物流枢纽的悠久历史和崭新面貌,赞颂其辉煌成就,弘扬长江灿烂文化,为长江全流域黄金水道大发展积蓄精神力量与文化财富,这也是编辑出版本书的主旨所在。

目 录

序一

序二

前言 / 1

第一章 古津流韵 / 1

第一节 晓月古渡 14

一 舟楫相配 / 1

二 逍遥古津 / 4

第二节 鸡鸣驿站 / 14

一 飞马传书 / 14

二 客货中转 / 16

三 千年古驿 / 17

第三节 不涸之仓 / 26

一 立国之本 / 26

二 兵马之基 / 29

第二章 水上丝路 / 31

第一节 东通万国 / 31

一 水上通道 / 32

二 通商口岸 / 32

第二节 北连京陕 / 36

一 纵贯南北 / 36

二 运河之城 / 38

第三节 南接云贵 / 41
一 水陆衔接 / 41
二 油木之城 / 43
第四节 西达巴蜀 / 44
一 通天之河 / 44
二 巴蜀重镇 / 47

第三章 海上门户——上海 / 50
第一节 临港新城 / 50
一 通商口岸 / 51
二 陆路枢纽 / 56
三 浦东新港 / 64
四 浦东空港 / 65
第二节 物流旗舰 / 67
一 物流园区 / 68
二 物流企业 / 73

第四章 华东要枢——南京 / 78
第一节 通涉五洲 / 78
一 古都良港 / 79
二 水铁联运 / 82
三 江海联运 / 84
第二节 华东新枢 / 86
一 骤速发展 / 86
二 铁路运输 / 88
三 航空运输 / 91
四 公路运输 / 94
五 管道运输 / 94
六 物流旗舰 / 95

第五章　九省通衢——武汉 / 99

　第一节　两江联袂 / 99

　　一　集舟为市 / 99

　　二　百里江滩 / 103

　第二节　江城配送 / 106

　　一　玉带纵横 / 106

　　二　星罗货站 / 110

　　三　楚天九州 / 112

　第三节　神州天元 / 118

　　一　天河繁星 / 118

　　二　盘龙巨贾 / 120

第六章　六市融渝——重庆 / 123

　第一节　交汇三江 / 123

　　一　坐拥三江 / 123

　　二　两翼三洋 / 129

　第二节　西部枢纽 / 133

　　一　航运中心 / 133

　　二　铁路枢纽 / 135

　　三　西南空港 / 140

　　四　公路枢纽 / 143

　　五　气通巴渝 / 144

　　六　物流旗舰 / 144

第七章　西南中心——成都 / 149

　第一节　天府之国 / 149

　　一　蜀中江南 / 150

　　二　蜀道难通 / 153

　第二节　西南枢纽 / 155

　　一　通江达海 / 155

第 **7** 卷

物之驿站

二 路在四方 / 160

三 连接东西 / 165

四 贯通巴蜀 / 166

五 物流旗舰 / 166

第八章 辐射四方——区域枢纽 / 169

第一节 江淮重镇——合肥 / 169

一 中西枢纽 / 169

二 物流旗舰 / 177

第二节 赣中都会——南昌 / 179

一 三江五湖 / 179

二 一城双核 / 182

第三节 楚汉名城——长沙 / 184

一 星城枢纽 / 185

二 物流旗舰 / 195

第九章 物流技术 / 199

第一节 数字生存 / 199

一 电子商务 / 199

二 EDI 系统 / 206

三 物流仿真 / 212

第二节 物联网 / 217

一 物具智慧 / 218

二 物物相连 / 226

参考文献 / 229

后　记 / 230

总后记 / 232

第一章

古津流韵

　　我们伟大的祖国陆疆广大、河湖众多、海域辽阔,有着发展水陆交通的优越条件。商周时期,城市间便有了较为发达的水陆交通线,甲骨文中出现的"舟"与"车"二字,说明当时水陆交通已经具有相当规模。横贯我国东西的长江,是我国第一大河流,流域水网密布,是水路运输的重要通道,几千年来,生活和繁衍在长江流域的人们,以其勤劳勇敢与智慧,利用和开发长江水运,货通天下,物畅其流,百舸争流,千帆竞渡,展大江神韵。

第一节　晓月古渡

　　"长亭外,古道边,芳草碧连天,晚风拂柳笛声残,夕阳山外山",一曲凄惘的《送别》,唱出古人离别的依依不舍。"寒关云复雪,古渡草连沙",长亭、古道、古渡,总是和跋涉远行连在一起。人类很早就发现水具有浮力,于是水运成为最早被利用的运输方式之一。从羊皮充气的筏子,用手划桨的独木舟,到借风使舵的漂亮的多桅帆船,水运把被水无情地分隔开来的陆地重新紧密地联系在一起。

一　舟楫相配

　　"假舟楫者,非能水也,而绝江河"(《荀子·劝学》),说明舟楫是远渡江河所需要凭借的工具。上古时期,居住在江河之滨的先民,在从事渔猎活动中与水紧密相依。每当洪水为灾时，便有许多人葬身水中，有些人意外地抓住了漂浮的树干侥幸逃生，这种现象多次反复出现，便使人们认识到树木可以在水上漂流不沉。《易经·系辞》说"木在水上也"，就是原始人类对认识到木质物体具有浮性的文字记载。有了这种认识以后，人们便试着附木渡水，进而又把许多根木头捆扎在一起。于是，最早的筏便产生了。《淮南子·物原》里说："燧人氏以匏[páo 袍]济水，伏羲氏始乘桴。"其中"匏"指葫芦，"以匏济水"是说古人为了使生活得到改善，抱着类似葫芦一样空心的物体作为浮具，到深水去捕鱼。"伏羲氏始乘桴"，桴就是筏。"伏羲始乘桴"的记载，说明当时筏已被用于涉水航渡，这生动地记载了渡水工具历经改进的过程。《易·涣》："利涉大川，乘木有功也。"正是对筏的历史功绩的肯定。

富于追求的原始先民，并没有满足于筏的成功，他们在采用木筏航渡的实践基础上，不断探索，终于在利用树木制造航渡工具的认识上，又发生了一次飞跃。《世本》说："古者观落叶以为舟。"这一记载反映了上古先民，模拟树叶的形状创造了舟的形体。水中的独木之舟，正与漂浮在水上的一片树叶相似。他们对木质物体浮性的进一步认识，产生了造舟的整体思考。文献记载中关于独木舟发明者的说法很多：一说"番禺始作舟"，又说是黄帝的两个大臣"共鼓、货狄作舟"，或说"巧垂作舟"。这些说法表明舟不是一人发明的，在很多地方都有发明者。《淮南子》说："古人见窾木浮而知为舟。"中空而漂浮于水面的木头启迪了他们"刳木为舟"的想法。

绵亘数千年的长江航运历史，开端于筏和独木舟。"畏途随长江，渡口下绝岸。差池上舟楫，杳窕入云汉"（杜甫《白沙渡》），道出了长江水运的艰辛与便利。长江水系独木舟制造的时间，大约在 7000 年以前。1973 年在浙江余姚县河姆渡村发现了一处距今约 7000 年的新石器时期远古居民遗址。遗址中发现了六支木桨，都是用整块木板制成的。有一支残长 0.6 米，宽 0.12 米，叶长 0.5 米，柄上刻有横线与斜线组成的几何形花纹。

河姆渡遗址出土的木桨

另一支木桨残长 0.92 米，整体细长扁平，像柳叶一样。说明先民们已会剖制木板，已具备了向制造木板船发展的条

件。在木桨附近还搜集到一具夹炭黑陶质的独木舟模型，经测定都是7000年前的遗物，说明河姆渡人已把他们所掌握的木结构技术，应用到了舟船的制造上。此后，1977年河姆渡遗址又出土木桨，残长62.0cm、宽3.5cm、桨叶长27.8cm、厚2.0cm。

1958年，在江苏省武进县奄城乡出土了一只长11米，宽0.9米，内底宽0.56米，深0.42米的独木舟，它是用一整段大原木挖空而成的，据考证是春秋时期的独木舟。1965年前后在奄城又陆续发现两只独木舟。据考证也是春秋时期的遗物。其中一只尖头敞尾，看上去似乎只有半只，实际却是一只完整的独木舟。敞尾，没有尾封板，建造起来容易。船靠岸时，上下也方便。航行时，人靠前坐，头重尾轻，敞尾翘在

水面上，也没有进水之虞。这是另一种类型的独木舟。在这些独木舟上，遗留有明显的剞挖痕迹，与《周易》所说"刳木为舟，剡木为楫，致远以利天下"互相印证。

在四川省宝轮院和冬笋埧等地出土的公元前316年建造的几只独木舟葬具(称为船棺独木舟)，平均长5.3米，宽1.05米。长江水系云南等地也有独木舟出土。这说明到战国时代，独木舟作为简便的水上交通工具，已在长江上

河姆渡文化遗址

1973年，河姆渡遗址被发现并首次发掘，它是我国目前已发现的最早的新石器时期文化遗址之一，位于距宁波市区约20公里的余姚市河姆渡镇。遗址总面积达5万平方米，叠压着四个文化层。经测定，最下层的年代为7000年前。经过科学发掘，先后出土了骨器、陶器、玉器、木器等各类质料组成的生产工具、生活用品、装饰工艺品以及人工栽培稻遗物、干栏式建筑构件、动植物遗骸等文物近7000件，全面反映了我国原始社会母系氏族时期的繁荣景象。河姆渡遗址的发掘为研究当时的农业、建筑、纺织、艺术等东方文明，提供了极其珍贵的实物佐证。

右侧边注：
1958年在江苏省武进县奄城乡出土独木舟
1965年在奄城发现的独木舟
船棺独木舟

游部分地区使用。

　　长江流域各地出土的木浆,证明了当地长江流域的原始先民确实有过剡木制楫的创造过程。同时,独木舟的创造成功,是人类历史上的一件伟大的创举,具有重大的意义。它的出现,使原始人类在水上的活动范围有了新的扩展,为上古的先民开拓了更大的生活领域。长江水系中独木舟的应用,在促进当时渔猎生产的发展的同时,也揭开了长江流域水上交通的序幕。

二　逍遥古津

　　"长汀细草愁春浪,古渡寒花倚夕阳"。古渡,总让人想起荒冷孤寂,关山万里,前途未知,"一壶浊洒尽余欢,今宵别梦寒",充满离愁别绪,但也不乏诗情画意。"渭城朝雨浥轻尘,客舍青青柳色新,劝君更尽一杯酒,西出阳关无故人",就是咸阳古渡送别的另一番情景。古渡的流水、木船、锈迹斑驳的栈桥,总是散发着迷人的历史古韵。"大江横万里,古渡渺千秋"(唐·戴叔伦《京口怀古》),在浩渺的长江,古渡在水运中发挥物流集散的重要作用。

　　1.古代长江渡口

　　历史上,长江古渡有被称为"江南第一渡"的西津古渡,以及嘉川古渡、桔柏古渡、石鼓渡口、瓜州古渡、蜀河古渡等。

　　(1)西津古渡

　　西津古渡坐落在镇江市西边的云台山麓,三国时叫"蒜山渡"。这里原先紧临长江,滚滚江水就从脚下流过。1000年前,唐朝诗人张祜夜宿西津古渡小山楼,登楼眺望长江,思绪游动,信而走笔,写下了《题金陵津渡》七绝:"金陵津渡小山楼,一宿行人自可愁。潮落夜江斜月里,两三星火是瓜洲。"(唐朝时的金陵不是南京,而是指京口,北宋时才改称镇江),他以轻灵细腻的笔调,谐和而低回的音韵,抒发羁愁旅意,展示了长江月色美景,清美之至,宁静之至。宋代以后称为"西津渡",是我国东南地区漕粮、丝绸等

西津渡
古街
▼

货物北运京师的重要港口。

清代以后，由于江滩淤涨，江岸逐渐北移。当年的西津古渡现在离长江江岸已有 300 多米的距离。古渡待渡亭前坡道上的青石板中间有一坡面，坡面一来作雨天快速排水之用，二来用于在西津渡上岸或离港的大宗货物运输之用，坡面当中至今留有深深的车辙，正是来自当年川流不息的运货所用的独轮车留下的痕迹。

今天的西津古渡是一条有着千年历史，令人称奇叫绝的古街，全长虽仅五百公尺，但有自唐宋以来的青石街道、元明的石塔、晚清时期的楼阁，都是别具风情的建筑，沿坡而建的几道石门古色古香，门楣上历代名人的题字清晰可见，西

西津渡
古街

边的小码头街仍保持着唐宋风韵，"待渡亭"让人想起如今的港口码头，当年的商旅们想必曾在此俯视滚滚长江，怀着各式心情等待着一次难以预测的远行。

漫步在这条古老的街道上，似乎是在一座天然的历史博物馆内散步，可以领略当年西津渡地处要塞，人来货往，商旅繁盛的景象。如今，夜色下的西津渡古街，显得平静，行人来来往往，居住在临街的居民，打开门窗，让灯光照射在石板上，然后搬出小桌凳椅，摆上饭菜，在屋外吃饭。有的老人则躺在竹椅上，听着扬州评话，闭目养神，安详自在，昔日的喧嚣，已流逝在历史的长河中。

（2）嘉川古渡

嘉川镇位于四川旺苍县城以西 10 公里，广元市以东 56 公里。嘉川渡自古以来是连接苍溪、南部、阆中的一个重要的货物集散地。唐代著名诗人姚鹄曾留下《嘉川府楼晚望》诗："楼压寒江上，开帘对翠微。斜阳诸岭暮，古渡一僧归。"宋代置嘉川道，为利州通往巴州的必经之道，商旅往来络绎不绝。

清朝初年，嘉川古渡从明代确立的谢家场渐次迁入庙二湾，庙二湾成了东河上游主要的水陆码头。东西陆路有广、巴大道横贯，南北有双河至南充的东河黄金水路运转，庙二湾成了川北重要的煤、铁瓷、布匹、丝绸、盐巴和土特山货的集散地。

（3）桔柏古渡

桔柏古渡位于昭化古城东门外。昭化，古称葭萌。至今已有4000多年的历史，是全国重点文物保护单位——剑门蜀道遗址群的重要组成部分，是迄今为止国内保存最为完好的一座三国古城。城东嘉陵江和白龙江的合流处，沿岸生长了很多"桔"和"柏"，这里就是桔柏古渡，又叫桔柏津，是古驿道上的重要津渡。

桔柏渡的地理位置特别重要。此处江面宽阔，滩险水急，既是著名的码头，也是险隘的关口。新旧唐书所载唐玄宗幸蜀，"遇有双鱼负舟过津，议者以为龙"的故事，就发生在这里。相传唐明皇还在渡口南岸罢兵三日摆宴，此地至今还叫"摆宴坝"。桔柏渡是从北面进入昭化的唯一通道，也是从南面进入的瓶颈，又是水道，易守难攻，可称是北门之锁，天设之堑，又称渡口关。古时设建有关门，派有专门兵士守护，掌管过往启闭。由于江面宽阔，水流急湍，为解决渡江之难，此处先建有浮桥。此处是古今文人吟咏之所在，历代诗人杜甫、杨慎、李元都有题诵，古时这里是"白天万人拱手，夜晚千盏明灯"。杜甫诗句"江水风潇潇，连筏动袅娜"形象地写出了渡江的情形。宋时在此设立渡船，由于战乱、洪水等因素，渡船或浮梁总是在修造与毁拆之间循环。可以说桔柏渡也是蜀道难的一个关节点。直到1935年川陕公路通达之前，桔柏渡仍是必经的要道关隘。

自古以来，桔柏渡就是一个水运码头，下来自南充、阆中，上来自广元、甘肃文县、宝轮等地的商旅客船多在此停靠中转。旧志称"桔柏渡二水相合处，实梁州之运道也"，舟船川流不息，车马络绎不绝。新中国成立前，一些日常用品等大多从水路而上，在桔柏渡码头卸载入城集散。从广元、昭化下行的船只主要运输煤、木材、药材、山珍野味等。城内几家大商号经营批发的烟酒、盐、火纸、特产等皆是从桔柏渡码头登岸入城。各家

桔柏古渡

商号从业人员20人左右，往日繁荣可见一斑。桔柏渡滩大水急，船来船往，激起一抹抹白色的水浪，成为一道迷人的风景，历代文人仕宦者过此多由景生情感咏赋诗。明代正德年间状元杨慎曾题诗《桔柏渡》："桔柏古时渡，江流今宛然。名存巴国志，诗有杜陵篇。鸬鹚冲烟散，鼋鼍抱日眠。分

留余物色,朗咏惜高贤。"清代昭化邑令李元也曾赋诗曰:"石怒滩横蜀水偏,嘉陵千里发秦川。流声细细无人识,桔柏津头老渡船。"

渡口的"唐县令何易于腰笏拉纤碑",述说唐懿宗年间,益昌(今昭化)县令何易于,自己扎腰挽袄,把笏板插在腰间,为利州刺史崔朴的春游行乐船引舟拉纤,以抵制顶头上司崔刺史不顾大忙农事要他抓百姓去拉船。县令的举动,终使崔刺史羞愧难当,只好停船罢游。

(4)石鼓渡口

石鼓渡口位于云南省丽江市玉龙县石鼓镇,在金沙江流转角处的小山岗上建有一面汉白玉雕成的鼓状石碑,石鼓因此得名。石鼓渡口江面宽阔,水势平缓,适于摆渡,历来为兵家必争之地,是当年红军渡金沙江经过的地方,位于县境西部。

现在的石鼓驰名于滇西北的农村集市,每月逢五、逢十为街天,山货药材、猪鸡牲口、各种农副产品,堆满了街头巷尾,前来赶集的沿江两岸各族群众熙熙攘攘。石鼓的农副产品加工业及手工业也有所发展,在元代就有史籍记载的滑石,得到大量开发,远销各地。

云南省
石鼓渡口

(5)瓜洲古渡

"京口瓜洲一水间,钟山只隔数重山。春风又绿江南岸,明月何时照我还?"瓜洲古渡位于江苏省扬州市古运河下游与长江交汇处,"泗水流,汴水流,流到瓜洲古渡头"。瓜洲之形成最早是在汉代,在江中涨有沙碛,形如瓜,故曰瓜洲,对面与镇江相望。唐武宗李炎会昌三年(公元843年)状元卢肇(公元818—882年)所著《名胜志》载:"瓜洲昔为瓜洲村,扬子江之沙碛也,或称瓜埠洲。"陆游《书愤》中也提到"楼船夜雪瓜洲渡,铁马秋风大散关"。后来的瓜洲城是明嘉靖三十五年(公元1556年)为防御倭寇而筑的。到清代初叶,由于运河漕运发达,瓜洲更显繁盛,康熙、乾隆二帝数次南巡,都巡游过瓜洲。《嘉庆瓜洲志》上说:"瓜洲虽弹丸,然瞰京口,接建康,际沧海,襟大江,实七省咽喉,全扬保障也。且每岁漕舟数百万,浮江而至,百州贸易迁徙之人,往返络绎,必停于是,其为南北之利,讵可忽哉?"后因长江水道变化,逐年坍江,于光绪二十一年(公元1895

▲ 瓜州古渡

年)瓜洲全城沦于江中。今日瓜洲镇是后来重建的。

千年古渡,胜境犹存,唐代高僧鉴真(公元 688—763 年)从这里起航东渡日本。鉴真所处的时代正是盛唐时期,中外经济文化交流频繁,特别是一衣带水的日本不断派遣使节、留学生到当时的长安学习,吸取唐代文化。鉴真自受日本赴唐僧人东渡的邀请以后,抱着"如是法事也,何惜身命"的献身精神毅然发愿赴日,历经千灾百难,万苦千辛,一直咬紧牙关,百折不挠,终于东渡成功,以一个双目失明的老人,留居日本,辛勤不懈地活动了十年,传播了唐代多方面的文化成就,被日本人民誉为"文化之父"、"律宗之祖"。瓜洲也是历代许多政治家和中外旅行家涉足的必经之处,清代康熙、乾隆二帝六次南巡,均曾驻跸瓜洲,历代诗人墨客途经瓜洲,留下了许多脍炙人口的诗篇。民间传说杜十娘怒沉百宝箱的故事也发生在这里,为纪念杜十娘怒沉百宝箱而建的"沉箱亭",静静立于古渡景区的江边。古渡遗址、御碑亭、沉箱亭已成为中外宾客寻幽探古的佳处。

(6)蜀河古渡

在汉水之滨,有一个美丽而神奇的地方——蜀河古镇。她历史悠久,有文字记载的可追溯到西周时期,古蜀国沿汉水西迁途中曾在这里屯兵休整,境内有蜀王冢,蜀河由此得名。蜀河的黄洲馆、三义庙、清真寺、万寿宫、武昌馆、杨泗庙、火神庙、五指柏等八大文化古迹令各地游客无限神往,古街道、古民居、雕梁画栋、青石屋瓦,无不向人们诉说着蜀河古老的历史。

蜀河古渡遗址在今蜀河镇南街头,其前临汉江,后靠绝崖,上为汉江蜀河大桥和汉江蜀河电站,下为汉江与蜀河交汇口。蜀河因水而兴,汉江、蜀河、仙河在这里交汇,船运盛极一时,曾被誉为"小汉口"。它四通八达,沿汉江而上可达安康、汉中、四川,沿汉江东下直达汉口,陆路前往省城西安只有 300 多公里,在古代交通运输极不发达的时期,这里可尽享交通的便利。在没有铁路、公路之前,当地交通运输主要靠汉江水道上的船运。蜀河古渡船只最多时达到百余艘,可谓百帆林立,百舸争流,十分壮观。最为著名的船只有大摆江、大楸子船，吨位达到 60 余吨，小船系列的有老鸦船、小划子等。这些船只主要是货船，专门为旅居蜀河的客商运送货物，把油桐、药材等山货土特产通过船帮运往汉口，再把当地的瓷器、食盐、白糖、绸缎、煤油、火柴等日用百货通过船帮运回蜀河，然后兵分两路，水路雇船沿汉江而上运往旬阳、安康、汉中、四川，陆路通过马帮从蜀河古道出发，经公馆、小河、镇安、炸水，越秦岭直达省城西安。明末清初，蜀河商贸发展迅猛，"康乾时期"达到鼎盛，形成"八大字号"、"六十九家商铺"，成为当时安康一带最大的货物集散地。

瓜州古渡

蜀河古渡文化源远流长，船帮、黄帮、陕帮、回帮、武帮、江西帮、四川帮、本地帮等八大商会组织的故事广为流传。船帮是由船主们自发组建起来的民间协会组织，是蜀河船运业兴盛时产生的，主要是协调船帮内外关系，处理船帮公共事务，维护船运正常秩序和船员正当利益。那时，船帮从蜀河至武汉往返一次需要半年左右时间。每年桃花水(春季桃花盛开汉江第一次潮水)时就是出船的时间。每次出船都要举行隆重的仪式，场面颇为壮观。

随着船运业的发展，船帮队伍不断壮大。那时从事造船、修船、编纤、开船的船帮会员多达千余人，他们不仅为蜀河的商贸流通作出了贡献，而且创造了独具特色的汉水船帮文化。他们在辛苦的拉纤过程中创造了恢宏悲壮的汉江号子。为保平安，他们自发组织集资修建的船帮会馆——杨泗庙，位于蜀河镇后坡南端，坐西向东，背依山坡，南临汉江，面对蜀河，站在庙前就直接鸟瞰码头和船舶，庙内供奉的杨泗，人们说法不同，一说杨泗将军是一个因治水有功而被封为将军的明朝人，一说杨泗将军是晋朝周处那样的敢于斩杀孽龙的勇士，一说杨泗将军就是南宋农民起义领袖杨幺。不管哪种说法，民间特别是船民都把他作为行船的保护神加以膜拜。

2.长江早期港津

长江航运的初始萌芽，可以追溯到新石器时代中期。而"南船北马"，说的也是中国古代南方的交通运输方式以船为主，北方以马为主。南方

▲
郢都纪南
城沙盘图

气候湿润,降水丰富,地表河网密布,适应"水乡"的船舶运输便应运而生。春秋战国时期,长江干支流沿岸虽然还没有形成较大的港口,但由于城市经济的新兴与贩卖贸易的发展,长江沿岸及各支流沿岸有些城邑已经成为舟船集泊的重要港津,主要分布在郢都纪南城(故址在今湖北江陵县境内)、江州(今重庆、九江)、广陵(今扬州)、吴(秦汉时称会稽,今江苏苏州)、寿春(今安徽寿县)等。

(1)干流的中心港津及其他要津

公元前689年,楚文王迁都郢,此后的四百多年时间里,郢作为楚国的政治、文化、经济中心见证了楚国的发展、繁荣及衰败,到战国时郢成为长江干流中最繁华的都城。汉桓谭在《新论》中描述:"楚之郢都,车挂毂,民摩肩,市路相交,号为朝衣鲜而暮衣敝。"意思是说,当时城内车碰车,人挤人,早晨穿出去的是新衣裳,晚上回来就被挤成破衣裳了,足见郢当时的繁华。在面积16平方公里的城中,共有7座城门,其中有南北水门两座,每座水门各有宽度相等的门道3个。从江汉运河航行来的船只,可经水门进入城中。此外,在今会龙桥处,似有水门一座,也是古运河的出口之一。郢都建有这么多的水门孔道,说明当时的郢都交通已相当发达,不仅城外河岸可以停泊众多水运船只,而且货船还可直接驶入城里卸载。公元前278年,秦将白起"拔郢"后,几经战火焚烧,这里成为了废墟。杜甫曾在此叹惋:"最是楚宫俱泯灭,舟人指点到今疑。"

长江边的重庆市和九江市古时

◀
江汉运河
▼

> **江汉运河**
>
> 江汉运河是目前我国所知的最早运河,又称扬水,西起江陵,向东穿过江汉平原中部,在今湖北潜江县附近的泽口与汉水沟通。在楚庄王时,激沮水作渠,引江水循为古汉水支流扬水,东北流至今潜江西北注入汉水,沟通江汉。楚灵王时,又自章华台(今湖北监利北)开渎北通扬水以利漕运。楚昭王时,伍子胥率吴师伐楚,疏浚此运道以入,故又称"子胥渎"。

都有一段时间被称为江州。其中重庆在战国时已成为上游的泊船要津,据《舆地纪胜》记载,江州"东接州城,西接县城",因三面环水似洲故名。这样的地理形势,是理想的泊舟所在,所以战国时张仪在这里筑城,作为秦军顺流攻楚的大本营。司马错的船队载巴蜀10万士卒攻楚国的黔中,便在这里集结。张仪所说"起于汶山"的秦国大船,也需在这里停泊。九江古时也称江州,东晋时所置,辖境为江西大部,后南朝多次分割,使江州辖境变小,江州是唐朝、宋朝的行政区划之一,一直延续到宋代、元代。明朝时改江州路为九江府,从此九江之名基本固定。实际上在秦时已设九江郡,治所在寿春(今安徽寿县),范围包括了现在的九江,不过并未置县。据《晋太康地记》记载,九江的得名源于"刘歆以为湖汉九水(即赣水、鄱水、余水、修水、淦水、盱水、蜀水、南水、彭水)入彭蠡泽也"。清朝九江开辟为通商口岸,作为怡和、太古轮船在江西唯一的停靠港,九江迅速取代樟树镇、吴城镇成为江西全省贸易的枢纽并发展为中国最著名的"四大米市"、"四大茶市"之一。

广陵(现扬州)地处长江北岸,其古港是我国古代一个重要的漕、盐运大港,也是一个重要的对外贸易大港。早在春秋末年,夫差一心要北上伐齐,进军中原,和晋国争霸。当时长江、淮河之间没有相通的水道,要北进伐齐,只有由长江绕海路进入淮河,这样不仅航程很长,而且海上风狂浪涌,给进军带来困难。为了缩短进军路线,减少进军困难,开凿一条沟通江淮的河道是很必要的。吴国根据以往开河的经验,决定利用江淮之间的湖泊,因地制宜,局部开挖,把几个湖泊连接起来,形成一条贯通江淮的水道。这条人工开凿的沟通江淮的运河由于邻近邗城,便被称为邗沟。吴王夫差最初开邗沟是为了北进中原争霸,后来对这一地区的经济文化和航运交通的发展也有着重大的作用,并由此揭开了广陵作为港埠的序幕。战国后期的广陵,因楚怀王在这里建筑广陵城于邗沟之畔,加之鄂君启的商船队经常往来其间,因此航运业有了新的发展,是江淮之间舟船往来的必泊之港津。至盛唐,扬州成为中国东南沿海一个相当发达的国际大港,大食、波斯的航商侨居者有数千人之众。

江南吴国的首都苏州西抱太湖、北濒长江,境内河港交错,湖荡密布,拥有发展水运的较好地利。后来虽遭到吴、越战争的破坏,又常受太湖来水的淹涝,一度失去了江南水运中心地位,但自楚国的春申君黄歇改封此地后,修建故城,大兴水利,关闭原来的胥门,解除了太湖水患,又

▲
"鄂君启
节"铭文

鄂君启节

鄂君启节共出土5件,身节2件,车节3件,合在一起则呈圆筒状。节面文字错金,各有9行,身节163字,车节154字。据铭文记载,其铸造时间是楚怀王六年(公元前323年),为怀王颁发给封地在今湖北鄂城的鄂君启于水陆两路运输货物的免税通行证。铭文还严格规定了水陆运输的范围、船只的数量、载运牛马和有关折算办法,以及禁止运送铜与皮革等货物的具体条文。

在城中开挖支渠与原有干渠沟通,完善了城内的河网,取得了泄洪、通舟的两利效果,从而使其又恢复了集泊舟船的重要城邑地位。

地临淮水的寿春,是战国晚期楚国的国都。据《史记·楚世家》载,公元前241年楚考烈王"与诸侯共伐秦,不利而去,楚东徙都寿春,命曰郢"。此后,寿春不仅是纵约国的政治中心,而且也是长江与淮水船舶往来的枢纽,为舟船汇集的要津,是楚国重要的货物集散地之一。著名的鄂君启节在这里出土,表明寿春与鄂君的商船队有着紧密的关系。

(2)长江航运中心的迁移

江陵地处长江中游,据考古发现,至少在五六千年前这里就有较高的原始社会的文化。最晚在四千年以前,已经从石器时代进入到青铜时代;从原始社会进入到阶级社会,从野蛮时代进入到文明时代。据《史记·楚世家》记载:早在西周厉王时期,楚国君熊渠封长子熊无康为句亶王。春秋战国时期这里是楚国都城所在地,当时称郢,在此设有离宫"渚宫"和官船码头,商业贸易为四方通衢,向称"荆州物产,雍、崛、交、梁之会"。公元前278年秦将白起拔郢,楚败东迁,郢都废弃,秦改置南郡和江陵县,从此,江陵之名传扬于世。汉末、三国时代,为东吴据有的时间最长,而刘备借荆州统治其下辖的江陵只不过十年而已。江陵"西通巫巴,东有云梦之镜",位"在中朝吴蜀之间,四战之地也"。先秦时江陵濒江,楚江陵的政治地位使其一直保持长江中游著名都会地位。西晋时,江陵"通零桂之漕",经济地位在当时举足轻重。东晋以后,由于长江长期冲淤,加以东南处有沮漳河在此入江,内外滩发育,河床不断南移,于是江陵南门外的河道日渐淤塞,从前的楚官船码头已不能通航,从而使其逐渐失去了昔日港口的重要地位。

随着江南经济的逐步增长,至三国时期,长江航运的中心港口逐渐由江陵移至建业(今南京)。自孙权定都建业后,城市建设便大规模兴起。东晋及南朝各代(此时南京称为建康),又不断扩建,建康东南西北均扩大至 40 里,人烟极盛一时。至梁武帝时,城中有 28 万多民户,为全国人口最多的第一大城,三国至南北朝时期是建康历史上的第一次繁荣。据《隋书》记载:当时的建康"淮水北有大市百余,小市十余所"。大市中已设有商市管理和征收商税的机构,在各大小市场上汇集了江南及长江中下游和海外运来的各种商货。由于政治、经济的原因,这时建康的长江航运中心地位已经形成。三国时建康的港区"西接江宁界,东接句容界,北接真州六合界,沿流一百二十里"。其泊舟码头,大部分集中在石头城上下和秦淮河两岸,以及江宁至新亭江一带,构成码头连绵的百里港区,其中以石头城和新亭江码头的容舟量最大。至东晋、南北朝时,建康的港区又有了新的拓展,自烈洲顺江而下,有江宁、板桥、新林、新亭、石头津、白下和落罗桥等众多的码头群。秦淮河至方山埭一线,又增加了西府城、秣陵、东府城、丹阳郡城和方山津等码头。其中以石头津与方山津码头的码头泊位最大,梁陈两代的港务管理机构,就设在上述两处。当时建康港区泊船常数以万计,据《晋书·五行志》载,东晋元兴三年(公元 404 年),建康遭到一次特大风灾,共击沉官商民船 1 万多艘。《宋书》记刘宋时,建康平时经常是"贡使商旅,方舟万计"。出入港口的货物,除大量的漕粮外,还有丝、帛、席、纸张、瓷器、粮食、食盐、金属器皿、家畜、木材、象漆、朱砂、琉璃、珍珠、象牙、香料、海味等。

战国时楚怀王在扬州设广陵城,汉代在扬州置江都国与广陵国,东晋设广陵郡,隋朝设总管府,唐代置都督府,后又升为大都督府,这些重要行政机构的设立,对扬州城市和港口的发展都曾起到一定的促进作用。隋代南北大运河开通以后,扬州逐渐成为长江流域的航运和海外通商中心。到了唐代,扬州港成为历史上繁荣一时的商埠与江海合一的大型港口。唐代诗人曾用"十里长街,十万人家,夜市千灯,高楼红袖"来描述扬州当时的繁荣。当时千帆万舸四方汇聚于扬子古津,使扬州成为通长江、联运河、临大海的新兴大港,它居于长江入海处的内侧北岸,东距大海仅 200 里。唐代中期,江、淮经济迅速增长,长江经济区日臻形成,扬州港迅速崛起。扬州的经济腹地广阔,是"当南北大冲,百货所集"的要津。当时国内外商人纷至沓来,腹地的瓷器、茶叶、粮食等,也是大批经扬州转口。唐时瓜步(位于南京附近的六合)和瓜洲,是长江船只出入扬州内港的通道,也是停泊巨舟的两座最大码头,可以停泊江海舟船,海船泊海陵换船可沿今通扬运河进入扬州。当时我国舟船出海,有一部分就是自扬州启航的。中唐以后,江、淮租粮及贡调货物大量北运,使扬州成为长江最大的内河港口。为了保证漕运和贡调货物的北运,朝廷十分重视扬州的港务建设,除兴建一批靠船码头外,还在港区运河中建有一批斗门(过船闸),起助航的作用。唐代还特别重视扬州港口的仓库与馆驿建设,如节储仓(储漕运余米)、广实仓(屯子粒)、司新仓(储新谷)等。城外河边宾馆、水驿齐列,供来往旅客居住。孙逊诗咏说:"驿道青枫外……数处落帆还",写的正是航船泊驿的情景。唐末五代时,扬州迭遭兵祸,昔日的繁华,一落千丈,加上长江河道南移,江口东移,扬镇河段江面束狭,这都加速了扬州港的衰落。

第二节　鸡鸣驿站

驿传制度始于春秋战国时期,是我国古代重要的通讯手段,也是我国古代交通的重要组成部分。到秦时,已有厩置、承传、副车、食厨等驿传机构,设置已很齐备。汉朝的驿传制度更加完备,在主要交通要道上设驿,通常每隔三十里设一驿,一般道路沿线设亭和邮,通常十里一亭,五里一邮,汉高祖刘邦就曾做过沛县泗水的亭长。当时,以马传送称为"驿",以车传送称为"传",以步递送称为"邮"。历史上,原本驿与站是分设的,驿属文政系统,站属军事系统,到了清朝时期,"驿"与"站"才合二为一,俗称驿站。古代的驿站是供传递官府文书和军事情报的人或来往官员途中食宿、换马的场所。白居易的诗《望驿站》中有:"靖安宅里当窗柳,望驿台前扑地花。"陆游的诗《卜算子·咏梅》中也有:"驿外断桥边,寂寞开无主。"这些诗句,给予人们对驿站故事的无限遐想。

一　飞马传书

时间如果像一部摄像机可以回放,我们就可以看到这样的精彩场面,只见远方黄尘滚滚,瞬间骏马飞驰而至,但见人影一晃,穿着黄马挂,身背公文袋的驿卒翻身下马,急忙将公文袋传给另一个驿卒手中,大喝一声"八百里加急",随即又见烟尘滚滚,骑者已然远去。唐代诗人岑参在《初过陇山途中呈宇文判官》中前一段写道,"一驿过一驿,驿骑如星流;平明发威阳,暮及陇山头"就是描写的这种快如流星的驿站飞马传书。据《大唐六典》记载,唐代最盛时全国有 1643 个驿站,专门从事驿务的人员有二万多人。当时对邮驿的行程有明文规定,陆驿快马一天走 6 驿即 180里,再快要日行 300 里,最快要求日驰 500 里。天宝十四年(公元 755 年)十一月九日,安禄山在范阳起兵造反,当时范阳与京城洛阳两地相隔3000 里,通过驿传 6 日后即传至京城,可见传递讯息之迅速。宋代时,除驿站外,还设立了专门传递文书的递铺,通常约 20 里置一铺,递铺有步递、马递、急脚递(又称急递铺)和金字牌急脚递等多种形式,传递速度依次加快,最快时达日行 500 里。急递的驿骑马领上系有铜铃,在道上奔驰时,白天鸣铃,夜间举火,撞死人不负责,铺铺换马,数铺换人,风雨无阻,昼夜兼程。当时的金国,为了适应军事需要,加强通信联络,仿宋王朝在辽宁地区建有递铺。到了元王朝,由于疆域辽阔,发展交通,强化了驿站制度,这也成为它巩固政权的重要手段,这时驿站也叫"站赤",实际"站赤"是蒙古语驿站的译音,元朝时的驿站总数超过 1500 个,驿路最北通达今黑龙江口及叶尼塞河上游地区。马可波罗所著《马可波罗行记》记载:"所有通至各省之要道上,每隔 25 迈耳(mile),或 30 迈耳,必有一驿。无人居之地,全无道路可通,此类驿站,亦必设立……合全国驿站计之,备马有 30 万匹,专门钦使之用。驿站大房有 10000 余所,皆设备妍丽,其华靡情形,使人难以笔述也。"明代在全国都建有驿站,一般每 60~80 里设一个驿站,全国共有驿站 1936 个,还在各地设立了急递铺和递运所,加强了物流信息的沟通。清代各省设驿,边疆地区则分设站、军台和营塘,全国所设驿、站、台、塘共 2000 余处。军机处公文上若注明"马上飞递",规定日行 300 里,如遇紧急情况,可日行 400 里、500 里,甚至 600 里不等,最快速达 800 里,往往到站时,已人仰马翻。清代驿站的主要功能包括文报传递、官员接待、货物运输三大项,而以文报传递为首要职责。

驿站使用的凭证是勘合和火牌。凡需要向驿站要车、马、人夫运送公文和货物都要看"邮符",官府使用时凭勘合,兵部使用时凭火牌。使用"邮符"有极为严格的规定。对过境有特定任务的,派兵保护。马递公文,都加兵部火票,令沿途各驿站接递。如果要从外到达京城或者外部之间相互传递的,就要填写连排单。公文限"马上飞递"的需要日行 300 里。紧

古驿站

急公文则标明400里、或者500里、600里字样，按要求时限送到，但不得滥填这种字样。驿站管理至清代已臻于完善，并且管理极严，违反规定，均要治罪。到了清代末期，随着铁路、轮船、电讯、邮政等新事物逐渐自西方传入，传统驿传制度日渐衰微。文报局设立之后，开始与驿站相辅而行，继而废除了驿站，由文报局专司其事。以后又设邮政，而文报局也逐渐废止。1906年，清政府设立邮传部，标志着古代驿传制度正式退出了历史的舞台。

二　客货中转

驿站作为古代帝国统治的重要制度体系，不仅具有政令和军情传递的信传渠道作用，而且随着社会政治经济的发展，包括使节护送、官员接待、军需转输、贡品呈送等，逐渐被纳入驿站的范畴。汉代在主要交通要道上设置的驿站，为过往人夫马匹提供食宿草料，类似于今天高速公路边的服务区。金国在上京会宁府至燕京之间设立的驿站，按照朝廷所规定的标准为过往官员提供食宿和车马。明代在各干线道路上均设置了驿站，还设立了递运所专门从事货物运输的组织，其主要任务是运输国家的军需、贡赋和赏赐之物。它的设置，是明代运输的一大进步，使货物运输有了专门的组织。清入关后，建都于北京，原来的首都盛京仍然有特殊的地位，那里的驿站分驿、站、铺三部分，其功能之一就是官府接待宾客和安排官府货物的运输。

唐代诗人杜牧曾作过"长安回望绣成堆，山顶千门次第开。一骑红尘妃子笑，无人知是荔枝来"的诗歌。这首脍炙人口的诗歌，讽刺唐玄宗为了爱吃鲜荔枝的杨贵妃，动用国家驿站运输系统，不惜国家财政的血本，从南方运送荔枝到长安。其实，荔枝之贡一事并非唐代所起，东汉就有其事。清代人洪亮吉在《江北诗话》一书中作过考证："《后汉书·和帝纪》云临武长汝南唐羌上书云：'旧南海献龙眼荔枝，十里一置，五里一侯，奔腾阻险，死者继路。'"。汉和帝看了奏文，知错即改，下令禁止荔枝之贡。唐玄宗不但不以前人知错即改为借鉴,反而将荔枝之贡愈演愈烈,劳命丧财,朝廷声誉大损,从此大唐走上由盛到衰的道路。不过这个故事也从另外一个侧面佐证了驿站的运输功能。但由于历史条件的限制,古代驿站的速度与数量与今天无法相比,但就其组织的严密程度,运输信息系统的覆盖水平来说并不亚于现代通讯与运输。驿站与当今的邮政系统、高速公路的服务区、货物中转站、物流中心等,均有异曲同工之美。

三　千年古驿

驿站是古代供传递宫府文书和军事情报的人或来往官员途中食宿、换马的场所,由驿道、驿馆、驿马、驿卒组成一个完整的服务体系。

1.古驿道

驿道是中国古代陆地交通主通道, 同时也是重要的军事设施之一,主要作为转输军用粮草、传递军令军情的通道。陆游的诗《闻武均州报已复西京》中"悬知寒食朝陵使,驿路梨花处处开"的诗句,描述了当时驿道的情况。

> **驿马和驿卒**
>
> 驿马:特指中国古代历史上为国家传递公文、军事情报、货物等的马。驿马属皇家专有,激跃奔腾,通达天下四方。甚至被收入"易经",来做象征人的一种命理表象,来推测形容人的命运。
>
> 驿卒:代传递政府公文的人,一般又称为"邮子"、"驿夫"。驿卒在宋朝以前均系征发当地百姓充当,故亦称为"驿夫"。宋代以后,驿卒改由兵卒担任。

古代王朝开疆拓土,庞大的国家机器要想深入到每一个行政区域, 把中央的决策传递到各地,靠的就是神经脉络一样的驿道延伸, 而驿站则相当于每一根神经上的节点。中国最早的驿道是秦皇古驿道, 据考证比古罗马的驿道还要早 100 多年,如此悠久的驿道修建历史,是中国源远流长古驿文化的基础。

沿长江而下,从西藏到上海,也许在大城市中,驿道早已被繁华所淹没,但是在四川、重庆、云南、西藏等地,这些曾经车水马龙的地方依旧被人们瞻仰着。连接云南和西藏的主要有江内线、江外线、维西线,在古代时由于吐蕃王国(今西藏)向南诏国(今云南)扩张,对滇藏驿路交通的开辟、发展和建设无疑都起了非常积极的推动作用。汉朝随着"西南丝路"开通,云南祥云境内有了驿道交通,现在云南地区驿道仍保存得十分完整。

古蜀道,历史悠久,至今已有 3000 多年历史,是保存至今人类最早的大型交通遗存之一。"蜀道难，难于上青天"，"地崩山摧壮士死，然后天梯石栈相钩连"。从李白形象的诗句里我们了解到蜀道的陡峭和险恶，但是这条古道在古代却发挥着十分重要的作用。蜀道是一个内涵极其丰富的大概念，包括四面八方通往古代蜀地的道路，有自三峡溯江而上的水道，由云南入蜀的樊道，有自甘肃入蜀的阴平道和自汉中入蜀的金牛道、米仓道、荔枝道等，也包括蜀地范围内的道路，是国家通往西南非常重要的通道，这是广义上的蜀道。而通常学术研究中提到的"蜀道"，则是指狭义的概念，即由关中通往汉中的褒斜道、子午道、故道、傥骆道（堂光道）以及由汉中通往四川的金牛道、米仓道等。无论古代与现代，蜀道在我国历代经济和文化的发展中均占有举足轻重的地位，在海上交通不发达的周、秦、汉、南北朝的漫长历史时期里，蜀道是历代王朝政治中心——京都通往西南乃至通往与西南临近国的要道，它与连接东西的丝绸古道具有同样重要的意义。

长湖古道，位于岳阳县长湖乡长湖村，自古以来，这里就是一个交通要冲，因为有一个狭长的湖泊存在，能为远途劳顿的车马提供充足的水源，"长湖"之名便由此而来。传说中西安至广州的西京古道，经过岳阳与长沙，而长湖，很有可能就是著名的西京古道中的一段。千百年来，随着社会的发展、地理的变迁，那一条古道，那一段繁华，已经湮没在历史的长河中，然而在这里，却奇迹般地保留着一段古道。这条古驿道，其长 327

岳阳长湖
古驿道
▼

米，平均宽 1.8 米，全部由麻石铺成。路面中央，有清晰的车辙痕迹。清代湖南境内的驿道网路，以长沙为中心，向各方辐射出 5 条干线。其中通湖北大道：自长沙北达湖北蒲圻，中经桥头驿、归义驿、大荆驿、青冈驿、巴陵驿、云溪驿、长安驿至羊楼司，与湖北驿道相接。长湖古道，就是大荆驿与青冈驿中间的一段。说它是古驿道，最重要的证明并不是车轮印，而是附近居民的生活习惯与审美情趣。民居上窗棂的车轮造型，连中间的车轴留下的沧桑痕迹也都清晰可见，说明驿道文化已经深深印入了当地人心中。更让人称奇的是，这段古道在这里与新、老 107 国道公路重叠、交叉，清晰自然地呈现了我国交通发展的一段"文物层"。

梅关驿道,位于赣粤边界,是长江流域最出名、保存最完整古驿道,历经 2000 余年沧桑,越王勾践的子孙汉将梅娟,曾在此筑城据守,并在岭上广种梅树,因而得名。梅关是横跨赣粤两省的天然屏障,关楼是一座古老的城门,砖体建筑,且可以"一脚踏两省":一边是广东,一边是江西。关口海拔 440 米,山势险峻,峰峦对峙。古驿道长约 2.5 公里,宽约 4.5 米,是当时中国江南唯一的一条"国道",是中原地区同东南沿海相沟通的交通枢纽,南来北往的人都要

梅关古道
示意图

经过这里。梅关驿道沟通了长江和珠江水系的联系,也是历史上兵家必争的交通要塞。汉朝初期,梅岭以南有一个南越国,南越王手下有个丞相名叫吕嘉,在汉武帝时期,拥王自立,意在反叛汉廷,汉武帝派遣楼船将军杨朴率军出横浦挥师南下。杨朴将军的前锋将领庚胜率军在前头一路冲锋陷阵,英勇骁战,最终消灭南越国,为汉朝一统江山立下了汗马功劳。汉武帝为表彰庚胜将军,封他驻守台岭、把守梅关,庚胜驻守梅岭后,在这修建兵营,日夜把关,并热心传播中原优秀文化和先进的耕作技术,造福了这里的百姓,深受当地百姓的爱戴。因他排行老大,所以叫他为大庚。梅岭是五岭之一的大庚岭一段,故梅岭又称大庚岭,一向以梅花出名。梅关古驿道即大庾岭驿道,又名梅岭古道。据传,唐朝诗人杜牧写的"一骑红尘妃子笑,无人知是荔枝来"的诗句中的岭南荔枝即是经此关飞传长安的。唐代张九龄奉诏凿辟梅岭驿道,并在驿道沿途兴建驿站、茶

梅岭
古驿道

亭、客店、货栈等。至此,南来北往的官轺,商贾的货物,及海外诸国的贡使,都经此道,千百年来,梅岭古驿道是沟通南北经济的重要陆路交通线,"南北之官轺,商贾之货物,与夫诸夷朝贡,皆取道于斯",千百年来,梅岭古驿道是沟通南北经济的重要陆路交通线。

潇贺古道

潇贺古道,又名秦建"新道"。东西横亘的五岭,是岭南与中原的一道天然屏障,岭与岭之间的峡谷、隘口,便成为南北交通的门户。在古代由中原进入岭南,主要有两条通道,一条是湘桂运河,即灵渠;另一条则是秦始皇三十四年(公元前213年),即秦帝国统一岭南后的第二年,始皇帝为了便于对岭南三郡的辖制和管理,便在岭南古道的基地上,扩修了一条自秦国都咸阳到广州的水陆相连的秦代"新道"——潇贺古道,是一条水陆兼程、以水路为主的秦通"新道",并与其海上丝绸之路相接。陆程全长170多公里,经过30多个村寨和城镇。路宽1米至1.5米不等,多为鹅卵石和碎角石铺成,也有用青石块铺垫而成的,它逢山开路,遇水搭桥,蜿蜒曲回于巍峨的西岭山脉丘陵之间,北连潇水、湘水和长江,顺贺江直下,向东可通珠江,出粤、港和东南亚地区;向西沿西江可入北流江,与著名的对外贸易港口徐闻、合浦相通,因此,成为一条以水路为主、陆路为辅的交通线,使长江水系和珠江水系通过"新道"紧密相连,成为海陆丝绸之路的主体,为楚越交流拓展了通途,开了湘粤桂交通的历史新纪元。为楚越交流拓展了通途,开了湘粤桂交通的历史新纪元。另外,由于这条古道连潇水达贺州,所以人们将之命名为"潇贺古道"。

茶马古道,在横断山脉的高山峡谷,在滇、川、藏"大三角"地带的丛林草莽之中,绵延盘旋着一条神秘的古道,这就是世界文明的茶马古道。所谓茶马古道,实际上就是一条地道的马帮之路,源于中国古代西南边疆的茶马互市,因康藏属高寒地区,海拔在三四千米以上,糌粑、奶类、酥油、牛羊肉是藏民的主食。在高寒地区,需要摄入含热量高的脂肪,但没有蔬菜,糌粑又燥热,过多的脂肪在人体内不易分解,而茶叶既能够分解脂肪,又防止燥热,故藏民在长期的生活中,创造了喝酥油茶的高原生活习惯,但藏区不产茶。而

茶马古道

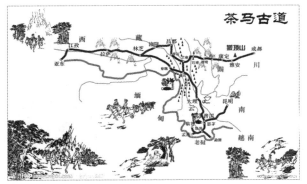

在内地,民间役使和军队征战都需要大量的骡马,但供不应求,而藏区和川、滇边地则产良马。于是,具有互补性的茶和马的交易即"茶马互市"便应运而生。这样,藏区和川、滇边地出产的骡马、毛皮、药材等和川滇及内地出产的茶叶、布匹、盐和日用器皿等,在横断山区的高山深谷间南来北往,流动不息,并随着社会经济的发展而日趋繁荣,形成一条延续至今的"茶马古道"。兴于唐宋盛于明清。茶马古道是一个交通网络——川藏道、滇藏道与青藏道(甘青道)三条大道,连接川滇藏,延伸入不丹、

茶马古道
雕塑组图

尼泊尔、印度境内(此为滇越茶马古道),直到西亚、西非红海海岸。以川藏道开通最早,运输量最大。

2.古驿站

我国邮驿历史虽长达3000多年,但留存的遗址、文物并不多。我国1995年8月发行了两枚《古代驿站》特种邮票。邮票上面的两处驿站遗址均属明代,其中之一的孟城驿是长江流域的一处水马驿站,在江苏高邮古城南门外。此外,与长江流域货物运输相关的还有茶马古道上的古驿站:西藏上里驿、太昭接官驿以及云南驿、云南碧土古驿站等。云南的盐津豆沙镇古驿站也曾繁华一时。蜀道以其特殊的地位造就了不少有名的驿站,武连驿、广元大朝古驿站便是代表。还有贵州的青岩古镇驿站、龙场驿,重庆的武隆仙女山天坑唐朝古驿站,湖南的辰溪县船溪古驿站等。

中国第一驿站孟城驿驻扎在高邮已有近700年的历史,是目前全国规模最大、保存最完好的古代驿站,位于江苏省高邮市南门外,开设于明洪武八年(公元1375年)。孟城驿是京杭大运河旁一处重要的水马驿站,据记载,孟城驿原来规模宏大,有正厅五间、后厅五间、送礼房五间、库房三间、厨房三间、廊房十四间、马神庙一间、马房二十间、前鼓楼三间、照壁牌楼一座,在驿站的北面还有驿丞宅一所,共有房屋十二间、夫厂一所六间房,驿站旁边还有秦邮公馆,有门楼一座、内正堂三间、后厅寝室三间、南北厢房八间。另外,驿站在朝西的运河堤上,还有迎宾的皇华厅一座,有厅三间、差房三间;驿站的东面还有马饮塘。鼎盛时期厅房100多

江苏
孟城驿

间,另有驿马 65 匹,驿船 18 条,马夫、水夫 200 多名。孟城驿承接了高邮的秦亭、汉舍、唐馆、宋站、元赤的邮驿风范,显示了邮驿发祥地之一的魅力。公元前 223 年秦始皇统一中国前,就曾在此"筑高台置邮亭",高邮由此而得名。早在西汉时期,在由京师长安通往淮泗而达长江的主干驿道上,高邮亭承担了繁重的邮传任务,不论烈日、寒风,还是大雨、冰雪的天气,传送重要急件的驿使都身背公文袋,不分昼夜,快马加鞭,飞奔在尘土飞扬的驿道上。在现今的邮驿史展览室,以邮驿制度文字的翔实史料,驿丞办公、休憩用具等珍贵文物等,向人们展示了我国数千年邮驿文明史。还有一组微型泥塑人像,惟妙惟肖,生动有趣:邮驿驿丞(驿站长)身着官袍,头戴官帽,端坐在案前。他的官职只有九品,却掌管着 200 多人:手持雨伞飞快步行的旱夫,骑马飞奔的马夫,撑篙行船的水夫,背纤的船夫。这充分体现了孟城驿在运河线上水陆相兼的交通特点。

上里驿,西藏上里古时称"罗绳",是南方丝绸之路的重要驿站,是取其昔日古道上的驿站、关隘之意,是巴蜀平原通往外民族地区的关卡之一。

太昭接官驿,元朝时,太昭始建驿站,到了清朝末年政府在此设立了太昭宗(即太昭县)。据记载,当时太昭称为江达,人口众多、市镇繁华、店铺林立,设有宗政府、粮仓、学校、邮局、旅馆、饭店、金银加工店、裁缝店、刑场等,藏、汉、回等民族和尼泊尔客商来这里经商交易,各地的商品也能够顺畅流通,当地藏族甚至开始与其他各民族通婚,是当时西藏的重要商业文化中心。

云南驿古镇

云南驿,是我国古代西南丝绸之路的重要驿站。公元前 109 年由于该地是古道的咽喉要地,因此云南县的县城设在云南驿,历经汉、唐、宋、元数代约 1500 年。明代云南县城从云南驿迁往今天的祥云县城，云南驿仅仅作为驿站保留下来，该地的名称也由此而来并一直沿用至今。清代，云南驿成为茶马古道上最重要和最繁华的集散地，每天从云南驿经过的大小马帮几十起，大的马帮有三百多匹马，最小的马帮也有五六匹马。这些东来西往的马帮往东驮运皮革和药材，往西驮运

▲
碧土的
马帮

茶叶，布匹、食盐和百货等。为供给这些马帮人员的歇息，云南驿当时有二十多家马店，最大的可接待三百多匹马，一天供给几千斤草料。这些马店主要分布在古驿道的东西两端，而在古驿道的中间商铺林立，大多是为过往马帮置办各种货物。据史料记载，清代时林则徐到云南处理大理杜文秀起义之事时就住在云南驿。

云南碧土，是茶马古道最后的驿站，位于茶马故道上，景色十分宜人。对很多人来说，也许从未听说过碧土，但一说起梅里雪山，肯定是耳熟能详。其实梅里雪山的大部应该在藏东的左贡碧土境内，只是碧土境内由于一直未通公路，道路艰险难行。碧土很多乡村，不通公路，不通电话，一切生产资料和生活用品全靠人背马驮从山外沿着悬崖峭壁运进来，才不曾为世人所知晓。在茶马古道兴盛的年月里，这个重要驿站是一个四通八达的交通枢纽，北经碧土可去左贡或芒康的盐井，西到察隅的察瓦龙，往南可达云南，拥有上百匹骡马的马帮常常见到。岁月的风沙抹去的是草原土路上的踪迹，抹不掉的是山岩古道上驮畜的蹄痕、背夫挂

盐津
豆沙镇
古驿站
▼

杖的杵迹以及特殊环境下造就的碧土人的坚毅品格。虽然碧土乡政府至县城通了公路，但延续千百年的茶马古道至今仍是不通公路的甲朗、龙西等村的主要通行方式，人们依旧要骑马行走在横断山区险峻陡峭的千年茶马古道上。

云南盐津豆沙镇古驿站，豆沙镇位于云南盐津县西南部，受关河

深切,两岸峭壁对峙,状若石门,又称石门关。有"一夫当关、万夫莫开"之险,历来为兵家必争之地。古人由蜀道入滇,此是进云南的第一道重要关隘,成为中原入滇的重要驿站。与驿站同样著名的五尺道,为秦朝时所开,道宽5尺,每级尺阶宽窄高矮不等。从关河东岸上缘三曲而至摩崖,路面留有马蹄痕数十个。自秦以来,就是滇川的必经要冲,北起宜宾、南至曲靖,途经盐津、大关、昭通、鲁甸、宣威等县,唐樊绰《蛮书》称之谓"石门道"。

武连驿,旧在剑州(今四川省剑阁县)以南八十里武连镇。自神宣驿(在今四川省广元市)到此皆为栈道,武连本名武功,西魏废帝三年(公元554年)曾置县,后废。宋庆元年间(公元1195—1200年),县令何琰曾治理驿路,种植松树,有"种松碑"记其事。

广元大朝古驿站,是古蜀道的重要驿站,位于四川广元元坝区大朝乡,在历史上是连接中原与西南的货物枢纽。

贵州青岩古镇驿站,其地理位置十分重要,是古代贵阳通往云南、广西的战略咽喉要地,也是一个主要用于控制粮道的古驿站,在徐霞客的游记中青岩被称为"南鄙要害"之地。青岩古镇作为军事要塞始建于明洪武年间,距今已有630年的历史,比贵州建省还要早。洪武十四年(公元1381年),朱元璋为了巩固西南边陲,调30万大军镇守云南和贵州两地,双狮山下的"青岩屯"即是其中的一处驻军堡寨,其名得于双狮山山色青黛且此地盛产石材。后来,"青岩屯"逐渐发展成为军民同驻的"青岩堡",其后数百年,经多次修筑扩建,由土城而至石砌城墙、石砌街巷,便有了现在的青岩古镇。

贵州龙场驿,明洪武十六年(公元1383年),贵州宣慰使奢香开山通道以便驿使往来,组织投入巨大的人力物力,披荆斩棘,开辟了以偏桥(今施秉县境)为中心的两条驿道:一条经水东(今贵阳东北)过乌撒(今威宁)达乌蒙(今云南昭通);一条向北经草塘(今修文县内),六广(今修文六广镇)至黔西、大方到毕节二铺迢迢500余里,史称"龙场九驿",岁贡马匹和廪积。按次序分为:龙场驿、六广驿、谷里驿、水西驿、西

青岩古镇

24

溪驿(也叫奢香驿)、金鸡驿、阁鸦驿、归化驿和毕节驿。其中龙场驿为水西九驿中的首驿，由奢香夫人于明洪武十七年(公元1384年)建。驿址在离贵阳38公里的龙场，即今修文县城。龙场驿至六广驿之间的蜈蚣坡现尚存一段古驿道。

▲
龙场
古驿站

　　重庆武隆古驿站，位于重庆市武隆县乌江北岸，距县城区约30公里的仙女山中。武隆是个山清水秀的地方，乌江贯穿武隆，其支流不仅雕塑出了令人惊叹的喀斯特奇观，还造就了碧水翠峡、青山绿野的生态天堂。乌江的水，碧若琉璃，畅游乌江，有"船在画中行，人在画幅中"之美感。据武隆县志记载，其历史追溯到公元500多年前的唐朝时期，当时乌江不能通船，过往重庆的官宦、商贩、百姓都要经过武隆天坑这条必经之路，驿站便在频繁的民间商贸来往中诞生。同时，武隆民间还流传着唐时长孙无忌遭发配时经过此古驿站的故事，至今长孙无忌陵墓还静静地屹立在江口一带，观望着古驿站的沧海变迁。如今，在武隆仙女山天生三桥的天龙桥的坑底，建有一座座青瓦灰墙的古色古香的四合院，院落前挂着的灯笼上写着"天福官驿"四个字，是一座仿唐武德年间的驿站，坑底有条谷底大道，宽约5米，仿如古时驿道，可供木制车、骑马通行。房屋位于道旁，屋顶被天龙桥万丈深渊所笼罩。四周岩石峥嵘，灌木苍翠，有一种阴深萧煞之气氛。电影"满城尽带黄金甲"的外景在此拍摄，电影中天龙桥下垂数十条高空绳索，挂着国王所派的黑衣卫队，手执弯刀，飞来飞去，砍杀蒋太医逃亡奔跑的骑士，草丛中王后密军，万箭齐发，射杀空中那些蝙蝠卫士，刀来箭往，杀声震天，地动山摇，一场精彩绝伦、让人眼花缭乱的武打情节，演绎了当年驿站的传奇故事。

重庆武隆仙女山天坑唐朝古驿站

　　湖南辰溪县船溪古驿站，始建于明洪武六年(公元1373年)，古为"北达京都、南抵云贵"的陆路交通大动脉。清嘉庆年间，驿站发展得相当有规模，修建的民居达30多栋，

建有驿馆、会客堂、客房、烟馆、驿卒房、茶楼和拴马场等设施，建筑面积达 20000 多平方米，驿站屯兵达 1.2 万人，是辰溪县船溪古驿站的鼎盛时期。现仅存古驿站遗址，古驿站民居 11 处，建筑面积 8000 多平方米，一条长约 1.5 公里、宽 3.5 米

船溪古驿
站古道

的古驿道，过境古桥一座，古井一口。

第三节　不涸之仓

　　电视剧《天下粮仓》揭示，乾隆在登基的第一个年头就吃惊地发现，粮食生产和国粮储备之"第一紧要大事"全面失控。围绕粮食接连发生的"火龙烧仓"、"阴兵借粮"、"耕牛哭田"等惊世奇案，更使 25 岁的乾隆感觉到大清国到了生死存亡关头。其实早在春秋战国时期，《管子·牧民》就有"错国於不倾之地，积於不涸之仓，藏於不竭之府"，写出了"不涸之仓"是国家得以立、民得以治理的重要基础。不涸之仓，就是"取之不尽的粮仓"，在我国古代长江流域物流中发挥非常重要的仓储作用。

一　立国之本

　　仓储是古代物流的重要载体。仓是存粮之所，"以丰岁之有余，备荒年之不足"，"粮饷之道，军之咽喉，存亡通塞，成败攸关"，自古以来，粮草储备和通畅的运输就是国家应对战争、灾荒等必不可少的保障。我国幅员辽阔，又是一个农业大国，粮食的生产及储存具有悠久的历史，根据我国大量出土的文物和历史考证，我国原始农业启蒙于旧石器时代晚期，发展于新石器时代（距今约 1 万年）。进入新石器时代以后，随着原始农业的发展，农业生产形成了一定的规模，粮食出现了剩余，才逐渐由粮食加工发展到储藏。而粮仓是粮食储藏技术的重要组成部分。长江流域浙江河姆渡遗址出土的"杆栏式"粮仓,据考证距今已有 7000 年,是至今发现的南方最早的储粮设施。

储粮的运输首推漕运。漕运起于秦汉,河渠成为最早的通道。漕运的起点往往是产粮区,终点往往是京师,因为京师人多,消耗多,当地的粮食不足供应。宋代之前,帝王的都城多设在西安、咸阳、洛阳,巴蜀粮食由关中、河北和山东粮食由黄河运至京师。《唐国史补》卷下叙舟楫之利云:"凡东南郡邑无不通水,故天下货利,舟楫居多。转运使岁运米二百万石输关中,皆自通济渠入河而至也。"宋代京师在汴,陕西粮食由惠民河转汴河入京,江淮粮食由淮水转汴水入京,山东粮食由五丈河入京。明代京师大部分时间在北京, 富庶江南的粮食布匹等通过大运河送达北京,并延续至清代。有时还通过近海航运,将江南粮食沿海河运送至京师。

1.南京港仓

长江流域修建仓库有着悠久的历史。古时南京港区内的仓库为官方所建,用于转运漕粮、贡赋等大宗水运官务,一般货物多利用岸边空地堆存。六朝时期,朝廷在港口相继建设大型粮仓,这些仓库都分布在秦淮河的北岸,有利于货物的运输和集散,并辟有专用航运渠道——运渎,以供漕粮运输至宫殿仓城之需。

南宋时,南京港(建康府)是朝廷所定的国家粮食贮存基地和漕粮中转港,在江边建有丰储仓和转搬仓贮存漕粮。明初,南京是全国的漕运中心,朝廷在港区遍设粮仓:长江南岸有水次仓,"在观音门外,近大江,便于兑运,洪武中建,俗名下仓",这便是当时南京漕运中心的写照。

永乐十九年(公元 1421 年)明朝迁都北京,此后东南区的粮食由运河输入京师供官、军食用。淮安、徐州、德州、临清水路畅达,故漕粮先集中于这四个地方,然后漕运北京。淮安、徐州、德州、临清作为明朝征收贡粮设于运河沿途的四个转运站,有非常重要的作用。被后人誉为"明代四大漕运粮仓"的是江苏淮安的丰济仓、徐州的广运仓,山东德州的德州仓、临清的临清仓。

2.丰备义仓

丰备义仓最早源于安徽,为当时的安徽巡抚陶澍所创,他在上书给道光皇帝的奏章中认为此仓制可以"以丰岁之有余,备荒年之不足",提议以"丰备"为仓名,得到了道光帝的批准。陶澍于道光五年调离安徽,历任江苏巡抚和两江总督等职。在任两江总督期间,他与江苏巡抚林则徐在江宁、苏州等地举办丰备义仓。其中,苏州丰备义仓的实际创立者为林则徐。道光十五年,林则徐在"江苏巡抚衙门后身"建仓积谷,丰备义仓正式创立(因为仓贩济范围是县治设在苏州城中的长洲、元和、吴县三县,所以被称为长元吴丰备义仓,时人也有丰备义仓、丰备仓、义仓等种种称谓)。创立以后,丰备义仓不断发展壮大,成为晚清时期苏州最主要的贩济机构。到咸丰十年为止,已有长洲、元和县境内田"一万四千九百亩有奇",田租成为丰备义仓的最主要的收入来源。在灾荒之年救助了灾民的最低生存需要,保证国家的稳定。太平天国期间,丰备义仓毁于兵焚,积储一空,而义仓田亩也散落民间。同治二年,清军收复苏州之后,即行筹措"善后"事宜,义仓作为备荒要政,也很快被提上了重建日程。重建之后的丰备义仓收入主要来自以下两个方面,一是田租收入,二是银钱存当、借出及购买房屋出租带来的利息和房租收入。由于经营有方,重建以后的丰备义仓得到很大发展,虽然屡经动用,但田产、仓傲、积谷、存钱仍不断增多,至光绪三十二年,丰备义仓已建成仓庶五处,积谷 128916 石,存银 83800 两、钱 167985 千文、洋 30000 元,通过不断购买田地入仓,义田也发展到 17000 余亩。因此,除了传统的荒年救济灾民的职能之外,丰备义仓有能力在晚清苏州地方的社会保障方面发挥更广泛的作用。丰备义仓成为晚清苏州地区资金最雄厚、发挥贩济作用最大的社会保障设施。

3.蜀郡三仓

蜀郡三仓是古代长江流域典型的军事仓储。蜀郡以成都一带为中心,所辖范围随时间而有不同,为今天的四川盆地,两千年前就是天然粮仓。秦国拥有巴蜀之后,军粮储备取得了长足的进展。秦在蜀郡以成都一带为中心,在当地由张仪、张若主持修筑了三个县城,并同时构建了三个大型的郡县仓,"仪与若城成都,周回十二里,高七丈。郫城,周回七里,高六丈。临邛城,周回六里,高五丈。造作下仓,上皆有屋。门置观楼,射兰。成都县本治赤里街。若徙置少城。内城营广府舍,置盐铁市官并长、丞。修整里闉,市张列肆,与咸阳同制",记载的就是这段史实。按照秦简和传世文献提供的信息,秦国在郡县大概普遍设有仓储。三仓应该是当时巴蜀地区最大和最高级别的仓储,依靠四川盆地内水运网建立积蓄,是区域性大仓。这种仓储是依靠集中特定区域的漕粮建立的,既代表了地区性的粮食储备,又可以为国家调拨各地经济资源服务。

蜀郡三仓和后来建立的其他仓储依傍长江上游四川盆地的水运网,

可以和整个长江流域发生交通联系,平时集中储备蜀地粮食,战时沿江东下为秦的军事活动服务。秦朝统一以后,巴蜀流域的仓储和水运网仍为秦朝控制长江中游和威慑下游服务。

4.转般仓与大军仓

宋元时期,镇江是运河漕运的枢纽,建有规模宏大、布局规整的粮仓。宋代实行转般法时,京口(今镇江)因位于长江与大运河的交汇处,成为十字水道上的枢纽港。南宋建都临安(今杭州),镇江的地位更加重要,不仅要把长江中下游的漕粮中转到临安,还要向两淮转输军饷,当时朝廷在镇江建有转般仓,《嘉定镇江志》载:"宋绍兴七年,运司向子諲乞置仓,以转般为名。"转般仓前临漕河,后枕大江,规模最大时,盖有仓敖 74 座,可储粮百万石,专为供应江淮战场的军队用粮。据文献记载,经镇江中转的漕粮每年约为 319 万斛,占各路漕米总数的 68%。元代改名为大军仓,《至顺镇江志》载:"大军仓,在程公下壩北,前临潮河,后枕大江,即旧转般仓也。拖板桥,在今大军仓前。"明代又改称镇西仓,"以受本府官民租粮"。清代以后,虽然粮仓废置,但此处仍保留了粮米仓的巷名。2009年 8 月,在镇江一处位于拆迁安置房的地块下两米深处,发现了大型宋元粮仓遗址,佐证了当时镇江漕运枢纽的地位。

5.含嘉仓

含嘉仓,是唐政府在全国各处所建许多粮仓中的一个,在当时的扬州和成都等大城市,大小粮仓星罗棋布,数不胜数。含嘉仓储粮的窖都在地下,最深为 12 米,一般为 7~9 米。粮窖口大底小,窖口最大直径为 18米,一般为 10~16 米。窖底、窖壁修制得平整、光滑、坚实,再用火烧烤,防止地下水分、湿气上升,最后还要铺设木板、草、糠、席等防潮用品。这样处理以后,就可以储存粮食了。窖顶为圆锥形,最外层是厚厚的黄泥。整个仓窖防潮、密封,温度又低,能很好地保存粮食。其中一个窖里,存有北宋时放进的 50 万斤谷子,至 1969 年考古发现时大多颗粒完整。

二 兵马之基

"国不可一日无兵,兵不可一日无粮",而兵马未动粮草先行。在中国两千多年间,战乱频繁。中国古代的军队后勤运输保障,全靠人力和畜力,加之道路条件极差,远程运输分外艰巨,耗费往往成倍增加。军队远征时,战线愈长运输愈难,后勤供应就愈加困难重重。早在春秋时期,著名的军事家孙武就总结出"军无辎重则亡,无粮食则亡,无委积则亡"的论断。这里讲的"辎重、粮草、委积",即指军队所需之运载工具、军械、兵器、军粮、草料、兵器、营帐、被服等物资。此后,许多军事家和领兵将领也反复指出:"粮谷,军之要最","用兵制胜,以粮为先"。历史上有名的官渡之战,是东汉末年"三大战役"之一,也是中国历史上著名的以弱胜强的战役之一,其中断敌粮草是重要谋略之一。公元199年6月,袁绍挑选精兵十万,战马万匹,企图南下进攻许都,曹操军与袁绍军相持于官渡(今河南中牟东北),在此展开战略决战。官渡靠近许都,曹操后勤补给较袁军方便。而且曹操命负责后勤补给的任峻采取十路纵队为一部,缩短运输队的前后距离,并用复阵(两列阵),加强护卫,防止袁军袭击;另一方面积极寻求和捕捉战机,截击、烧毁袁军数千辆粮车,增加了袁军的补给困难,后又奇袭袁军在乌巢的粮仓(今河南封丘西),烧毁辎重有万余车。袁军听说乌巢被破,于是投降曹操,导致了军心动摇,内部分裂,大军崩溃,曹操从而一举击溃袁军主力,奠定了统一中国北方的基础。因此,中国古代的政治家、军事家反复阐述了军队后勤远程运输保障的弊端,"粮饷之道,军之咽喉,存亡通塞,成败攸关"。

秦始皇发动统一六国的战争,动则发兵三四十万,需要运输大量的兵器粮草、战车马匹,盔甲被服,"百里之内,供二万人食,运粮者须三千六百人"。当时交通不便,运输工具落后,陆路运输成本巨大,正所谓:"六斛四斗为钟,计千里转运,二十钟而致一钟于军中也。"意思是说,6斛零4斗相当1钟,以1000里运输计算,花费20钟送到军队中时只有1钟。而水运比陆运具有相对优势,古人谈到漕运的便利时说,"一日行三百余里",而又"不费牛马之力"。公元前308年秦司马错率巴蜀众10万,大船万艘,米600万斛,浮江伐楚。公元前210年,秦始皇自云梦一带浮江而下,过丹阳,至钱唐(今杭州)。这些都说明当时长江干流已经是长江流域水运的主要干线。

斗、钟、斛的计量

斗:中国市制容量单位(十升为一斗,十斗为一石)。

钟:古代容量单位,可装受六斛四斗,通常是"十釜为一钟",釜是春秋战国时量器名,亦是容量单位,但标准不一。

斛:通常学者们认为斛和石相通,中国旧量器名,亦是容量单位,自秦汉开始一斛本为十三,南宋末年一斛改为五斗。

第二章

水 上 丝 路

中国是世界四大文明古国之一，很早以前就拓通了向西方和南方诸国的陆、海两条交通线。陆上一直被认为是由长安出发，西经河西走廊，出西域，至中亚，进抵罗马帝国的唯一的一条中西交流道路，即沙漠丝绸之路。后来，中外学术界和联合国教科文组织又确认：丝绸之路除最初那条"沙漠丝绸之路"，还包括长城以北的"草原丝绸之路"以及西南地区通往印度的"南方丝绸之路"。海上还包括由东海至朝鲜、日本和东海经南海至东南亚以及经印度洋、红海至欧洲的"海上丝绸之路"。这样丝绸之路的外延得到了

陆地、海上丝绸之路示意图▼

大大扩展。它不仅仅是亚欧大陆的贸易联结者，还是人类民族迁徙之路，是东西方文化交流荟萃之地，中原文化、古罗马文化、波斯文化、阿拉伯文化、中亚文化和印度文化都曾通过丝绸之路与中原文化和长江流域文化碰撞交融。

第一节　东通万国

长江横跨我国东中西部，拥有东通万国的天然条件。秦汉时期开始，长江沿岸城镇的货物通过长江销往今天的印度、日本、朝鲜、东南亚各国及部分阿拉伯国家。唐朝时日本的遣唐使大部分经长江登岸去长安，高

海上丝绸之路是古代中国与外国交通贸易和文化交往的海上通道。经过中国沿海以及长江港口如等徐闻、广州、泉州、宁波、扬州、涞州、蓬莱、北海、漳州、福州、南京等港乘船西行到达东南亚、印度、阿拉伯，甚至更远地区，以及东行到朝鲜、日本等地，这个路线称为海上丝绸之路，其分为东海起航线和南海起航线。

汉代"海上丝绸之路"始发港——徐闻古港，从公元 3 世纪 30 年代起，广州取代徐闻、合浦成为海丝主港，宋末至元代时，泉州超越广州，并与埃及的亚历山大港并称为"世界第一大港"。明初海禁，加之战乱影响，泉州港逐渐衰落，漳州月港兴起。海上运输通道在隋唐时期主要运送丝绸，宋元时期主要运送瓷器、香料。

2013 年 9 月，国务院总理李克强在南宁参观中国—东盟博览会展馆时，强调要铺设面向东盟的海上丝绸之路，打造带动腹地发展的战略支点。

僧鉴真和尚从扬州经长江出海东渡日本传经，郑和七下西洋的基地在今南京。所以，长江无愧于"东通万国"之称。

一 水上通道

长江黄金水道自古以来就作为连通东西的货物运输大通道，并把内陆与海上丝绸之路连接起来，把内陆的货物运往东南亚各国。《汉书·地理志》上记载，当时我国海外贸易有"市明珠、壁琉璃、奇石异物，赍黄金、杂缯而往"，这和徐闻、合浦为起点的海上丝路地处两广，滨临南海、海路交通便利，越人又善于航海，有利于海外贸易相关，两广这些货物的来源，很大一部分应是由海外贸易而来的，而广东、广西以及与之毗邻的湖南均在以长江流域为核心的楚国的势力范围之内。以当时长江上游的货物运输为例，其运输路线首先是把四川的货物经长江，避开三峡险滩，转酉水入沅陵的沅水，再从沅水到洪江，在洪江换苗船进贵州黄平，到达清水江的源头，最后换成马帮经云南进缅甸、印度，到西域各国。秦汉时期，四川所产的"邛竹杖"与"蜀布"经长江已远运到了今天的印度。三国以后我国通过长江的对外贸易日渐发展，先后与今日本、朝鲜、东南亚各国及部分阿拉伯国家建立了贸易与文化往来关系。这条以丝绸命名的线路，还包括陶瓷之路、稻米之路、玉石之路、茶叶之路、香料之路、军粮之路、漕盐之路等。它上起"周道秦驰"，中承唐宋驿道、大隋运河、大元京杭漕帮，还包括钱塘江、赣江、湘江、沅江、汉水、嘉陵江等，形成以长江为主轴的水上丝路。

二 通商口岸

海上丝绸之路的发展过程，大致可分为这样几个历史阶段：①从周秦到唐代以前为形成时期;②唐宋为发展时期;③元、明两代为极盛时期。《汉书·地理志》所载海上交通路线,实为早期的"海上丝绸之路",当时海船载运的"杂缯",即各种丝绸。中国丝绸的输出,早在公元前,便已有东海与南海两条起航线,而内陆的货物集散主要通过长江水运,沿江港口对"海上丝绸之路"发展具有重要意义。

自唐宋以来,江南地区已逐渐成为传统中国社会经济最为发展的地区之一。江南地区社会经济的发展,一个重要的表现就是对外经济交往。这种经济交往很大程度上依靠和得益于"口岸",唐代中国的东南沿海有两大重要口岸,北为扬州,南为广州。扬州地处长江与大运河交汇处,既是当时富冠天下的商业大都市,也是中国与东南亚及西亚诸国通商的重要贸易口岸。

扬州是海上丝绸之路的著名出海港口。从空间地理上来讲,把"陆上丝绸之路"与"海上丝绸之路"联系起来的是大运河。大运河因为其在中国水陆交通网络中的关键地位,长时间成为"东方世界主要国际交通路线"。扬州则借其在大运河沿线城市中的独特位置和大运河在全国交通体系中的作用,成为"陆上丝绸之路"与"海上丝绸之路"的连接点。东晋时期我国高僧法显,从印度回国途中,突遇大风,漂流至山东半岛再航行至扬州,法显归国的路程比原先多出了1300多海里,无意中把海上丝绸之路东端的终点从广州沿海拉到了山东海岸。由此,从山东半岛南下以及从境外经广东北上的货船,必须经过当时的扬州港。

扬州在隋代就确立了全国水陆交通枢纽地位。到了唐朝,这条海上丝绸之路进入了极盛时期,发展成为全国第三大城市和东南第一都会,成为唐朝吞吐四海,沟通宇内的主要窗口。此时的扬州处于长江出海口,有着适宜海运的条件,通过运河南下的船只可以由江南运河直达杭州,西向可以溯江而至湘鄂,或是沿着淮南运河北上直抵洛阳和长安,水陆交通四通八达,是理想的货物集散地及中转市场。据唐人《国史补》记载,在唐代大历、贞元年间,扬州有一位俞大娘,专门从事扬州与江西之间的船舶运输。其船舶在当时的同行中规模最大,船上的操驾之工有数百人之多,"岁一往来,其利甚博"。俞大娘之所以每年往来于扬州与江西之间,是因为两地之间蕴涵着无限商机。正如《太平广记》所说,江西盛产木材,而扬州到处海滨,木材短缺,将江西良材运至扬州,可获数倍之利。实际上,除了木材之外,从江西沿着长江运往扬州的货物,还有浮梁的茶叶、河口的竹编、南丰的蜜橘、广昌的白莲、南安的板鸭、都昌的银鱼、安福的火腿、余江的木雕、吉安的樟木箱、景德镇的瓷器、泰和武山的乌骨鸡等。由此可见其内外贸易的枢纽作用，因此在扬州城中不仅有大食国人，还有婆罗门人、昆仑人、占婆国人以及日本、新罗、高丽等国人，主要经营珠宝、香料和药材，同时还买卖丝绸，并高价收购中国的奇珍异宝。与此同时，扬州的陶瓷、药物、铜器、丝绸同样远销海外。作为唐代四大港口之一，当时的扬州不但是国内瓷器的集散地，也是外销瓷器的最大港口，扬州的路线承担着国内大部分瓷器的外销任务。20世纪70年代中期以来，扬州出土的陶瓷几乎包括了当时中国南北各地主要窑口的产品。扬州出土的9—10世纪的贸易陶瓷品类与南亚、西亚、东非、北非国家同时期一些著名城市和港口遗址出土的中国外销陶瓷标本的类别非常近似或完全一致。1998年，在印尼勿里洞岛附近海底发现"黑石号"沉船，打捞上来的中国陶瓷器计6万余件。"黑石号"出水的瓷器中，最多的是长沙窑瓷器，而当时，长沙窑出产的瓷器主要就是用于外销。长沙窑的瓷器，只有通过扬州港口，才能到达世界各地。除此之外，还有浙江的越窑、婺州窑，河北的邢窑、定窑，河南的巩县窑，广东的汕头窑，安徽的寿州窑等。

继扬州之后，张家港市黄泗浦成为古代长江的国际性港口，现黄泗浦遗址位于张家港市杨舍镇庆安村与塘桥镇滩里村交界处，北距长江约14公里，东距张家港市区约3公里。唐代中后期，扬州城在战乱及长江改道等多方面因素作用下，国际性港口功能不断丧失。而黄泗浦遗址所在的港口因处于古黄泗浦与长江入海口的交汇处，其便利的环境促使其迅速发展成长江口附近继扬州之后新的国际性港口。晋唐时代，黄泗浦是一条南北向的直通江海的河流。它位于长江下游，紧靠出海口，亦即古代志书所称之"江尾海头"。"黄泗浦"三字最早出现在日本僧人元开《唐大和上东征传》里，记载鉴真和尚第六次东渡日本行程，"天宝十二载十月二十九日戌时，从（扬州）龙兴寺出至江头……乘船下至苏州黄㳇浦（黄泗浦）"。该段文献表明"黄泗浦"至少在唐代中晚期已成为长江口出海港口，繁盛一时。至于它开凿于何时，名称从何而来，已很难查找到确切的史料依据。有人曾推测黄泗浦系战国时期楚国春申君黄歇所开，不是一点没有道理。据史载，楚考烈王在公元前247年，把吴地江东十二县即今苏锡常和上海一带，封赠于春申君黄歇。吴地靠江襟湖，地势低洼，水患

第二章　水上丝路

频繁。黄歇在吴十一年,开凿河道,兴修水利,发展水运,政绩卓著,相传上海黄浦江和江阴黄田港、申港、君山等地名由来均与黄歇有关。难怪有人将黄泗浦说成是"黄歇浦"。若果真如此,则黄泗浦开凿距今至少已有 2200 多年了。黄泗浦的规模据南宋范成大纂修的《吴郡志》记载,黄泗浦北通长江,南至湖口,"长七十里有畸,面阔八丈,底阔四丈八尺,深七尺",担负着江南地区出江入海的重任。

黄泗浦遗址

　　青龙镇港是古代长江另一个重要的外贸港口。当唐代长江下游扬州的口岸地位开始发生变化时,位于吴淞江中游,时属秀州华亭县的青龙镇,唐宋年间,特别是宋代,开始成为江南地区最重要的出海口岸。漕粮、食盐、纸张和手工艺品成为水运的主要货种。北宋嘉祐七年(公元 1062 年),青龙镇港已与日本、新罗等国通航,与江浙的苏、常、杭、湖等州辟有较固定的内河航线,南方沿海明(宁波)、台、温、福、泉、漳诸州每年有船到港。北宋政和三年(公元 1113 年),市舶务设立,上海地区港口始有市舶机构,管理中外商船的税收。由于青龙镇有着樯橹林立之盛况,踞江瞰海之胜景,庙宇楼台之壮观,人文荟萃之佳誉,所以吸引了各地众多的文化名人。时任青龙镇监的米芾来到镇北的隆平寺,看见陈林撰于元丰五年(公元 1082 年)的《隆平寺藏经记》,被文中对青龙镇的生动描述所感染,立刻挥毫书录之。《隆平寺藏经记》提及:"青龙镇瞰松江之上,据沪渎之口,岛夷闽粤交广之途所自出,风樯浪楫,朝夕上下,富商巨贾豪宗右姓之所会。"这说明,当初福建、广东、广西乃至越南的海舶,都常泊于青龙镇;日本、高丽也仍有舟至此。北宋嘉祐七年(公元 1062 年)所刻的《隆平寺灵鉴宝塔铭》中,记载航运繁忙的情形就更明白:"自杭、苏、湖、常等州日月而至;福建、漳、泉、明、越、温、台等州岁二三至;广南、日本、新罗岁或一至。"可见,那时青龙镇更胜唐代,已是远近闻名的国际性港口。南宋,上海至南方的沿海航线延伸至两广。南宋末期,上海港发展,运输船只通过吴淞江入海,华亭、青龙镇港成为内河港。

　　继青龙镇之后,元明时期江南最重要的出海口岸当推刘家港。刘家港又称刘河镇、刘河口,位于长江三角洲娄江下游刘河入海处。浏河通往长江,距离长江出海口很近,是历代南北海运的枢纽,也是海船进入长江的第一港。明初洪武年间,朱元璋为解决北征将士军粮供应,一度沿袭元代自刘家港海运漕粮至辽东以供军用。"自洪武五年至二十五年,每岁以七十万石为率"。永乐初年(公元 1402 年),朱棣定都北京后,自永乐三年至宣德五年间(公元 1404—1430 年),郑和七下西洋均自刘家港起锚,率领的船队有 200 多艘,人数超过 27000 人,船队包括宝船、马船、粮船、坐船以及战船等五种类型。宝船主要用于载人,船队有宝船 62 艘,最大的一艘长 44 丈,宽 18 丈,可容纳上千人,规模之大,史所未有,它的铁舵需有两三百人才能举动,曾到达过爪哇、苏门答腊、苏禄、彭亨、真腊、古里、暹罗、阿丹、天方、左法尔、忽鲁谟斯、木骨都束等 30 多个国家,最远曾达非洲东海岸、红海、麦加,并有可能到过今天的澳大利亚。"自此外国贡使络绎而来,而番商洋贾慕刘河口之名,帆樯林立……刘河之财赋甲天下矣"。是时西洋贡船络绎不绝,咸欣其便,遂称为"天下第一码头"、"六国码头"。

第二节 北连京陕

京杭大运河全长 1794 公里,是一条人工运河,长度是苏伊士运河(190 公里)的 9 倍,巴拿马运河(81.3 公里)的 22 倍,纵贯南北,是中国重要的一条南北水上干线,它南起杭州,北到北京,途经今浙江、江苏、山东、河北、天津、北京六省(市),沟通了海河、黄河、淮河、长江、钱塘江五大水系,背负了古代南北大量货物的运输,是古代劳动人民创造的一项伟大工程,是祖先留给我们的珍贵物质和精神财富,是活着的、流动的重要人类遗产。

一 纵贯南北

京杭大运河对中国南北地区之间的经济、文化发展与交流,特别是对沿线地区工农业经济的发展起了巨大作用。京杭大运河也是最古老的运河之一,和万里长城并称为中国古代的两项伟大工程,闻名于全世界,是中华民族文化的象征。

第二章　水上丝路

大运河肇始于春秋时期，形成于隋代，发展于唐宋，最终在元代成为沟通海河、黄河、淮河、长江、钱塘江五大水系、纵贯南北的水上交通要道。在 2000 多年的历史进程中，大运河为中国经济发展、国家统一、社会进步和文化繁荣作出了重要贡献，至今仍在发挥着巨大作用。京杭大运河显示了中国古代水利航运工程技术领先于世界的卓越成就，留下了丰富的历史文化遗存，孕育了一座座璀璨明珠般的名城古镇，积淀了深厚悠久的文化底蕴。

▲京杭大运河一角

京杭大运河的开凿和演变大致分为三个时期。

第一个时期，运河的萌芽阶段。春秋吴王夫差十年(公元前486年)开凿邗沟(从今扬州市邗口至今淮安市末口)，以通江淮。至战国时代又先后开凿了大沟(从今河南省原阳县北引黄河南下，注入今郑州市以东的圃田泽)和鸿沟，从而把江、淮、河、济四水联通起来。

第二个时期，主要指隋代的运河系统。在隋朝时，京杭大运河又叫南北大运河，沟通长江、淮河、黄河与淮河等水系，形成了一个以洛阳为中心，西通关中盆地，北抵河北大地，南达太湖流域，流经现今的京、津、陕、豫、冀、鲁、皖、苏、浙九省(市)，全长2700公里的庞大运河体系。扬州、淮安是里运河的名邑，隋炀帝时在城内开凿运河，从此扬州、淮安便成为南北交通枢纽，藉漕运之利，富甲江南，为中国最繁荣的地区之一。

第三个时期，主要指元、明、清阶段。元代大运河全线通航，漕船可由杭州直达大都，成为今京杭运河的前身。明成祖朱棣重开京杭大运河，从南方采运大批木、石、砖、瓦兴建北京城，运来江南大米保障京城供给。明成祖以后的十八代皇帝，也都十分重视对大运河的修整和疏浚，加强对漕运的管理。大运河充当中国漕运的重要通道历时1200多年。清代中叶后，山东北运河淤塞。道光五年(公元1825年)江南粮米便改由海运至天津，再转北京。1911年津浦铁路通车，大运河就逐渐湮废。

汉江是长江中游的最大支流，发源于陕西省宁强县，流经陕西、湖北，辐射河南、四川、重庆，于湖北武汉市注入长江。湖北的襄阳自古就是南北交通要道，素有"南船北马、七省通衢"之称。襄阳码头历史悠久，早

在春秋时期就开始营运。西汉时期,襄阳码头已成为汉水中游的重要港口。在电视剧《乔家大院》中,晋商乔致庸为打通古代万里茶路,实现货通天下,把福建武夷山产的茶叶,通过水路运进长江再入汉江,最后在襄阳城下的码头卸货,改转陆路运往山西以及蒙古等地。襄阳地理位置优越,物产丰富,"商贾连樯,列肆殷盛,客至如林",先后有川、豫、晋、闽等 11 个省份的商会或行帮在此建有会馆,数量达 21 座之多。

　　汉江航运明清以前商业运输还比较落后,主要是由官方主办的军运和漕运,汉江水运在军事和稳定政权方面发挥了重要的作用。明清以后,汉江水运商业作用突显。明初实行荆襄禁山政策,汉江航运一度受阻,明中后期,汉江航行畅通无阻。崇祯年间,安康遭灾,安康人李登科"自楚贩米归,倾舟散之"。在春夏长江汛期,通航阻隔之时,汉江水运又肩负向川渝转运物资的重任,成为沟通我国东西联系的一条重要运输通道。《天下路程图引》载有:"往四川货物,秋冬由荆州雇船装货,各府去卖,春夏防川河水大难行,由樊城雇小船,至沔县起旱,雇骡脚,一百二十里驮至阳平关下船,转装往各府去卖。"

　　清初,清政府对陕南地区实行移民垦殖政策,鼓励江南楚、皖、赣、川等省流民向陕南、鄂西移垦,数以百万计流民涌入该地区。商品生产的繁荣吸引各地商贾纷至沓来,沿江形成了安康、汉中、白河、蜀河、旬阳、紫阳、瓦房店、汉王城等货物集散地和商贸中心,"川、楚、陕、豫、赣、晋各商,列肆于此,懋迁有无"。大量手工工厂产品和山货土产囤积于此,需要依靠水运行销山外,同时大量棉花、花布等生活日用品也凭水运至此销售。"南郑,成固大商重载此物,历金州以抵襄樊,鄂渚者,舳舻相接","安康人人种落花生,每秋冬舟运两湖、三江,获利以亿万计","猪至集市,累千盈万,船运至汉口、襄阳",这一切都说明了当时汉江商运已经十分繁荣。

二　运河之城

　　说到运河,就不能不又提到扬州。扬州,不仅是货通万国的海外贸易口岸，也是著名的沟通南北的运河之城，而"故人西辞黄鹤楼，烟花三月下扬州"脍炙人口的诗句则使人联想到悠悠运河的千年血脉。古运河对扬州城的诞生和成长，对扬州文化的发展和繁荣，都具有无可替代的重要意义。3月下旬的江南，草长莺飞，万紫千红，一派生机勃勃的早春气象。扬州城中，绿柳烟花芳菲一片。天蓝水清，桃红柳绿，天上地下，到处都明媚生动。

▲
扬州
古运河

　　运河的形成与我国漕运的需求密切相关。春秋前期公元前 647 年，晋国发生饥荒，秦穆公下令从秦国都城雍(今陕西凤翔)用庞大船队通过渭河、黄河、汾河运送几千吨粮食到晋国都城绛(今山西翼城东南)，是为泛舟之役。公元前 486 年吴王夫差开发邗沟沟通长江和淮河：从扬州引入长江水经过樊梁湖、博芝湖、射阳湖到淮安入淮河，从水路调兵运粮。三年后吴王夫差扩展邗沟，开荷水运河，接通泗水，开启了扬州城市建设与漕运的历史；隋唐时期，隋炀帝开通南北大运河，从京都洛阳千里直通锦绣江南，唐廷组织数千漕船，年运百余万石江淮租粮北上。至清代，运河漕运的兴盛和盐业的发达，扬州帆樯千里，商贾云集，"园林多是宅，车马少于船"，其声名远播海内外。

　　在蜿蜒千里的大运河畔，除扬州古城外，还有台儿庄、聊城等运河古城。山东最南端的枣庄有着"京杭运河仅存的遗产村庄"——台儿庄，这一得天独厚的世界级文化遗产。台儿庄形成于汉，发展于元，繁荣于明清。据《峄县志》记载："台(儿)庄跨漕渠，当南北孔道，商旅所萃，居民饶给，村镇之大，甲于一邑，被乾隆称为'天下第一庄'。"呈现出"商贾迤逦，一河渔火，歌声十里，夜不罢市"的繁荣景象。至清代咸丰九年，运河重镇台儿庄，逐渐变成了一座繁华的城镇，城市人口最多时高达 6 万多人。作为重要的货物集散地，每年通过运河漕运，向中国东南地区运送四五百万石的煤炭，台儿庄云集了大批的晋商、徽商、浙商、闽商、粤商，是辐射苏鲁豫皖地区一座重要的商埠城市。城区内现仍保留长达 3 公里的古运河河道及明清繁荣时期的街巷、码头等遗址，被中外专家誉为"京杭运河仅存的遗产村庄"。台儿庄至今基本保留明清时期古城脉、古河道、古码头，多是低平建筑。运河上还保留着较为完好的驳岸、被水石堤、水门等水工遗存。被誉为"活着的运河"、"京杭运河仅存的遗产村庄"。

聊城，别称"江北水城，运河古都"，由西向东流淌的黄河与南北走向的大运河在此交汇，使聊城成为融会黄河农业文明和大运河商业文明的代表性城市。历史上，聊城的兴盛相当程度要归功于大运河。至元二十六年（公元1289年），元朝开凿东平安山至临清的运河河道，上接济州河、下通卫河，也就是会通河。京杭运河贯通后，会通河成为南粮北运以及南北经济文化交流的重要通道，聊城也成为山东西部最大的物资集散地，是运河九大商埠之一。据记载，位于卫河与会通河的交汇处的临清"帆樯如林，百货山积"。至万历年间，临清钞关年征收船料商税银八万八千余两，税收居全国八大钞关之首，税收占全国运河税收近四分之一。据史书记载聊城"舟楫如云、吼樯蔽日"，"漕挽之咽喉，天都之肘腋"，所以人们说"天下不敢小聊城"。在今天一段古老的运河岸边，人们仍然可以看到一座东西长77米，南北宽43米，占地面积3000多平方米的建筑群，这座建筑群规模之大，保存之完好，让人为之震撼。它就全国重点文物保护单位——聊城山陕会馆，是山西、陕西客商集资合建的一处神庙与会馆相结合的古建筑群。清乾隆年间，聊城的商业尤为繁盛，外地商人中，又以山西、陕西两省的为最多，常常在运河千人之上，会馆就是商贸发达的见证。

无锡古运河是京杭大运河的一段，它北接长江，南达太湖，全长40多公里，纵贯无锡城区。无锡古运河的历史可以追溯到商末，三千年前，周太王长子泰泊在梅里建勾吴国，为了灌溉和排洪的需要，率领民众开凿了伯渎河。历史上吴王阖闾功楚，夫差北上伐齐，都曾通过这条河。可见这条河当时不仅是在交通和农业灌溉上发挥着重要作用，而且在军事上也起着重要的作用。这条河不仅是无锡最早的人工河，也是人类历史上最早的运河，在明清时期呈现漕运高峰盛况。当时无锡同湖南长沙、江西九江、安徽芜湖并称为"全国四大米市"。公元1888年，清

> 漕运是我国历史上一项重要的经济制度。用今天的话来说，它就是利用水道（河道和海道）调运粮食（主要是公粮）的一种专业运输。中国古代历代封建王朝将征自田赋的部分粮食经水路解往京师或其他指定地点。水路不通处辅以陆运，多用车载（山路或用人畜驮运），故又合称"转漕"或"漕輦"。运送粮食的目的是供宫廷消费、百官俸禄、军饷支付和民食调剂。这种粮食称漕粮，漕粮的运输称漕运，方式有河运、水陆递运和海运三种。狭义的漕运仅指通过运河并沟通天然河道转运漕粮的河运而言。

政府实施"南漕北移"的措施时，就把无锡作为南方一些省(县)漕米的起运点，各省(县)常年派人住在无锡，采办漕粮。据史料记载，当时无锡的仓储大米每年都达130万石以上，从而粮食业成为无锡的百业之冠。无锡米市的兴旺同时带动无锡各行各业的繁荣，据说当时运河沿岸人来人往，商铺林立，各地客商也纷纷云集于此，洽谈生意，贸易交流，使无锡真正成为"商贾云集，船乘不绝"之地。由于运河交通运输的方便，当时无锡运河边上的烧窑业也迅速发展起来，到清代，这里的砖瓦窑有一百多处，砖瓦通过运河运往全国各地。

第三节　南接云贵

长江上游的金沙江段、秦朝开凿的灵渠以及沅水、巫水是连接云贵的重要水上通道。

一　水陆衔接

长江以南多山地丘陵，陆路交通艰难，水运成为不可缺少的货运方式。长江的上游河段金沙江，流经云南省少数民族聚居地区。长江支流乌江流域为贵州主要工农业分布区，居住有汉、彝、苗、布依、回等民族。盛产粮、油、烤烟、茶、生漆、油桐、乌柏及天麻、杜仲、党参等药材，煤、硅石、铁、磷、铝、锰、铅、锌、锑等矿产丰富，乌江自古以来为川黔航运要道。长江支流湘江位于江南地区，是湖南省最大河流。发源于湖南省永州市海拔近2000米的九嶷山脚蓝山县野狗山麓，上游称潇水，零陵以北开始称湘江，向东流经永州、衡阳、株洲、湘潭、长沙，至湘阴县入洞庭湖后归长江。湘江流域资源丰富，矿产以煤、铁、锰、铅、锌、铜、锑等为主，湘潭是中国著名的锰矿区。农副产品以湘江稻、薯、烟、茶、大豆为大宗。湘江干支流大多可通航，旧时是两湖与两广的重要交通运输线路。长沙城建于湘江下游的江畔。唐时长沙的水运内航可达湘、资、沅、澧四水所流经的各县城集镇，外航可过洞庭，入长江，直达鄂、赣、苏、浙、皖、沪各省(市)大小港埠，南极粤桂，北达中原，建下了"湘州大舟扁，乘风破鼓浪，波似箭，鸣催橹，转输半天下"的辉煌业绩。

▲
灵渠

灵渠沟通南北水路运输，自古就是中国岭南与中原地区之间的水路交通要道。灵渠古称秦凿渠、零渠、陡河、兴安运河，在中国广西壮族自治区兴安县境内，于公元前214年凿成通航，是世界上最古老的运河之一，与四川的都江堰、陕西的郑国渠齐名，也是世界上最古老的运河之一，有着"世界古代水利建筑明珠"的美誉。

秦始皇二十六年（公元前221年），秦始皇统一六国之后，为了完成统一中国的大业，派秦军55万，总分五路向百越之地推进。但在广西境内秦军屡遭部族顽强抵抗，《淮南子·人间训》记述当时秦军"三行不创甲驰弩"。秦军战事不顺的原因，除秦军不适应山地作战、不服南方水土、病员较多之外，重要的是岭南地区山路崎岖，运输线长，军需粮草供应不上。能否保证秦军的粮草运输，是决定这场战争胜负的关键。秦始皇果断地作出了"使监禄凿渠运粮"的决定。在史禄的主持下，经过被征发的劳动人民和秦军的艰苦劳动，几经寒暑，成功地开凿灵渠。秦军粮饷从湘江船运，通过灵渠进入漓江，源源不断地运至前线，保证了前方军事需求。秦始皇三十三年（公元前214年），秦军统一了岭南，完成了统一全国的大业。

灵渠的凿通，沟通了湘江、漓江，打通了南北水上通道，联接了长江和珠江两大水系，联通了南中国的水运网，自古就是中国岭南与中原地区之间的水路交通要道。此后至清末的两千多年的岁月，灵渠一直担负水运的重任。由广州乘船出发，溯珠江而上，经漓江，穿灵渠，沿湘江而上，接长江，转乘京杭大运河直向北行，最后可到达北京。清道光年记载了灵渠的船运发生的一件事，兴安西乡的木材原从山路运到五排再扎木排下河运至湖南销售，山民为了绕开辛苦的山路降低运输成本，就放排到大溶江再进灵渠上湘江到湖南销售。这些木排在窄浅的灵渠中经常堵塞水路，还不时撞坏盐商船只，于是官府出告示，禁止木排进入灵渠。即使在1938年湘桂铁路修通之前，灵渠也日过帆船上百艘。由此可见，在2000多年的岁月里，作为水运枢纽，灵渠保障了全国统一、边疆安定，一直发挥着重要的运输功能。

二　油木之城

在湖南沟通与东南流通的通道中，还有一座美丽而古朴的小山城，位于湖南沅水与巫水的汇流处，这就是油木之城——洪江，水上丝路上不可忽略的一座古城。这里扼守的湘、鄂、黔、滇、桂"五省通衢"，是我国大西南通道，地理位置极为重要，加之气候环境优越，沅、巫二水上游广大地区山林茂密，物产丰富，且有通江达海的舟楫之利。据《洪江市志》载："洪江古名雄溪，本为蛮荒之地。""宋，元祐五年（公元 1090 年），置洪江寨，隶黔阳县。元，至元八年（公元 1271 年）废洪江寨。明，洪武年间（公元 1368—1398 年），设洪江驿，属会同县，置驿丞，有驿船 4 艘，水夫 4 名"。这段史实疑表明，洪江在古代历史上从未成为过那方山水的权力中心，但商脉悠长。据考证，洪江起源于春秋时期、成熟于唐宋、鼎盛于明末清初。自唐朝开始，华东地区的货品经长江到沅水要运到云南、四川、广西、贵州去，船只都要在洪江这里停下来换成小船，再逆着巫水和沅水上游而去。在洪江一辈辈人的相传中，据说明代万历年间，傍沅、巫二水汇流处的犁头嘴一带有了几家店铺。此后陆续涌入的商客和手工业者，他们挣脱了家门边几亩薄地的羁绊，来此买桐油不再是为自家照明的灯盏，购买木材也不仅是为子孙修建华屋豪宅。随着商业的兴隆，各处客商云集，古城内店铺林立，作坊成群，一个以洪江为中心，在原料产地、产品销售区分别设有庄号的庞大商业，从此出现在了沅水边。洪江以木材、"洪油"（洪江桐油）、鸦片、白腊闻名于世。在洪江古商城的 30 多个行业中，木材、洪油是它的起市之本，也是财富之源。明末清初时期，官府有记载，洪江一年输出的木材就高达 60 余万两白银（90 多万立方米），价值700 万银元。除了木行，洪江最富的是油号，每年 20 多万担洪油销往汉口、镇江、上海，出口韩国、澳大利亚、加拿大和新加坡。另还有各类山货土产近 12 万吨。从沪、汉间返回的布匹、西药和其他百货，又在洪江向周围各县及邻省边境扩散，两头赚取的利润均进入了洪江的账上。

曾几何时，沅江流动的水，一头借众多支流连起陆路交通闭塞的内陆，一头乘连绵的波涛远接洞庭长江，那密密麻麻的商船构成"见排不见水，见船不见江"的盛况，洪江是这条纽带的中间支点。是沅江的水，使东西南北的物资在这里交汇，人在这里聚首。清康熙 26 年（公元 1687 年），一位叫王炯的外乡文人途经"烟火万家,称为巨镇"的洪江时,就被这里的繁华所震撼。他在《滇行日记》里,用"商贾骈集,货财辐辏,万屋鳞次,帆樯云聚"来描述他对这个地处偏远湘西的"边城"印象。便是到了1940年,从这片土地走出去的沈从文先生,旧地重游时,在《沅水上游的几个县份》里也是带着欣赏的口气描述:"由辰溪大河上行,便到洪江,洪江是湘西的中心……通常有'小重庆'的称呼。"在洪江市文化馆,有两块"镇馆之宝"的文物,一块据说是元代的雕版,描绘了洪江古城的繁华:河面上拥挤着密密麻麻的楼船,颇有"东去巨舻摇橹下,西来小艇扬帆过"的景象;岸边则是修饰精美的码头和栈桥,城内的店铺屋舍,无不雕梁画栋,精美至极,城内人群更是熙熙攘攘,热闹非凡,倒也有几分《清明上河图》的气度。而另一块则是光绪15年的《洪江街市全境图》的木刻雕板,除却"七冲、八巷、九条街"的古城布局清楚了然,而特别标注的水码头竟有28个之多(民国时期洪江码头更多达48个)。由此可以想象,当年的洪江是何等的繁华。

第四节 西达巴蜀

长江干流及其岷江、沱江、嘉陵江等支流不仅是蜀地货物运输的重要通道,而且沿岸孕育了许多重要的城镇。

一 通天之河

蜀道难,难于上青天,这是千百年来古人面对西部崇山峻岭的浩叹。这难于上青天的高山峡谷之中,奔腾着通天之河——长江干流及其岷江、沱江、嘉陵江等支流,其提供的舟楫之便,成为巴蜀通往外界的通途。明清时期,随着商品经济的发展,全国商品市场的形成,川江水运真正得以开发利用,其黄金水道的经济价值开始凸现。尤其是清前期,由于国内统一市场的初步形成,各地间的经济联系日益加强,长江对促进四川参与这种联系起着重要的纽带作用,因此川江水运得以拓展。

历史上,岷江以西还是少数民族统治区,交通不便,中原人士很少了解那些地区的情况,曾经把长江正源定为岷江。"岷江导江,泉流深远,盛为四渎之首"(郦道元《水经注》),这虽然是个美丽的误会,但也说明了岷江在长江上游的重要地位。公元前256年,李冰任蜀郡太守,他为民造福,排除洪灾之患,主持修建了著名的都江堰水利工程。都江堰是全世界至今为止,年代最久、唯一留存、以无坝引水为特征的宏大水利工程。2000多年来,它一直发挥着防洪灌溉作用,使成都平原成为水旱从人、沃野千里的"天府之国"。岷江都江堰以上为上游,以漂木、水力发电为主;都江堰市至乐山段为中游,流经成都平原地区,与沱江水系及众多人工河网一起组成都江堰灌区;乐山以下为下游,以航运为主。岷江流域内自然资源丰富,探明的主要矿藏有色金属及贵重金属有铂、镍、铜、钴和金矿,稀有金属有锂、铍、钽、铌矿,非金属矿有白云母、石棉、石膏、碳、水晶、蛇纹岩、含钾磷矿等,特别是石棉、白云母储量大、品质好,是我国主要生产基地。在都江堰建成以后,岷江航线不再从灌县经崇庆、新津而达彭山、眉山、乐山;而是从灌县经温江达成都,再过双流,至彭山,然后下达乐山。李冰修这样一条引水渠道,实际上把岷江改道绕经政治经济中心成都,成为一条货物交流和经济腾飞的大动脉。岷江干流乐山以下至宜宾汇口、大渡河沙湾至乐山段,是四川省运输的主要通道。

沱江发源于四川盆地北部的九顶山中,流经成都平原,在泸州汇入长江。沱江河道里自古出产沙金,历代都有人到江边淘金,那些川流不息的货船与那些淘金人的黄金梦随着河水流淌了千年。泸州位于长江和沱江交汇处,为四川出海南通道和长江上游重要港口,自古因水而盛,航运业历史悠久。"城下人家水上城,酒楼红处一江明,衔杯却爱泸州好,十指寒香给客橙",这首清代诗人张问陶的诗句,描绘了当时泸州长江船只聚集繁荣昌盛的画面。

嘉陵江发源于秦岭北麓的宝鸡市凤县,穿大巴山,到重庆市注入长江。自汉唐以来,嘉陵江水运就发挥着转运边郡军需民食供给的作用。据略阳县志记载,东汉武平人虞诩任武都太守期间,主持"刊山导江",疏通了沮(略阳)至下辨(成县)嘉陵江航道,发展了这一带的水运,说明当时水运已很重要。尤其是在南宋时期,因为陆陆运输的艰险与耗费巨大,川陕军粮、战马经由嘉陵江的转运,使嘉陵江水运再次繁华,成为川陕边防货物与粮草转运的重要途径,史载四川总领所每年支付军粮为150余万石,其中130余万石需要通过水运,其重要性可见一斑。

三峡航运始于新石器时代。巴人参加武王伐纣之际,独木舟已被舫

舫

字从舟从方，方亦声。"方"意为"城邦国家"。"舟"与"方"联合起来表示"国家船队"。本义：古代城邦国家的海军舰队内河舰队或运输船队。

现在舫多是仿照船的造型，在园林的水面上建造起来的一种船型建筑物，供人们游玩设宴、观赏水景，如苏州拙政园的"香洲"、北京颐和园的"清晏舫"等。为水边或水中的船形建筑，前后分作三段，前舱较高，中舱略低，后舱建二层楼房，供登高远眺。前端有平砌与岸相连，模仿登船之跳板。

替代。春秋战国时期，巴、蜀、楚、秦等都利用和开发过三峡航运。秦汉间，三峡成为川盐粮运输的主干线。地处三峡的宜昌，为历代四川漕粮过境运输的停泊点。唐宋时期，长江上游云、贵、川纲船（朝廷贡物及重要货物分批起运，每批编立字号，分为若干组，每组为一纲）下运的主要官物有粮食、食盐、布帛、铜铅、铸钱、军马、木材及贵重药材等。纲船出三峡后，须在宜昌停泊、换载、修理、补充生活用品等。宋代"荆南水路"开通，四川贡物由"陆辇秦凤"改由乐山水运至宜昌，由宜昌换船经江陵走汉水转运抵开封。北宋天圣七年（公元1029年），四川纲运下运日多，荆南等地货物积压严重。南宋乾道元年（公元1165年）起，四川、陕西军马改由水路下运峡州（今宜昌）中转，年发运万余匹，每年抵达宜昌马纲船648只。明初，四川广元至宜昌之间，设28个纲运站，宜昌为终点站。明至清代，滇铜、黔铅等官物均由产地经4条支流集并到泸州装江船下运，除岁定数量必须运抵京师外，还配定相当数量供各省采购。清末，川盐经夷陵运销湖北各地。除运输官物的纲船外，唐代商船过往夷陵的水运货物有粮、麻、盐等。明清之际，川粮、盐、生漆、水牛皮、牛胶、山货土产等多经夷陵运出。乾隆五十年（公元1285年）经宜昌运往湖北、福建、台湾各地川米达122万担。顺治年间，运盐155万担，自顺治以后，四川土产山货均循三峡运出，苏广杂货、海产、棉花亦循三峡运进。"蜀麻吴盐自古通，万斛之舟行若风"，生动地再现了当时长江三峡水运的兴盛景象。

二 巴蜀重镇

据地质学家们说，四川盆地在遥远的石炭纪曾是一个巨大的内陆海，后来沧桑变化使积水由三峡东泄，内陆海变成了膏腴的成都平原，并形成了盆地周围高山环绕、众多江河穿流全境的独特的地理环境，为古代人类的栖息繁衍提供了一方气候温暖适于农耕的区域。相传，上古时，居住在古青藏高原的古羌族人向东南迁居，进入了岷山地区和成都平原。后人将这些居住在岷山河谷的人称为蜀山氏。后来，蜀山氏的女子嫁给黄帝为妃，生下儿子蚕丛，蚕丛在四川平原建立了古蜀国。蚕丛及其族人，眼睛生得很特别，竖直向上。古有"蚕丛纵目"之说，三星堆发掘出众多贴金纵目人面像，有说那个长长眼珠的就是蚕丛王的化身。蚕丛带领族人继续向东南方向迁徙，从岷江上游顺江水入川逐渐发展农耕，但每当温柔的岷江野性复发、泛滥成灾时，平原便成了沼泽。所以，自远古时代起，古代蜀人就利用水的便利，开始了与水患的斗争。

蜀道交通历史悠久，蚕丛时代，古蜀人曾到川东三峡地区，购回食盐。在夏商时代，蜀族先民便开辟了自成都平原出发，北通关中入中原的道路。在秦汉以前，成都四周高山环峙，形势险要，故成都古代陆路运输极其困难，大宗货物进出多取水道，自秦李冰"穿二江成都之中"起，成都便成为通航城市。战国末年，秦灭了巴蜀，为了防止蜀贵族的叛乱，秦在成都设置了成都县，后来又设置了蜀郡，张仪设计并修建了成都城。

成都是南方丝绸之路的开端和动力源头。由成都出发的"南方丝绸之路"，大致从北向南，由若干条干、支线构成了一个大范围的交通网络，其主干线路则主要有两条。一条是"旄牛道"（又称西线）：从成都出发，经历史上的临邛（今四川省邛崃市）、旄牛（今四川省汉源县）、邛都（今四川省西昌市）、叶榆（今云南大理）、永昌（今云南省保山市）等地，进入缅甸，继而到达印度和巴基斯坦，由巴基斯坦西北向经阿富汗等中亚地区即可进抵西亚、欧洲，此为古代连接南亚、中亚、西亚和欧洲的欧亚大通道。另一条是"五尺道"（又称"南方丝绸之路"东线），也从成都出发，历僰道（今四川省宜宾市）、朱提（今云南省昭通市）、味县（今云南省曲靖市）、谷昌（今云南省昆明市）等地。后来又分为二线，一为循东南方向经秦汉以后的交趾进入东南亚，另一则西向至大理与"旄牛道"会合，以达南亚。

到了汉代，成都成为当时的商业五都之一，并以超过 30 万的人口，成为仅次于长安的全国第二大城市。汉初开辟成都港为岷江—长江漕运首港后，成都逐步发展成为内河港埠。循江而下，水运"不费汗马之劳"，即"通西蜀之宝货，传南土之泉谷"，成都的造纸和临邛的铁器畅销全国，竞争力非常强。当然还有举世闻名的蜀锦，通过南北丝绸之路风靡海内外。当汉的使节南行至滇国时，被告知"其西可千余里有乘象国，名曰滇越，而蜀贾奸出物者或至焉"，说明蜀的商人已经在滇越一带从事商贸活动。蜀的产品远销到了今巴基斯坦境内的印度河流域，然后再转销至"大夏"（即古代之巴克特里亚，今之阿富汗北部）。《史记·大宛列传》记载，汉使张骞从西域归来报告汉武帝说，他曾在大夏看到邛竹杖、蜀布，当地人告诉他说这些产品都是由印度贩运而来，可知蜀的土特产很可能通过南方丝绸之路销至南亚和中亚地区。

古代从成都出川的蜀道除了北越巴山秦岭的栈道和东出三峡的长江水道，从远古以来还有一条重要通道，则是从成都出发溯岷江河谷西北向抵达岷山以出甘青的路线，习称"河南道"，这条路实际上是北方"丝绸之路"的又一条重要路线，在"海上丝绸之路"开辟之前，这条打有成都印记的北方"丝绸之路"长期发挥着重要的国际国内交通作用。所以，从成都出发的北方丝绸之路"河南道"在有的历史时期甚至起着沟通西域的主要交通干道作用。

巴蜀地区另外一个重镇则非重庆莫属。重庆古代属于巴国，据《辞源》："巴者，古国名，位于四川省东部一带地方。"商朝时巴人不甘压迫，于公元前 11 世纪参与周武王伐纣，由于巴人英勇善战，迫使纣王军队阵前倒戈，终于打败商纣王，西周封巴氏为子国，首领为巴子，因而叫巴子国，通常简称巴国。公元前 316 年，巴国为秦国所灭，巴王被虏。秦国在江州即今天的重庆筑城，设置巴都。

重庆，位于嘉陵江与长江汇合处，"会川蜀之众水，控瞿唐之上游"，依两江而生，依两江而兴。这里有着极其丰富的河流资源，可以依山临水，形成畅通的水路交通。巴族定居故陵巴乡时，发现了水下盐泉，创造了凿井取水煮盐的方法，并逐渐发展强盛起来，迁都江州时，其农牧渔业、工业、商业、水运等已有长足发展。从区位来看，重庆地处四川盆地东南部，青藏高原与长江中下游平原的过渡地带。且位于长江上游的百川交汇口，东连江海，背靠西南，是四川盆地内部和黔北、滇东北各地联系的枢纽,也成为四川盆地内部、黔北、滇东北与长江中下游即华中、华北、华东地区经济联系的枢纽。自古以来,西南地区与外界交通的道路有两条重要的水路:一是长江。长江横亘于西南地区的中部,宛如蜿蜒的巨龙,劈开四川盆地的边缘,打通一条天然的东西向通道。自古以来,长江就是西南地区与长江中、下游地区交通的通道,尤其是通过楚地更是可以纵深入长江中下游的广袤平原。《华阳国志·巴志》:"江州(今重庆巴县)以东,滨江山险,其人半楚"的论述。第二条通道是沿盘江到达两广的通道。《汉书·西南夷传》当中有一条十分重要的记载:"建元六年(公元前135年),大行王恢击东粤,东粤杀王郢以报。恢因兵威,使番阳令唐蒙风晓南粤。南粤食蒙蜀枸酱,蒙问所从来,曰:'道西北牂柯江,江广数里,出番禺城下。'蒙归至长安,问蜀贾人,独蜀出枸酱,多持窃出市夜郎。夜郎者,临牂柯江,江广百余步,足可行船。"从这段记载中可知,这条水路曾是蜀中商贾向外走私贩卖蜀中土特产——枸酱的主要通道之一,也可以接连南越与夜郎、长沙等地。其中的"牂柯江"从泛义上说,包括今南盘江和北盘江,沿途汇合柳江、郁江、桂江、北江、东江,经广州番禺入海,首尾2000余里,流经云南、贵州、广西、广东四省。这条水道一是将西南地区有机地联系在一起。二是将西南地区通过两广与域外相连接。川江流域自古以来物产丰富,正是这丰富的物产和川江上下人们互通有无的愿望催生了这里的航运业,并一步步走向繁荣。

宜宾别称"僰道"、"戎州"、"叙州城",也是巴蜀重镇,是长江上游开发最早、历史最悠久的城市之一,是南丝绸之路的起点,素有"西南半壁古戎州"的美誉,位于中国四川省中南部。因金沙江、岷江在此汇合,长江至此始称"长江",故宜宾也被称为"万里长江第一城"。自古就是川南、滇东北和黔西北一带重要的货物集散地和交通要冲。

泸州(古称"江阳",别名江城)位于长江和沱江交汇处,长江自西向东横贯境内,沱江、永宁河、赤水河、濑溪河、龙溪河等,交织成网,境内长江航道长133千米。泸州历史悠久,凭两江舟楫之利,自然形成川、滇、黔、渝结合部的货物集散地,在宋、明时期,成为与成、渝鼎足而三的全国性商业城市,是盐马古道上的重要枢纽和必经之地。

第三章

海上门户——上海

关于上海名称的由来目前有两种说法：一是出自唐锦编撰、1940 由中华书局翻印的《弘治上海志》中的"其地居海上之洋"；二是因为宋代开始设置上海镇，而上海之名也最早出现在北宋郏亶之的《水利书》中。相传战国时期，上海曾经是楚国春申君黄歇的封邑，故上海别称为"申"。晋朝时，松江（现名吴淞江，即苏州河）和滨海一带的居民多以捕鱼为生。渔民根据潮水的特点用竹子编制了一种捕鱼工具，叫"扈"，捕鱼时，将"扈"插入水中，鱼随潮水进入扈内，潮退时被扈拦住了。这种捕鱼工具设在淞江下游一带水中，因此当时把淞江下游一带地方叫做"扈渎"或"沪渎"（江流入海处称渎）。上海正在"沪渎"近旁，以后就简称上海为"沪"。

第一节 临港新城

上海历史悠久，早在唐朝时期就设立了镇制，此后，一直作为重要口岸被各朝所重视，成为中国对外贸易的重要之地。新中国建立之后，上海的经济取得快速发展，特别是改革开放以来，上海成为中国第一大城市，国家中心城市，国际性的都会城市，是中国的经济、交通、科技、工业、金融、贸易和航运中心。地处长江入海口，面朝东海的上海正以崭新的英姿屹立于世界东方。

一 通商口岸

上海作为通商口岸历史悠久,唐天宝五年(公元746年),唐朝政府就在这控江襟海处设立镇治,即青龙镇(今青浦县东北,苏州河南岸),发展港口,供船舶往来停靠,当时的青龙镇"海舶辐辏,岛夷为市"。上海的口岸地位在宋、元、明时期得到很大发展。公元9—10世纪由于西域丝绸之路的衰落,中国的对外贸易转向东面的沿岸,为海上贸易之繁荣发展带来机遇。宋朝专设市舶司负责检查进出船只商货、收购专卖品、管理外商、海上禁防,宋徽宗政和三年(公元1113年)设秀州华亭市舶司(今上海华亭)。在宋景定末年至咸淳初年(公元1264—1265年),上海建镇并设置市舶提举分司,为全国七个水路口岸之一。元代,漕粮海运兴起后,上海成为糟米集疏中心,元世祖至元十九年(公元1282年),上海至天津的北方沿海航线辟通,平底沙船承运漕粮,元二十年至天历二年(公元1283—1329年)间,海运漕粮达8300万石。上海也是元朝对外贸易的集疏运港,江南数郡船商与日本的贸易船只,大多由上海起航,出口布匹、瓷器、苏杭丝绸等,进口的珠宝、香料、药材也经上海港中转运往内地。布匹和粮食是经上海的埠际水运的最大宗货物,年运量近2000万匹,运入上海及邻近地区的米粮每年有一两百万石。

元末明初,上海港港区开始立基于大黄浦。明永乐二年(公元1404年),黄浦江形成,入海通道始由长江口航道和黄浦江航道组成,黄浦江作为上海港主要港区的位置基本奠定。吴淞江成为沪苏、沪皖间水路主航道。永乐九年起(公元1411年),漕粮运输弃海路而走大运河,长江、内河水运兴盛。同时,先后形成16个以棉布、棉花和漕粮短途集疏为主的内河市镇港。到了明代中期,海轮已经可以通过黄浦江直达县城。明代中后期,上海港年货物吞吐量约20万吨。

清朝康熙年间曾开海禁,在上海设立江海关,为当时中国四大口岸之一。乾隆年间因全国只许广州开放,上海港的外贸运输中断,但上海港依旧逐渐发展成全国最主要的江海中转枢纽港。当时,规定北洋沙船只准收泊太仓刘河镇,南洋海船收泊上海口岸。特别是嘉庆、道光年间,刘河镇因刘河河道淤塞以及河口拦门沙隆起,作为港口不得不最终宣告废弃,所有往日明令收泊刘河之北航沙船先是渐渐不遵旧例,越收上海大

鸟船是中国古代海船中的一种船型，是中国"四大古船"之一，为中国古代著名海船船型。其特点是船首形似鸟嘴，故称鸟船。

古代浙江人认为是鸟衔来稻谷种子，才造就了浙江的鱼米之乡，所以把船头做成鸟嘴状。曰于鸟船船头眼上方有条绿色眉，故它又得名绿眉毛。

鸟船

关，后来几乎全部改为停泊上海，上海口岸由此再获鼎盛发展之契机。由沙船运营的北方沿海航线可达芝罘(今烟台)、牛庄(今营口)、天津，由鸟船、叕船、三不像船等运营的南方沿海航线可达浙、闽、粤、台等省的多个港口。因沙船运输业的发展和豆麦、稻米、棉布等国内运输量的增长，上海港迅速成为全国埠际贸易吞吐量最大的港口，主要航行于北方沿海和长江中下游的沙船运输业在嘉庆、道光年间进入鼎盛时期，

每年出入上海水域者不下二三万艘，小的载货 300 石，大的可达 3000 石，收泊于境内的千石以上大型沙船，有时聚集达 3500 余艘，每年从北方南运的大豆、豆饼达 1000 多万石。至鸦片战争爆发前，上海的海船北运棉布以交换大豆和豆饼，南运棉花以交换蔗糖，如台湾与闽粤地区经南洋航线运回上海的蔗糖"当在 40~50 万担……合银 200 万两。不过其中大部分还是经上海转口，转售苏州等腹地市场……上海地区本身的市场消费至多有 1/3。"上海有多条南北沿海航线，并与宜昌以下长江各埠和大运河沿线的主要港口通航，年埠际航运货物价值约 3000 万银两。上海港有 10 多个踏步式石砌码头，岸上筑有一批石砌仓库，年货物吞吐量近 200 万吨。此正如道光年间一位上海地方官员所说，"上海号称小广东，洋货聚集……稍百为乍浦，亦洋船码头，不如上海繁富。浏河亦相距不远，向通海口，今则淤塞过半"，唯有上海"适介南北之中，最为冲要，故贸易兴旺，非他处所能埒"，上海港当年的繁荣可见一般。上海港的内贸吞吐量已经是中国首位，被称为"江海之通津，东南之都会"。

公元 1843 年 11 月 17 日，根据《南京条约》和《五口通商章程》的规定，上海正式开埠，成为中国对外开放的五个港口之一，在之后十年间，上海取代了广州成为中国对外贸易的中心，上海港成为了中国第一大港口。外国货物和外资纷纷涌进长江门户，开设行栈，设立码头，划定租界，开办银行等。上海开埠最初 6 个星期里，就有 7 艘外国商船驶入港口。公元 1844 年，共有 44 艘外国商船进口，载重量为 8584 吨；公元 1849 年进

口岸的外国船增至 133 艘,载重量为 52574 吨;公元 1852 年的最初 9 个月里,进口的外国船只达 182 艘,载重量 78165 吨。公元 1854 年,从外国输入上海的主要商品中,仅各式布匹一项,就进口 244 万匹,价值 121.22 万镑。公元 1855 年时,英国经由上海输入到中国的粗哔叽为 10040 匹,羽毛纱为 1410 匹;到公元 1863 年,粗哔叽的进口量上升为 10.34 万匹,羽毛纱的进口量也增加到了 81833 匹。前者上升了 9.3 倍,后者增加了 57 倍。

上海开埠后,对外贸易迅速发展,除经销本地消费的进口商品和本地出口土特产外,还承担了国内其他口岸和内陆城市的转口贸易。长江流域和沿海附近地区的货物出口大多集中到上海,海外进入中国内地倾销的商品也要经过上海,甚至部分送往其他一些国家的洋货也要经过上海转口。中国内地城乡和欧美数十个国家通过上海进行商品贸易。自此以后,上海从一个海边的县城跃身成为远东最大的都会城市。

上海开埠以后不久,英方率先提出设立租界的请求,并成立了中国第一个租界——上海英租界。上海在作为租界的时候,可谓繁及一时,成为当时亚洲的贸易中心。上海市最初被作为通商口岸开放的时候,洋商与帮会联合押运货物,运出的货物绝大部分是茶叶,其次是生丝。公元 1844 年,上海茶叶出口额为 100 万英镑。公元 1846 年由上海出口的茶叶占全国出口总额的 1/7,公元 1851 年增长到 1/3,公元 1852 年超过全国出口的一半。公元 1855 年,上海出口的茶叶超过广州、福州两口之和的 30%。生丝的出口情况也很类似,公元 1844 年以后,生丝开始经由上海出口,并且出口量从此迅速上升。公元 1844 年,上海单独出口生丝 6433 包。公元 1845 年,上海出口的生丝占全国近 1/2。进入 19 世纪 50 年代,中国的生丝几乎全部通过上海出口。公元 1855 年,上海的生丝出口量上升到 92000 包,占当年全国生丝出口总额的 60% 以上。据记载,浙江南浔辑里村生产的丝"起源于前明洪武年间,至清道光二十二年五口通商而后,销售上海洋庄转运出口,其名始显。其时常年出口者,初自 2000 多担增至 3500 担左右"。公元 1864 年,上海出口的茶叶和生丝总额均占全国同类货物出口总额的 64%,直到 19 世纪 90 年代,中国丝茶贸易还保持着在世界市场的垄断地位,茶叶和生丝仍是出口的大宗货物。公元 1890 年,中国各口岸经上海出口的茶叶和生丝占上海出口货比重的 60% 以上。

▲ 清末上海
老码头

开埠初期，英国是中国最主要的贸易对象国。公元1853年，英国经由上海输入中国的洋货货值为104.5万镑，占全国各港口输入英国货总值的59.7%，中国输往英国的总货值为825.56万镑，其中433.7万镑就是经由上海出口的，即经由上海输往英国的货值已占全国各港输往英国总货值的52.5%。到公元1856年，中国输入的英国货价值约220.6万镑，其中约有163万镑是经由上海进口的，占全国各港口输入英国货总值的75.8%。

进口方面，公元1843—1845年间，外国商品经由上海涌入中国市场，但是这种景况在上海开埠后维持时间不长。一方面鸦片的大量输入，使中国白银外流，削弱了中国民众对工业制成品的购买力；另一方面中国自给自足的传统经济，对洋货需求很小。公元1846—1856年，英、美等国经由上海的对华贸易处于停滞和下降状态。

进入20世纪，尽管沿海沿江一些口岸的直接对外贸易比重不断上升，上海仍是中国最主要的转口贸易基地之一，沿海沿江各商埠的大量土货要通过上海转运出口。20世纪初至30年代，猪鬃、蛋品、肠衣、火腿新货品种的出口十分兴旺，出口值达数百万至数千万关两。桐油也是重要的出口商品。公元1895年前，桐油是一项小商品，1913年被归入植物油海关统计。公元1894年出口仅1万担左右，价值约7万关两。10年后数量逐渐扩大，价格也逐步提高，1936年扩大到100多万担，4333万关两的新高峰，按量比公元1894年增长100倍，按值增长600多倍，占上海出口总值的18.7%，位居出口商品之首。此外，豆及豆饼、籽仁籽饼、花边草帽、皮货以及一些轻工业品也是上海的转出口商品。进入20世纪，江苏省各县剩余的豆产品，都经过上海出口外洋。在"九一八"事变前，中国的豆油豆饼多经由上海出口。到1936年，籽仁籽饼和皮货制品分别占上海出口比重的6.7%和5.8%。1929—1931年，中国花边出口值分别为270.57万海关两、319.61万海关两和354.03万海关两。这当中有70%是从上海出口的。草帽是甲午战争后逐步发展起来的大宗出口商品，1936年出口总值达300多万关两，几乎全从上海出口。20世纪前期，随着江南地区现代工业的发展，不少轻工业品也经由上海转销外洋。以棉纱例，江南各地之出口外洋者，类由上海转口。江苏各地棉织品之运出口者，大抵均由上海转口。江苏土布出口南洋者多以上海为出口之集中地点，凡江南一带及江北通海等县所产土布之运出口者，多先集中上海。1929 年中国土布出口香港及南洋各地共 39879 担，值 273.65 万海关两。其中自上海出口者，占 80% 以上。总的来说，从 19 世纪末到 20 世纪 30 年代，上海转口出口贸易取得了长足发展。上海转运出口外洋的土货 1900 年为44555.2 万关两，占土货进口总值的 66.96%，1926 年为 2.09 亿关两，占土货进口总值的 53.36%，土货转运出口的绝对量增长了 370.72%。

根据统计，在 1925—1933 年，中国外贸进出口货值的 55% 经由上海港完成，而国内贸易货值平均也占全国港口的 38%。到了 1936 年，中国一半以上的大型轮船企业将总部设在上海，上海港的航线在 100 条以上，已成为远东的航运中心。1937 年淞沪会战后，日本逐渐控制了上海港。在 1941 年太平洋战争爆发后，上海完全沦陷，之后远东的金融、贸易、航运中心从上海转移到了香港，上海港的地位逐渐被香港取代。

1949 年 5 月上海解放，上海的历史从此揭开了新的一页。经过解放初的三年恢复期，70 年代大建港和党的十一届三中全会以后的建设，上海港有了很大的发展。特别是改革开放以来，在上海市政府和交通部支持下，在黄浦江内新建了张华浜、军工路、共青、朱家门、龙吴五个港区，在长江口南岸建了宝山、罗泾和外高桥港区。此外，宝钢集团、石洞口电厂、外高桥电厂等也各自建了专用码头，上海港口吞吐能力不断扩大，对上海市的建设和长江流域以及全国经济发展发挥了重要的促进作用。

1995 年 12 月，党中央、国务院作出了建设上海国际航运中心的战略决策。2005 年 12 月 10 日，洋山深水港区一期工程建成投产，洋山保税港区同时启用。洋山深水港区通过 32 公里长的跨海大桥与大陆相连及并使用专业的海港油库为来往船舶提供加油。

到 2008 年，上海拥有各类码头 1200 余个，万吨级以上生产性泊位137 个，码头线总长 115 公里，年吞吐量 58170 万吨，最大靠泊能力 15 万吨级。经过半个多世纪的建设和发展，上海港已成为一个综合性、多功能、现代化的大型主枢纽港，并跻身于世界大港之列。2010 年，上海港新开集装箱班轮航线 65 条，集装箱远洋航线达 151 条，近洋航线 134 条，航线覆盖全球主要港口。集装箱班轮航班数每月 2630 班，其中远洋 645

班,近洋567班。至2010年,上海港货物吞吐量连续六年保持世界第一,集装箱吞吐量首次跃居世界第一。

二　陆路枢纽

上海的公路运输及铁路运输在我国的起步都比较早,而且各个时期的发展速度在国内也是首屈一指,陆路枢纽的地位在清末已成雏形,在民国时期就已经确立。

1.港站集疏运输

清乾隆、嘉庆年间(18世纪后期)上海港已成为全国贸易大港之一,特别是上海正式开埠之后,大量洋商随之而来,贸易不断扩大,上海城区范围也急剧增大,迅速成为远东的一个大都市。黄浦江中桅帆林立,装卸驳运集中在十六铺至南码头一带,货物集散,均以传统方式由人力搬运,分归箩夫、杠夫承担。随着进出港船舶的逐渐增多,港内货物装卸驳运活动的区域,逐渐向外滩、虹口一带扩展。货物集散,逐渐由小车、榻车、马车取代人力搬运,成为港口货物集散的主力。

19世纪八九十年代,小车已成为上海使用最广泛的陆路货运车辆,小车即独轮车,又称羊角车、鸡公车、江北车,始见于汉代,在近代以前,

普遍使用于长江以北的农村,同治初年开始在上海出现。其车身不长亦不阔,一人在后推行,便于在城市中走街穿巷;颇能负重,能载货四五百斤,载人五六个,价格便宜,市民乐意使用,因此其数量迅速增多。上海进出口贸易扩大,货物集散量增多,货运小车不断增加,成为遍布大街小巷的重要货运工具,到公元1895年有42800辆,公元1896年为50500辆,公元1897年增加到57000辆。小车运输的商品有布匹、肥皂、煤油、茶叶以及各种日用品,南市一带的小车则以运输粮食为主。人力车货运业原先集中于码头,

清末上海市民用小车运货、载人

后来分离出来专事运距较长的陆路
搬运，码头与货主、仓库、商号间用
小车、榻车等工具运货，这就是近代
上海公路运输业的前身。

榻车之名因其形状及大小都如
同清代的红木床榻，鉴于小车载货
量小又容易倾倒，并不适应上海工

榻车

商业迅速发展的需要，上海的陈大川、陈二川兄弟根据长期从事运输的
经验，刨制了双轮大平板榻车。榻车车架的两根长木梁很宽很厚，中间又
镶有七八根横栏，最多可承载两千斤重量的货物。这种车最少由三人来
驱动，一人在车前扶车把，车把形同"H"，人站在车把中间，因为双臂拉车
是拉不动的，故在车把根部左右系一根粗绳，中间穿一块皮带背在右肩
上，拉车全靠此绳，而双臂双手用来操纵榻车方向，避免和行人、车辆等
相撞。

公元1876年，中国第一条营运铁路吴淞铁路通车，随着沪宁、沪杭
铁路相继建成通车，上海成为铁路运输的枢纽，铁路货物运输量不断增
长，铁路车站到发货的接运集散，由小车、榻车等人力货车承担。

20世纪20年代初，货运汽车开始为港口、铁路集散批量较大的货
物，汽车货运行纷纷在码头、铁路车站附近开设。至1946年底，上海市汽
车运货业商业同业公会的300家会员中，有185家开设在海运码头集中
的东区（今虹口、杨浦一带）和报关行集中的中区（主要在外滩一带），占
同业公会会员总数的61.7%。港、站集疏运输已成为汽车货运业的主要
业务之一。

上海新中国成立后，港区（即由上海港务管理局管理的各装卸作业
区，一般称"外港"、"上海港"）、车站

民国时的
汽车

(上海铁路局所属市境内货运站)到发
的货物，须经汽车市内衔接运输的，除
部分单位自货自运外，均由市公路交
通部门统一承运。随着国民经济的发
展，港口、铁路的货物吞吐量逐年上
升。港务部门在黄浦江两岸陆续扩建
或新建了12个装卸作业区（今称装卸

公司),新建和扩建了一批码头泊位。铁路部门除对原上海东站(今改建为客运上海站)和上海南站两个市区货运站进行扩建、改建外,先后建立杨浦、真如、桃浦、彭浦、新龙华等货运站,铁路集疏运货运量逐年增长。

港口吞吐的货物,除近半数中转外地以外,另一半的集疏运方式,主要靠内河水运,一部分由公路运输。铁路到发货物(除专用线外)则大部分需经公路运输。据上海市 20 世纪 70 年代的统计资料,汽车运输承担的港区货物集疏运量占港口吞吐量的 20%左右,汽车承担的铁路车站货物集疏运量,接近车站到发量的 90%。80 年代,港、站集疏货物量增长较快,由市交运局直属企业承担的运量,也随之大幅度增长。

但在 20 世纪 80 年代,上海港屡次出现压港船舶增多,港区濒临堵塞的情况,虽在国家经委疏港领导小组的直接领导和指挥下化险为夷,但也暴露出上海港在集疏运方面的问题。20 世纪 80 年代至 90 年代初,进入上海集疏运市场,必须持有上海市陆管处发放的集装箱道路运输许可证,而获得许可证的条件之一就是拥有 15 辆集卡,因此获准进入市场的多为大型国企。1990—2003 年,集装箱道路运输市场逐步向民营资本开放,准入门槛大大降低,小公司和挂靠性质的运输经营者大批涌现。2005 年,政府放开了港外堆场的准入制度,上海稍有规模的港外堆场企业逐步增加到 60~70 家,其集装箱吞吐量占据上海市场份额的 80%~85%;上海市港外堆场总规模扩大到 535 万平方米左右。

2010 年,随着外高桥六期主体工程建成,上海港吞吐能力进一步提升。与江浙联系的高速公路增加到 8 条、48 车道,疏港货运通道路网结构进一步优化。长江口深水航道三期工程 12.5 米水深航道全线贯通,高等级内河航道项目有序推进。京沪、沪宁、沪杭城际高铁开通,铁路货运能力得到加强。2010 年上海港集装箱吞吐量 3174 万 TEU 的公铁水疏运中,公路承担约 80%,水路和铁路承担分别约 20%和 0.3%。

2.铁路运输

中国的第一条真正营运的铁路,是于清朝光绪二年(公元 1876 年)由英国怡和洋行擅自铺设的吴淞铁路(上海—吴淞)。公元 1866 年,英国公使威妥玛向清政府提出:吴淞上海之间河道淤塞,疏通困难,大吨位轮船无法停靠上海港,请求修筑从吴淞到上海的铁路,以便大吨位轮船停泊吴淞后,能和上海办理联运。这时的清政府尚对修建铁路心存疑虑,没有批准威妥玛的请求。公元 1875 年初,上海英商怡和洋行耍了个花招,组建了吴淞道路公司，声称修筑吴淞、上海间的马路，而实际是要在筑好的路基上铺设钢轨，开行火车。清政府未能识破骗局，就同意征购土地。公元 1876 年初路基完成，在铺轨完成四分之三时首次试车。当地群众因切身利益受到损害而强烈反对，上海的政府官吏也出面与英国领事交涉，制止铁路继续建设。怡和洋行阳奉阴违，表面上遵令停车而铺轨工程却照常进行。公元 1876 年 4 月，全长约 14.5 公里的吴淞铁路全线完工，7 月 1 日正式通车营业。这是一条轨距为 0.762 米的窄轨铁路，采用每米重 13 公斤的钢轨，列车速度为每小时 24~32 公里。然而，火车仅运行了一个多月就轧死了一名过路行人，当地民众被压制的不满终于爆发，群起而攻之，阻止火车开行。英国人不甘"损失"，于公元 1876 年 10 月，与中方议定，由清政府用 28.5 万两白银买下这条铁路，款项在一年半内分三次付清。款项如期付清后，清政府决定拆毁线路，准备修筑台湾铁路。后因种种原因，台湾铁路未能即时开工，吴淞铁路的这些设备器材在台湾海滩上无人过问，到公元 1881 年，有人看到这些器材几乎成为废料。枕木已逐渐被白蚁蛀空，机件和路轨已经盖上一层铁锈，车厢正在朽烂。公元 1883 年，这批材料又运回上海，再从上海运到开平矿区作为开平铁路之用。

吴淞铁路开工典礼

　　公元 1898 年，英国政府以最惠国待遇为由，向清政府索办沪宁铁路，1905 年 4 月 25 日，沪宁铁路上海—苏州、苏州—常州、常州—镇江、镇江—南京四段同时开工建造。经过三年建设后，沪宁铁路于 1908 年 4 月 1 日全线通车，当时线路全长 311 公里，由上海北站至南京下关站，沿途共设车站 37 个。从上海到南京的火车需要 10 个小时。

　　沪杭铁路是中国一条从上海闸北区通往浙江杭州上城区的铁路，于 1906 年动工，1909 年建成，全长 189 公里(一说 201 公里)，共有车站 36 个。清光绪三十四年(1908 年)和清宣统元年(1909 年)，沪宁、沪杭铁路相继建成通车，成为上海与全国各地货物流通的陆路干线。1911—1949 年 38 年间，由于当时不稳定的局势，铁路的修建大多为战争做准备，这个时期上海的铁路建设基本上是一片空白。

新中国成立后,上海又迎来铁路建设大发展的时期。上海成为京沪铁路、沪昆铁路、沿江铁路等三条主要铁路线的始发站点。

京沪铁路是一条从北京通往上海的铁路,于1968年建成,全长1463公里。原分为北中南三段,北段为京哈铁路的北京至天津段,原京山铁路的北京至天津段,建于公元1897—1900年。中段从天津到江苏浦口,称为津浦铁路,于1908年动工,1912年建成。南段从上海到江苏南京,称为沪宁铁路,于1905年动工,1908年建成。在1968年南京长江大桥通车后,两条铁路接轨,并改名为京沪铁路,连接了中国最大的两座城市。沿线是人口密集、经济发达地区,有许多重要工业城市、大型煤、铁、石油基地,粮棉集中产区和鱼米之乡。南运货物以钢铁、煤炭、木材、棉花、油料和杂粮为主;北运货物以机械设备、机电设备、仪表、布匹、百货、面粉和茶叶等。京沪铁路为全国客货运量最繁忙的线路之一。

沪昆铁路原系沪杭铁路、浙赣铁路、湘黔铁路、贵昆铁路四条铁路,为应火车第六次提速的需要,从2006年12月31日18时起合并为沪昆铁路。新的沪昆线,起点为上海站,终点为云南昆明站。

沿江铁路从上海出发,止于重庆,全长2082公里,贯穿长江沿岸的上海、江苏、安徽、江西、湖北、重庆、四川7省(市),成为贯穿我国东西部的一条铁路线,大大提升了货物西进的能力。

上海现有三个铁路车站,分别是上海站、上海南站、上海虹桥站。

上海站在上海市闸北区秣陵路,始建于1908年,1909年落成。现上海站建于1987年,由原上海东站改建而成。吴淞铁路上海站的站址就在今河南北路、七浦路口,时称上海火轮房,是上海最早的火车站。当时站场占地500平方米,车站南面是一条小河,这条小河后来被填没,筑成七

上海
火车站

浦路。清政府在公元1877年赎回吴淞铁路后,最早的上海站也随铁路一起拆除。收回筑造铁路的权利以后,清政府主导建成了淞沪铁路。淞沪铁路上海站的站址在上海县和宝山县的界浜北岸(今闸北区天目东路)、老靶子路(今虹口区武进路)北隅。当时的站屋只有两间房,砖木结构,房子是中国江南传统建筑的模

样。此后不久沪宁铁路建成并与之在这里交汇。沪宁铁路上海站于1908年4月开始建造，次年7月竣工，取名沪宁车站。站场当时占地10.5公顷，主体建筑是一幢四层英式建筑，占地1950平方米，集办公、候车、售票于一体。建筑采用英国古典主义建筑风格，正面是两个对称的塔楼，对称和水平分划的元素体现得比较明显。底层外墙用青岛石构筑，第一层楼以上均用钢柱支架横梁，红砖砌墙，饰以浅色条形嵌石，配大理石廊柱和拱形门窗，室内用深色的桃木做护板，板上有浅浮雕。建在大厅中央的售票亭完全是木构造。当时，其规模为全国之最。1916年12月，沪宁、沪杭铁路接轨，沪宁铁路上海站成为两路总站，改名上海北站。1950年8月，经铁道部批准，上海北站正式更名为上海站，随后核定为特等站，办理客运和零担货运。20世纪50年代到80年代，为了满足不断增长的物流和客流的增长，上海站进行不断的改造和扩建。

上海南火车站建于清光绪三十四年(1908年)，位于徐汇区西南部。南站主站房和车站南北广场占地60公顷，东起柳州路，西至老沪闵路，北靠沪闵路，南抵石龙路。主站屋设计为巨大圆形钢结构，高47米，圆顶直径200多米，总面积5万多平方米建筑整体结构，气势磅礴。

上海虹桥站于2010年7月1日启用，是一座现代化的铁路客运车站，为亚洲最大铁路枢纽之一。该站是沪杭高铁、沪宁高铁与京沪高铁的交汇点，位于上海市偏西部，是上海虹桥综合交通枢纽的重要组成部分。

3.公路运输

自明代中叶上海围筑城墙后的近300年间，上海城内仅有小巷狭弄。清道光二十六年(公元1846年)和咸丰六年(公元1856年)，英、法租界内先后开始兴筑近代新式马路，并建造了苏州河上第一座道路桥梁。至光绪二十三年(公元1897年)华界区域也开始有通行黄包车及马车的近代新式道路筑成。1901年，上海出现两辆汽车，由匈牙利人李恩时从国外输入。此后汽车陆续增多，由客运而货运，到1911年，公共租界捐照汽车已有217辆。到1936年，上海公共租界与法租界分别有捐照货运汽车1500辆以上。同时，上海公路系统迅速向外扩展。1919年和1921年，军工路和沪太路分别筑成，此后，沪闵路、上南路、上川路相继筑成通车，上海近郊、远郊的公路网逐渐形成。民国11年(1922年)起，一批连通上海市区与邻省各县的近代郊县公路也先后筑成，长途汽车客运业始在上海创办。与近代交通运输密切相关的长途客运站、公用加油站、黄浦江车辆渡等重要基础设施相继投入使用。至抗日战争爆发前,上海的城市交通建设在全国处于领先地位。上海的汽车货运业、长途客运业等规模均居全国之冠。抗日战争爆发至上海解放,全市公路交通基础设施面貌未有大的改观,部分设施因战争而遭到破坏。至 1949 年 5 月,全市共有 2.37 万余辆营业人力货车和 2628 辆营业货运汽车。

新中国成立后,上海城市交通建设进入新的历史发展时期。市区干道和郊区公路得到改造,一大批新路陆续建成。公路交通等部门建成一批大型货运汽车停车场和大型公用路外停车场。高速公路、黄浦江越江隧道、黄浦江大桥、长江车客渡等重大交通设施在 20 世纪 70—80 年代先后落成交付使用,使城市交通基础设施进入现代化、立体化发展阶段。80 年代出现的由社会各部门辟设的一批公用长途客运站和中小型路外停车场,使全市长途客运设施紧缺及停车难的矛盾有所缓解。

上海现有的国道公路有 204 国道、312 国道、318 国道、320 国道,国道高速有 G2 京沪高速、G15 沈海高速、G50 沪渝高速（原沪青平高速）、G60 沪昆高速、G1501 上海绕城高速(原 A30 上海郊环)以及 A5 公路(嘉金高速)等。

随着公路网络的完善,上海市的汽车货物运输也由弱到强、由小到大不断发展。1949 年新中国成立前上海汽车货物运输是民营、外资、国营并存,1949 年以后是民营、国营两者并存,1956 年以后全部变成国营,1984 年以后,又有货运个体户出现,亦有外商和港澳地区商人进入上海运输业。

改革开放后,上海长途汽车的整车、零担货运开始向定线、定班方向拓展。1979 年 12 月,首辟上海第一条长途零担货运班车线上海—杭州线。1982 年上海市长途汽车运输公司成立后,长途整车货运开始由专营运输企业重点经营。长途整车、零担货运逐渐向专营化方向发展。20 世纪 80 年代末,上海的汽车货运可直达或经一次中转通达全国 24 个省（自治区、直辖市）。

20 世纪 90 年代,上海市长途汽车货运在全国首次推出零担货运定期到达、误

嘉金
高速公路
示意图
▼

期补偿损失的信誉服务新形式,规定货物若运抵时间误期一天,即归还给托运者10%的运费作为补偿。一系列的措施使上海的汽车货运有了长足的发展。

现在上海市区内由南北高架(南北向)、延安路高架(东西向)和内环高架(环线)组成全长55公里形状如"申"字的主干道,并仅供汽车通行。由内环线向外扩散,依次为中环线、外环线、绕城高速公路。由于河流纵贯,上海建有诸多桥梁和隧道,横贯市区的苏州河上方就有外白渡桥等数十座桥梁,黄浦江上的第一座大桥是1975年建成的松浦大桥,而下游的首座大桥迟至1991年才建成,2009年,上海长江隧桥建成,结束了崇明岛只能依靠船舶往来大陆的历史。截至2010年,黄浦江上的桥梁和隧道数量已超过20个。

上海市区通过十余条省级高速公路连接市郊或邻近城市,此外还有多条国家级高速公路和国道对外相连。现在上海共有7个长途汽车站,分别是上海长途汽车总站、上海长途汽车南站、上海长途汽车东站、上海南汇长途站、上海川沙长途站、上海长途西站、上海长途北站,这些汽车站以客运为主,配套进行一些行李及少量货物的托运。

4.管道运输

1999年,从东海平湖至上海的天然气输气管道正式投产,从平湖油气田海上平台至南汇新港乡天然气处理厂,总长388.8公里(其中海管长366.8公里),管径355.5mm。

上海是我国西气东输一线工程的终点,2002年7月4日,西气东输工程试验段正式开工建设。2003年10月1日,靖边至上海段试运投产成功,2004年1月1日正式向上海供气,2004年10月1日全线建成投产,2004年12月30日实现全线商业运营。西气东输管道工程起于新疆轮南,途经新疆、甘肃、宁夏、陕西、山西、河南、安徽、江苏、上海以及浙江10省(自治区、直辖市)66个县,全长约4000公里。

川气东送工程是继西气东输管线之后又一条贯穿我国东西部地区的管道大动脉,西起川东北普光首站,途经四川、重庆、湖北、安徽、浙江等4省1市,最后进入末站上海,主干线路全长约1700公里,管径为1016mm,2009年全线投产。

与西气东输和川气东送工程相配套,从2001年开始,上海投资57.96亿元开始建设天然气主干管网系统工程,并于2010年竣工,是接纳西部天然气以及上海天然气多气源的重要枢纽,主要包括"西气东输"上海城市输气管网工程(一期)、上海天然气主干管网二期工程和五号沟LNG站扩建工程;建有首站5座、门站6座、6.0MPa超高压管网250公里、调压计量站40余座,另建有储气调峰和应急保障设施及主干管网DMS综合管理系统等,年输气规模160亿立方米。

三 浦东新港

上海港位于长江三角洲前缘,居我国18000公里大陆海岸线的中部、扼长江入海口,地处长江东西运输通道与海上南北运输通道的交汇点,是我国沿海的主要枢纽港,毗邻全球东西向国际航道主干线,以广袤富饶的长江三角洲和长江流域为主要经济腹地,地理位置得天独厚,集疏运网络四通八达。上海港现有宝山、张华浜、军工路、外高桥、共青、高阳、朱家门、民生、新华、复兴、开平、东昌等港区,主要位于黄浦江两岸、长江入海口南岸、杭州湾口上。港口经营业务主要包括港口集装箱、大宗散货和件杂货的装卸生产,以及与港口生产有关的引航、船舶拖带、理货、驳运、仓储、船货代理、集卡运输、国际邮轮服务等港口服务以及港口物流业务。上海港的间接经济腹地主要有浙江南部、江苏北部、安徽、江西,以及湖北、湖南、四川等省,港口物资流向腹地:除上述省份外,还包括福建、河南、陕西、青海、甘肃、宁夏和新疆等地。

新中国成立后,上海港获得新生,1949—1952这三年间是上海港的恢复时期,主要统一港务领导、建立组织机构、制定规章制度、整顿港口秩序、努力恢复航运业务。"一五"(1953—1957年)期间港口发展迅速,不仅用小型水平运输机械和起重机械代替人力操作,而且对部分码头仓库进行技术改造,开始改变码头上已经存在几个世纪的落后生产方式,在这段时期里,港口生产平均每年增长24.1%。"二五"(1958—1962年)期间,因受"左"的影响,忽视了客观经济规律,采取了一些不适当的做法,1963年起贯彻调整方针,至1966年这8年时间内总的增长速度

上海港

平均只有 9% 左右。"三五"及"四五"（1966—1976 年）期间，由于"文化革命"的影响，港口吞吐量年平均增长率只有 4.2%。改革开放以来，上海港的发展步入了快车道。1978 年，上海港至澳大利亚航线开通，为中国大陆首条国际集装箱班轮航线。1990 年 4 月，浦东正式开发开放。1991 年，邓小平同志在上海视察时指出："抓紧浦东开发，不要动摇，一直到建成。"1993 年，邓小平眺望建设中的浦东，欣然赋诗："喜看今日路，胜读百年书。"上海的对外开放及经济的快速发展带动国际贸易的增加，极大地促进了上海港口的建设与发展。20 世纪 90 年代新建了罗径、外高桥一期、外高桥二期等新港区。1996 年 1 月，上海国际航运中心建设正式启动。2002 年 6 月，洋山深水港区开工建设，以满足超巴拿马级货船的停靠要求，上海港开始从河口港向真正的海港跨越。在集装箱装卸量方面，上海港自 2003 年起位居世界三甲之列，并于 2010 年开始保持世界第一。而按货物重量计算，上海港 2005 年货物吞吐量首次达到世界第一并保持至今。

上海市外贸货物中 99% 经由上海港进出，上海港每年完成的外贸吞吐量占全国沿海主要港口的 20% 左右。上海港已开辟遍布全球国际直达的美洲、欧洲、澳洲、非洲以及东北亚、东南亚等地的班轮航线 300 多条，集装箱月航班密度达到 2700 多班，其中，国际航班达到 1300 班，是中国大陆集装箱航线最多、航班密度最高、覆盖面最广的港口。全球最大的 20 家中外船公司已全部进驻上海，在上海设立子公司或办事处的外国航运公司已逾 80 多家，自 2010 年起为世界最大的集装箱港口。上海港成为世界上重要的物流枢纽及货物集散地。

四　浦东空港

上海历史上有两座机场，分别是龙华机场和江湾机场。

上海龙华机场，创建于 1922 年，当时称龙华飞行港，有飞机 8 架。1927 年改为陆军机场。1929 年 6 月，由航空署接管改为民用机场，并设立龙华水陆航空站管理机场，同年投入民航运输。

早年上海
龙华机场
的情景
▼

1934 年机场扩建后可供水上、陆上飞机升降。至 1936 年,龙华机场经不断修建,已成为中国最好的民用机场。抗战期间,机场被日寇海军占用。抗战胜利后,国民党政府民航局再次扩建龙华机场,加铺了水泥混凝土道面,同时健全了航行管理和夜航灯光等设施,盖了弧形候机楼 1 座,20 世纪 40 年代曾为东亚最大的国际机场。1966 年,上海至中国各地的国内航班,均由龙华机场迁至虹桥机场。1978 年,龙华机场改名为中国民航管理局龙华试飞站。1982 年改为龙华航空站。1983 年以来,分别由航空站、上海飞机制造厂、上海飞机研究所、民航一零二厂、民航中专和技校、上海市跳伞俱乐部等单位使用。

上海江湾机场位于杨浦区,为 1939 年侵华日军强行圈占民田、拆毁殷行镇所建,当时占地 7000 亩,有 4 个指挥台,跑道长 1500 米,用三合土与沥青混合浇铸。跑道成“米”字形,飞机可以从各个方面起降。江湾机场当时是远东最大的机场,一直作为军事用途。抗战胜利后由国民党军队接管。新中国成立后由中国

上海江湾
机场

人民解放军接管,经改建成为亚洲占地面积较大的机场之一,并归空军航空兵部队管理使用。1994 年 6 月起正式停飞,1997 年 4 月 30 日机场用地交还上海市人民政府。

上海市现有两座机场,分别是上海虹桥国际机场和上海浦东国际机场。

上海虹桥国际机场始建于 1907 年,它的前身是建于 1921 年 3 月的民国虹桥机场,抗日战争时期被日本军队占领。新中国成立后重建虹桥机场,此后一直作为军用机场,直到 1963 年,经国务院批准再次成为民用机场,并于当年底进行了大规模的改建和扩建,于 1964 年正式交付使用。1984 年 3 月,上海虹桥机场候机楼工程再度扩建,同年 9 月 30 日扩建工程完工。扩建后的候机楼,使用面积比过去扩大了一倍。1988 年 6 月,上海虹桥机场成为独立的经济实体。同年 12 月,上海虹桥机场候机楼第三次扩建,于 1991 年 12 月

上海虹桥
国际机场

26 日完工。作为上海第一个民用机场的上海虹桥机场,经过多年的扩建后,现已成为我国最大的国际航空港之一,年货邮吞吐量达 100 万吨,已开通了到达 91 个国内国际城市的航班。

上海浦东国际机场是中国(包括港、澳、台)三大国际机场之一,与北京首都国际机场、香港国际机场并称中国三大国际航空港。上海浦东国际机场位于上海浦东长江入海口南岸的滨海地带, 距虹桥机场约 52 公里。一期工程 1997 年 10 月全面开工,1999 年 9 月建成通航。一期建有一条 4000 米长、60 米宽的 4E 级南北向跑道, 两条平行滑行道,80 万平米的机坪,共有 76 个机位,货运库面积达 5 万平米,同时,装备有导航、通讯、监视、气象和后勤保障等系统,能提供 24 小时全天候服务。浦东航站楼由主楼和候机长廊两大部分组成,均为三层结构,由两条通道连接,面积达 28 万平米,到港行李输送带 13 条,登机桥 28 座;候机楼内的商业餐饮设施和其他出租服务设施面积达 6 万平米。浦东机场一期工程改造完成后,具备年飞机起降 30 万架次、年旅客吞吐量 3650 万人次的保障能力。浦东机场日均起降航班达 800 架次左右,航班量已占到整个上海机场的六成左右。通航浦东机场的中外航空公司已达 60 家左右, 航线覆盖 90 多个国际 (地区)城市、60 多个国内城市。2010 年浦东机场旅客吞吐量达到 4057 万人次,比上年猛增 27.1%,稳居全国第三大航空港。其中货邮吞吐量更是达到 323 万吨,稳居全国第一,比上年增长 26.9%。

上海浦东
国际机场

上海虹桥国际机场和上海浦东国际机场使上海至全国主要城市及世界各地的快件运输的运输时间和服务质量得到极大提升,同时也为贵重货物的运输提供了最好的方式,使上海的水、陆、空物流运输网络趋于完善。

第二节　物流旗舰

近年来,上海凭借其优越的地理位置、强大的经济优势、宽松的政策环境,社会经济得到了迅速发展,物流业也已形成颇具特色的自身优势:首先,上海拥有得天独厚的地理位置优势。上海位于我国南北海岸线的中心部位,又处在我国最大的内河航道——长江的出入口,是我国境内最大的港口城市,背靠我国经济最发达的长江三角洲地区,物流腹地十分开阔。同时,上海还是环西太平洋港口圈的中心,处于世界航线要冲,是世界各港联系中国大陆的最佳门户。其次,上海拥有国内一流、粗具规模的物流基础设施。水路、陆路及航空的基础设施都非常完善,便利的海陆空运输条件,使上海成为我国著名的物流集散地,上海物流的软件在国内也是首屈一指,为上海物流的发展奠定了基础。在此基础上,上海已拥有了众多设施先进的物流园区以及优秀的物流企业。

一　物流园区

上海的主要物流园区有:浦东空港物流园区、外高桥保税物流园区、西北物流(江桥)园区、洋山深水港物流园区、上海西北综合物流园区、上海南方综合物流园区等6个。

> **物流园区概述**
>
> 　物流园区指在物流作业集中的地区,在几种运输方式衔接地,将多种物流设施和不同类型的物流企业在空间上集中布局的场所,也是一个有一定规模的和具有多种服务功能的物流企业的集结点。
>
> 　物流园区的内部功能可概括为8个方面,即综合功能、集约功能、信息交易功能、集中仓储功能、配送加工功能、多式联运功能、辅助服务功能、停车场功能。其中,综合功能的内容为:具有综合各种物流方式和物流形态的作用,可以全面处理储存、包装、装卸、流通加工、配送等作业方式以及不同作业方式之间的相互转换。

1.浦东空港物流园区

浦东空港物流园区是上海重点培育和发展的大型化、综合性现代物流园区之一。其依托浦东国际机场,运用航空运输的快捷便利优势,将形成具有综合服务功能的航空物流枢纽。已建成占地22万平方米的一期货运区和占地38.5万平方米的海关监管仓库区。

园区重点建设航空物流信息系统,形成航空快递特色的物流园区。规划面积16.8平方公里,含物流仓储、公共服务等设施,主要功能定位为国际中转、国际分拨配送、国际采购、国际转口贸易,并进行相关增值加工业务,是具有航空快递特色的

浦东空港
物流园区
▼

物流园区。已建成中国最大、最先进的美国联邦快递——大田快件处理中心,吸引了数十家国际著名物流公司UPS、Fedex、TNT 和 DHL 及 17 家代理公司入驻、占地 8 万平方米的快递中心,并建成占地 20 多万平方米的中货航浦东物流中心和投资近 2 亿的中外运浦东机场物流中心。

2.外高桥保税物流园区

外高桥保税区是 1990 年 6 月经国务院批准设立的全国第一个规模最大、启动最早的保税区,享受保税区和出口开发区的相关政策, 集自由贸易、出口加工、物流仓储及保税商品展示交易等多种经济功能于一体。园区紧靠上海外高桥集装箱三期码头, 开发面积 1.03 平方公里;总投资 28 亿元人民币,包括现代化仓库、集装箱转运区、商务中心、政府监管服务平台以及先进的硬件和软件配套设施,于 2005 年 12 月基本建成。园区建成 70 万平方米现代化仓库、14 万平方米集装箱转运区、2 万平方米的商务中心、9000 平方米政府监管服务平台, 以及先进的硬件和软件配套设施,实现集装箱综合处理能力 100 万 TEU。

外高桥
保税物流
园区

外高桥保税区物流园区凭借独特的区位优势,依托海港、航空港和信息港,利用优惠政策,通过区(保税区)、港(海港、航空港)、镇(高桥镇、机场镇)联动,大量集聚物流企业,重点发展第三方物流,形成合理的物流产业布局,将成为世界经济供应链中具有竞争力的物流节点之一。

外高桥保税物流园区通过"一次申报、一次查验、一次放行"的通关模式,信息流与货物流相统一、通关管理与园区仓储联网相统一、关区代码与贸易方式相统一的运作模式,通过网络技术在园区构建关、港、贸信息集成平台,实现 EDI 无纸报关、无人自动卡口放行、备案货物无 EDI 事后交单的信息共享模式,将园区管理、卡口管理、港区管理融为一体,实行港、区联动综合管理。

3.西北物流(江桥)园区

西北物流(江桥)园区位于江桥镇,园区是以产品的采购和一级分销为核心,以现代物流为支撑,集展示、货运采购、储存、加工、配送、转运、商贸、信息等七大功能为一体的现代物流园区,是提供公路、铁路、水路

西北物流
园区(江
桥基地)

及航空多式联运一体化的内陆口岸与加工辐射性的第三方公共综合物流枢纽园区。园区总占地3.3平方公里,规划用地面积4844.25亩。西北物流园区交通网络便捷,具备公路、铁路、航运多式联运的交通条件,是上海通往江浙及长江三角洲腹地的咽喉要道,紧靠上海虹桥商务区,是大型物流企业集散、配送中心的最佳选址地。

园区以电子商务交易为特色,打造集网络销售中心、产品体验中心、商品采购中心、物流配送中心等于一体的陆路口岸型物流园区,进而提升园区的核心竞争力,其中网络销售中心和物流配送中心是发展的重中之重。

4.洋山深水港物流园区

洋山深水港物流园区广义上包括:洋山深水港港区、东海大桥以及与之配套的港口物流园区。狭义上单指配套的芦潮港辅助园区。洋山港区依托大小洋山岛链形成南、北港区。规划至2020年,可建成深水泊位30余个,集装箱吞吐能力达1300万TEU。洋山深水港物流园区位于临港新城西侧,园区规划面积13.8平方公里,建成后将逐步发展成为东北亚国际物流的枢纽中心。洋山深水港物流园区具有仓储、运输、加工、贸易、保税、临港工业、分拨、增值和国际商贸等综合功能,是提供物流服务和国际交流的中心。

整个物流园区分为"三片"、"十区"。"三片"即自营物流园区、国际物流园区和洋山保税港物流园区。自营物流园区位于两港大道以北区域,由生产企业或连锁经营企业创建自己的配送中心,为本企业的生产经营提供配送服务。该区域将吸引拥有雄厚实力和庞大网络的大型物流企业入驻园区。该区域用地规模为5.9平方公里。国际物流园区位于D2道路和两港大道之间区域,即依照国际惯例,利用国际化的物流网络、物流设施和物流技术,实现货物在国际间的流动和交换,总目标是为国际贸易和跨国经营服务。该区域用地规模为4.1平方公里。洋山保税港物流园区位于D2道路以南,具有港口辅助、海关监管查验、仓储物流和出口加工功能。进出货物实施保税区政策和出口加工区出口退税政策,进口货物进港视作保税货物,出口货物进港视作出境货物。海关对该区域实行全域封闭化、信息化、集约化的监管模式。该区域用地规模为 11.4 平方公里。

"十区"为:①港口辅助作业区。位于洋山保税港物流园区内,为洋山深水港区配套服务。目前占地约 45 公顷的为配合洋山港区一期五个码头泊位配套服务的一期工程已基本建成,二期用地也已基本落实,三期和四期用地依据洋山深水港区今后的运行情况规划在经 10 路西侧预留约 38 公顷的控制用地。港口辅助作业区用地面积约 113 公顷。②海关查验区。紧邻港口辅助作业区,规划用地面积约 70 公顷。③铁路集装箱区。在港口后方设置铁路集装箱站场,提供港口通过铁路向内陆地区的转运条件,提供周边地区集装箱通过铁路向内陆地区的输送。铁路集装箱中心站位于国际物流园区内,中心站为尽端式,由到发场和装卸场两部分组成,通过支线连接浦东铁路。中心站按客运化管理实行集装箱班列运输,根据各个方向箱流的特点,开设定期和不定期的中心站之间的直达集装箱班列。规划该区的用地面积约 63 公顷。④内河集疏运区。为实现洋山港区集装箱多方式运输,在自营物流园区内配套建设内河港池中转作业区。根据《上海市内河航运发展规划(修订报告)》,内河集装箱集疏运量至 2020 年约 200 万 TEU,规划该区用地面积约 129 公顷。⑤危险品仓储区。将该区布置在自营物流园区内,规划用地面积约 26 公顷。⑥综合管理服务区。服务区的功能主要为管理办公、会议、金融服务和相关展示等, 整个临港物流园区范围内共规划综合管理服务用地面积约 57 公顷。⑦自营物流区(非保税)。物流企业进驻区,这些物流企业在遵守物流园区的规章制度下自行进行物流业务。⑧国际物流区。主要从事国际货物储存、加工等物流业务。⑨临港保税仓储区。为保税货物提供储存、保管等服务。⑩出口加工区。在洋山保税港区陆上特定区域的 6 平方公里内设立出口加工区,开展加工贸易。进口的原材料、零部件、元器件进港可予保税。保税货物和采购进区的国内货物可以在进行加工、装配后出口;需销往国内市场的,按货物的实际状态进行征税,办理进口手续。

洋山
深水港
物流园区
▼

另外,洋山保税港区内的加工产品在港内可以自由流通,不征收增值税和消费税。区内加工的产品出口免征出口税;国内采购的商品进入区内视同出口,享受出口退税。

5.上海西北综合物流园区

上海西北综合物流园区位于上海市中心城区的西北重镇——桃浦镇,面积18.83平方公里,是上海陆路辐射长江三角洲和内陆省份的物流枢纽,是华东、华中、华南各地区向上海扩散、上海对外辐射的交结点和必经之处。桃浦镇的交通优势明显,成为上海都市型工业和物资配载流通的重要基地。

▲
上海西北
物流园区

西北综合物流园区是上海市“十五”期间重点发展的三大物流园区之一,属陆路口岸型物流园区,是以省际物流集散功能为主,集货运配载、交易、信息服务、仓储、流通、加工、配送、展示等物流服务于一体的集散型综合性物流园区。以桃浦地区为中心、未来岛开发为标志,建设陆上交易所,建立陆上运价指数,提供物流科技咨询及货运配载、交易、信息等服务。通过大力发展公路、铁路集装箱运输,通过陆上交易所的集聚效应,形成多式联运特色的物流园区。

6.上海南方综合物流园区

上海南方综合物流园区作为上海市人民政府规划批准的上海市五大综合物流园区之一,同时为交通部全国45个公路主枢纽场站之一。上海南方综合物流园区规划用地面积达400000平方米,建有目前全国最大的货运停车场,现代化超大型的综合性及专业性仓库,大规模集装箱堆场及办公、住宿、商场、公交等配套设施,并辅助于计算机进行全面管理,该项目建成后,将成为上海西南地区货物集散地,成为一个规模庞大、功能齐全、设施先进、管理科学的现代化超大型综合物流基地。目前,上海南方综合物流园区一期工程——上海外环线南方停车场已建成并投入使用,一期工程占地137000平方米,建筑面积为101888平方米,建有能容纳1000辆大型货运车车位的停车场,两幢十一层高的拥有600套房间的汽车旅馆、司机俱乐部、货运交易中心、货运代理楼、商业街、仓库等建筑单体。同时,二期的大面积综合和专业仓库、公交配套设施、车辆维修、车辆加油站和办公楼等其他辅助设施也将进行建设。

二 物流企业

作为国际性的大都市，上海拥有众多知名的国内外知名物流企业，仅 5A 级物流企业就有 11 家，分别是：上海中远物流有限公司、上港集团物流有限公司、中海集团物流有限公司、全球国际货运代理(中国)有限公司、远成集团有限公司、安吉天地汽车物流有限公司、安吉汽车物流有限公司、东方国际物流(集团)有限公司、上海佳吉快运有限公司、上海现代物流投资发展有限公司、西上海(集团)有限公司。

1.上海中远物流有限公司

作为中国远洋物流有限公司下属最大的一个区域公司，上海中远物流有限公司于 2002 年 2 月成立。公司整合并强化了中远集团在长江流域的优质物流资源，经营范围包括上海、江苏、安徽、湖南等地区，并控股、参股下属企业 79 家。总资产近 25 亿元，占中远物流总资产近三分之一强，是目前上海及华东地区物流资源配套最齐全、涉及物流服务领域最广泛、综合实力最强的第三方物流企业之一。依托母公司中远物流和中远集团的雄厚实力，上海中远物流的主营业务包括第三方物流业务、船舶代理业务、海运货代业务、多式联运业务、空运货代业务等，重点发展汽车、化工、展运、仓储配送等专业产品领域的物流服务和电力、石化、重大件设备运输等国家重点工程项目的物流服务。服务范围从产品下线到各地经销商，包含整个物流项目的管理和策划，涵盖海运、空运、陆运、清关、仓储、即时配送，展馆现场操作、布展、零售业物流一体化管理等各方面。

2.上港集团物流有限公司

上港集团物流有限公司是上海国际港务(集团)股份有限公司的全资物流企业，公司注册资本 25 亿元人民币，总资产规模 47 亿元人民币，下属 8 家专业分公司、20 家子公司和 4 家外地区域性公司。由原上海港国际集装箱货运有限公司、上海集祥货运有限公司、上海浦东集装箱物流有限公司和上海港口技术工程服务有限公司等 20 余家企业整合而成，主要为客户提供以港口物流为主的完整物流服务链，业务范围涵盖国际货运代理、船舶代理、内支线船代、仓储堆存、公路运输、散杂货码头装卸、国内多式联运、集装箱拼装拆箱、危险品储运、重大件货物接运、集装箱洗修、物流管理软件开发等全方位物流业务。重点发展第三方物流和物流增值业务，聚焦平台物流、工程物流、以及包括汽车、化工、电子产品等在内的产品物流服务领域，华东、华北、华南、西北等区域是公司的主导经营区域。

3.中海集团物流有限公司

中海集团物流有限公司是中国海运(集团)总公司直属的专业从事综合物流的国有大型企业，是我国大型综合物流企业之一。成立于1998年3月，注册资金4.7亿元人民币。在全国设有八大区域公司，近80个服务网点覆盖国内主要大中城市，在长江沿线的重庆、武汉、南京等城市都设立了分公司，提供完善优质的仓储服务和集疏运服务。依托中国海运的资源优势，以优质的服务和完善的信息、运输网络作支撑，构建了立足沿海、辐射全国、连接全球的物流供应链，为客户提供全套物流解决方案和一体化的物流服务。公司在上海还有三个全资及共同投资子公司。其中中海华东物流有限公司依托中海集团资源优势，立足华东和长江流域，辐射全国。在华东的重点口岸和长江流域地区已建立集仓储、配送、货运代理、电子商务等综合一体化物流管理系统框架，丰富的码头、仓储、集装箱堆场资源以及强大的集装箱卡车、厢式货车、冷藏车等陆运车队。上海腾润物流有限公司是一家以经营船舶为主的其他类型企业，主要经营外贸集装箱运输、内贸集装箱运输、进出口报关等业务。上海中海仓储运输有限公司由中海物流、中海集运、中海投资、中海船务、中海供贸等共同投资组建。主要服务项目有：各类集装箱中转、堆存、清洗、修理(含冷箱)、PTI(含码头维护)、熏蒸、商检(适货商检)，集装箱整箱拆装、拼箱出运、拆箱分驳、货物仓储及其他延伸服务。

4.全球国际货运代理(中国)有限公司

全球国际货运代理有限公司是德国铁路集团的全资子公司，为世界知名的国际货代企业和第三方物流公司，提供海、陆、空运输服务，综合化的物流解决方案以及全球连锁化管理，因其多次承接奥运物流而扬名国际物流界。公司于20世纪70年代末进军中国市场，成为首批在中国开设办事处的主要国际货运代理供应商，已在中国37个主要大中城市开设了办事处及仓储物流设施，建立起一个跨越全中国的完善综合物流服务网络。全球国际货运代理(中国)有限公司被任命为北京 2008 年奥运会货运代理及清关服务独家供应商,为这项世界最大型的体育盛事提供一流的服务。

5.远成物流股份有限公司

远成物流股份有限公司创建于 1988 年,注册资金 3.05 亿。现已发展成为以公路快运、城际配送、仓储服务、铁路运输、金融物流、航空海运、国际货代及物流方案策划等为主导,集物流服务、实业投资和国际贸易为一体的综合性现代化股份制企业;已形成覆盖全国公路网络的新干线汽运班列,具备"以公路铁路干线运输,城际区域配送、仓储服务等相结合"的多层次、广覆盖的独具特色的综合物流服务能力。远成物流在全国各省(自治区、直辖市)拥有全资直属一级分公司、二级分公司和营业网点覆盖所有的省级城市及绝大多数地级市,营业网点正快速向县级及乡镇发展;拥有一支庞大的专业高效的物流服务团队;每个直属公司都拥有能够满足客户需求的自有车队;各直属分公司现有的及在建的仓储基地能满足客户仓储业务的需求。公司通过国际质量管理体系 ISO9001 和环境管理体系 ISO14001 以及 OHSAS18001 职业健康安全管理体系认证。

6.安吉天地汽车物流有限公司

安吉天地汽车物流有限公司是由上海汽车销售工业有限公司(SAISC)和荷兰天地物流控股有限公司(TNT)共同组建的国内首批汽车物流合资企业,是国内目前最大的汽车物流服务供应商,主要从事汽车、零部件物流以及相关物流策划、物流技术咨询、规划、管理、培训等服务,是一家专业化运作、能为客户提供一体化、技术化、网络化解决方案的第三方物流供应商,也是一家具有供应链管理能力的综合物流公司,运输网络覆盖全国,具有国家一级运输资质。公司荣获中国交通运输协会中国物流百强企业,获得了全国 5A 物流企业称号。

7.安吉汽车物流有限公司

安吉汽车物流有限公司是上汽集团投资的专业从事汽车物流的全资子公司,专业从事汽车整车物流、零部件物流、口岸物流以及相关的物流策划、物流技术咨询、规划、管理培训等服务,提供物流一体化、技术化、网络化、透明化、可靠独特的解决方案的物流供应链服务。公司是上汽集团旗下的全资子公司, 是国内业务规模最大的汽车物流服务供应商。安吉物流作为一家为汽车及零部件制造企业提供服务的第三方物流公司,下属业务包括整车物流、零部件物流、口岸物流等三大业务板块。目前,安吉物流是中国物流与采购联合会汽车物流分会轮席理事长单位,5A级物流企业,"安吉"品牌荣获上海市服务类现代物流名牌称号。

8.东方国际物流(集团)有限公司

东方国际物流(集团)有限公司按照"资产一体化、产权多元化、经营专业化、市场区域化、信息网络化"的思路组建的国际物流企业集团。集团投资方东方国际(集团)有限公司和东方国际创业股份有限公司,分别是中国最大的纺织服装国际贸易集团之一和A股上市公司。公司经营业务包括国际航运、国际船舶代理、国际货运代理、国际集装箱储运(堆场、仓库、车队)、国际快递、国际展览运输及报关、报检等国际综合物流业务。经过多年发展,集团已成为华东地区具有领先地位的专业化、国际化的综合性物流服务供应商,并已稳步屹立中国货运代理十强之列。公司已成为具有广泛的物流代理网络、大型的现代物流基地和先进的集成化信息系统,为长江三角洲和沿海地区的轻纺、机电等行业制造商、贸易商提供一站式全方位物流服务和供应链解决方案的,亚太地区知名的大型国际综合物流服务企业。

9.上海佳吉快运有限公司

佳吉快运有限公司作为全国著名的网络型公路运输企业,在全国(除西藏外)设立运输经营网点1200余个,覆盖了中国经济比较发达的所有重要城市,成为国内公路零担运输企业中最具影响力的品牌之一。公司通过ISO9001、2000质量管理体系论证;取得交通部评选的道路货运企业二级资质;被上海市工商评为上海著名商标;取得中道协评定的道路货运企业一级资质;被上海市评为上海名牌企业、上海最具成长性服务商标、上海百强私营企业。

10.上海现代物流投资发展有限公司

上海现代物流投资发展有限公司是全国最大的零售企业百联集团有限公司旗下,以整合、优化企业供应链为核心,融现代物流项目投资管理、规划资讯、技术服务、软件研发、人员培训等功能为一体的综合性物流企业。公司注册资本为2.83亿元,年经营总额达17亿元。公司拥有先进的信息服务系统及齐全的物流经营资质,并通过了ISO9001:2008国际质量认证。公司主要业务包括物流经营管理、物流业务流程和设施的规划设计、物流信息平台构建及相关技术集成和应用、物流教育培训、物流信息服务、以及物流加工、运输、代理、仓储、理货、分拨、质押、配送等在内的以集成代理采购为源头的供应链全过程一体化的专业服务。

11.西上海(集团)有限公司

西上海(集团)有限公司位于江、浙、沪三地交界的上海国际汽车城，注册资金5亿元。公司形成以汽车物流为龙头，集汽车服务、汽车销售、房产置业、投资发展、陵园服务六大板块为一体的多元化、跨地区的综合经济实体。集团现有全资和参股企业40余家，契约企业450多家，拥有总资产32亿多元，净资产11亿元。"西上海"品牌被评选为上海市著名商标，获上海市名牌企业称号。集团及下属19家企业已通过ISO9000质量体系认证，并有多家企业按照行业规定，分别通过了莱茵公司TS16949质量体系、ISO/TS16949质量体系以及国家级产品3C认证。

第四章

华东要枢——南京

　　南京是著名古城,江苏省省会,是沿海地区和长江流域重要的中心城市,交通运输历史源远流长。"竹绕琴堂水绕城"的南京,以其得天独厚的水运环境以及地域经济优势,在我国内河乃至国际航运史上都有浓墨重彩的一笔。南京港具有悠久的历史,早在吴大帝孙权黄龙元年(公元229年),三国东吴时期的南京港已成为"江道万里,通涉五洲,朝贡商旅之所往来"的通海港。东晋时,已有"商旅方舟之称"。经过漫长的发展历程,特别是新中国成立以来,南京交通运输业蓬勃发展,成就显著,水路、公路、铁路、航空、管道五种运输方式立体交叉,内联全国各地,外向世界各国,对长三角地区及长江流域的经济发展起到了促进作用。

第一节　通涉五洲

　　南京是华东第二大城市,经济地位突出,交通条件优越。南京水运历史悠久,1700多年前三国时期就有船舶航行至辽东、高句丽的记载。明朝时,郑和的船队正是从南京出发,最远曾达非洲东部、红海、麦加等地。如今的南京港是亚洲第一大内河港口,也是长江流域水陆联运和江海中转的枢纽港和依托,已成为我国华东地区及长江流域江海换装、水陆中转、货物集散和对外开放的多功能江海型港口,从南京港装运的货物可以直达五洲。

一　古都良港

南京港位于长江下游中段,地处江苏省西南部,港口所依托的南京市是江苏省政治、经济、文化中心,交通条件十分优越。水路东距长江吴淞口 347 公里,常年可通行万吨级轮船,1.5 万~2.4 万吨级海轮可乘潮到达南京,5000 吨级轮船西溯长江可达武汉,江轮与干支流各港沟通。陆路有津浦、沪宁、宁皖赣三条铁路干线和四通八达的公路网,鲁宁输油管道以南京港为终端,还有十余条空中航线通往全国各大城市。水路、铁路、公路、管道、航空五种运输方式齐备,使南京港具有良好的集疏运条件。

东汉时,南京地区开始有漕运记录。东汉永初元年(公元 107 年),朝廷调丹阳郡(南京地区有 5 县属该郡)粮食,"赡给东郡、济阴、陈留、梁国、下邳、山阳"。永初七年(公元 113 年),又调丹阳等地租米,"赈给南阳、广陵、下邳、彭城、山阳、九江饥民",史料注明,丹阳为"今润州江宁县也"。

六朝时期,建康(今南京)是当时的经济中心,每日都是"贡使商旅,方舟万计"。公元 229 年,三国东吴政权建都建业(今南京),海外诸国开始遣使者前来朝贡,东吴政权也多次派遣船队从南京出发,远赴海外,进行贸易活动。黄龙四年(公元 232 年),东吴曾派遣一支多达一百艘船只的船队,前往辽东,次年又派去一次多至万人的船队。东吴还曾派船队航海到句骊(今朝鲜)、南洋一带进行广泛的通商活动。"舟楫为舆马,巨海为夷庚"这两句诗形象地描述了当时的水运状况,意思是"乘船好像坐车、骑马一样,汪洋大海如同平坦的道路"。不仅显示当时水运活动的频繁,而且表明当时航运技术的高超。重要的水路交通干线长江水面上舟船来往之多也引起东吴政权的注意,永安二年(公元 259 年)东吴孙休下诏称:"自顷年以来,州郡吏民及诸营兵,多违此业,皆浮船长江,贾作上下。"说明当时长江航运不论官私基本是商业贸易,通过长途贩运"贾作"获取商业利润。孙吴政权充分认识到"以江汉为池,舟楫为用",在军事、经济等方面都通过水道获得极大的方便。设立了许多大型造船工场,大量制造船舰,晋武帝太康元年(公元 280 年)灭吴时,缴获的舟船多达五千余艘。据《太平御览》记载,当时的海船"大者长二十余丈,高去水三、二丈,望之如阁道,载六七百人,物出万斛"。"随舟大小或作四帆。其四帆不正前向,皆使邪移,相聚以取风。吹风后者激而相射,亦并得风力。若急则随宜增减之。邪张相取风气,而无高危之虑。故行不避迅风,激波,所以能疾"。按史料所述,船的载重量已达 100 吨左右。在风帆动力的使用方面也已有了发展:船上多帆,且斜风、逆风都能行船。

此后,长江的商业贸易不断发展,运载货物的舟船多至难以枚数,《晋书·五行志》记东晋安帝元兴三年(公元 404 年)建康大水,"是时贡使商旅,方舟万计",尽被摧毁,"漂败流断"。仅一次洪水在建康一地便有上万商船遭劫,可见通过水路贩运的规模之大。

南朝时(公元 420—589 年,历宋、齐、梁、陈 4 朝。因四朝均建都建康,史称南朝),和海外十余个国家建立了贸易往来,从南京港装运货物的海船出长江口直达海外。

隋灭陈后,建康失去都城地位,港口与海外贡船的联系中断,造成隋唐时期南京港货运稀少。五代十国时期,南唐(公元 937—975 年)建都金陵(今南京),70 多年境内没有发生大的战争,军运、贡运数量较多,港口开始复苏,秦淮河两岸集市兴隆,商贾云集。

到南宋时期,南京地区是官卖货物集散地及漕粮存贮、转运地,朝廷在这里设置了江东转运司、户部提领酒库、提领江淮茶盐所等官署,既有漕运机构,又有商业贸易机构,都与水运有关。官卖货物以茶、盐、酒为大宗,仅茶一项,建康榷货务的课税收入就占南宋政府额定课税的一半左右。

明初,南京首次成为统一国家的首都,"四方贡献,由江以达京师"。除漕粮、贡赋、建筑城墙的材料等大量运进之外,商货运输也很繁忙,"四方购集者益,其所转毂,遍于吴、越、荆、梁、燕、豫、齐、鲁之间"。外地运入南京的商货也很多,以致有些商人在城内难以找到存放货物的地方,只得放在船上或江边。当时的海上贸易极其繁忙,南京港就是郑和七下西洋时庞大船队的基地港,但之后,南京港和海外的航运往来中断,至明末南京港开始萧条。随后中国进入闭关锁国的时期,南京港的对外贸易也不复存在。

公元 1858 年《天津条约》南京被定为通商口岸,英国商船可以在长江

晚清时的
下关码头

各口岸往来,南京港的对外贸易又存复苏迹象。公元 1864 年,由于清军攻打太平天国对南京的破坏,港口急剧衰落,导致货运多年处于停顿状态。公元 1882 年,招商局在下关设置了第一座轮船码头,南京港的货运又开始慢慢复苏。公元 1897 年,清政府批准开南京为通商口岸。公元 1899 年,清政府应各国驻京大使的要求,与各国签订《修改长江通商章程》,其中第二条将南京列为"有约各国之商船"可往来贸易的通商口岸。同年 5 月 1 日,金陵关宣布开放,南京港即正式对外开放, 中外轮船开始在南京港经营货运业务。公元 1890—1906 年间,英国太古、怡和,日本大阪等洋行先后来此设立分支机构, 建筑码头、行栈, 开办客货运业务。1900 年, 英商怡和码头建成投产;1901

关平两

关平两又称"关平银"、"关银"、"海关两",清朝中后期海关所使用的一种记账货币单位,属于虚银两。

清朝时期, 中国海关征收进出口税时,原无全国统一的标准,各地实际流通的金属银成色、重量、名称互不一致,折算困难,中外商人均感不便。为了统一标准,遂以对外贸易习惯使用的"司马平"("平"即砝码),又称"广平",取其一两作为关平两的标准单位。

年,英商太古码头建成;1902 年,日商大阪码头建成;1906 年,德商美最时码头建成,加上招商局于公元 1882 年建成的码头,初步形成了南京近代港口的雏形。此时,到南京港装运货物的有英、日、美、法、丹麦、挪威、意大利、芬兰、荷兰等国的商船,其中以英、日船舶居多。起初几年货运数量稀少, 金陵关每年所征货税仅 20 万关平两左右,"其商情发达较诸邻之镇江、芜湖各口岸,仍觉稍逊"。从南京港运出的丝绸及其他的本地土产大头菜、纸扇、鸡鸭毛等,数量均有限,当时由南京港运出的货物主要为内地运往南京中转装运的货物。输入南京港的货物中,外国进口货占三分之二以上,主要是其他中国口岸中转运来的,货种由鸦片以及香水、肥皂、牙粉、香烟、服装、皮鞋、绒毯、白糖、煤油、煤油灯等消费品,还有少量的煤炭、铜、铁、燃料、铁路器材、仪表等工业品。

1912 年津浦铁路通车后,南京港以水陆中转为主。抗日战争胜利初期,南京港是复员运输的中转港,从长江上游复员的机关、场矿的各种货物,都通过水运运到南京港起卸,然后换装火车、汽车或短途货轮转运华东各地。南京港暂时恢复了往日的繁忙,但以军事货物运输为主,正常的民用运输受到影响。

二　水铁联运

南京铁路历经百年,不断发展,一直是我国重要的铁路枢纽。新中国成立前,经过南京的铁路线有沪宁铁路、津浦铁路、宁芜铁路,是民国时期全国最重要的铁路枢纽。火车货运主要有矿类品、农产品、林产品、畜产品及工艺品(见表4-1-1),这些货物占南京火车运输货物总比重的85%,可见民国时期南京火车运输的货物大部分是原材料、低附加值产品和工艺品,表明南京当时的工业水平并不高。

表 4-1-1　　　　　　新中国成立前铁路货运商品大类比重表

矿类品	农产品	林产品	畜产品	工艺品	合计
18%	18%	3%	13%	33%	85%

沪宁铁路
旧貌

光绪三十一年(1905年)4月开始建设的沪宁铁路是通过南京的第一条铁路线,光绪三十四年(1908年)4月沪宁铁路建成通车,在南京的停靠站为下关站,这是是南京市铁路史的开端。1933年,在南京负责来往长江两岸、下关和浦口之间的火车轮渡开始通航,使沪宁铁路能与长江对岸的津浦铁路连接。

1937年"八一三"事变后,沪宁铁路被侵华日军占领,在抗日战争中,沪宁铁路遭受严重破坏。因为当时国民政府完成北伐后,以南京市作为中国首都,1928—1949年间,沪宁铁路曾被称为"京沪铁路"。

1908年,开始修建津浦铁路,北起天津总站(今天津北站),南至南京浦口的浦口火车站,全长1009公里,后因故延至天津东站,正线全长1013公里,设站85个。1912年,津浦铁路通车后,南京港货物吞吐量骤增,陕西、河南、安徽、江苏等省的皮革、药材、茶叶和农副产品,大批由津浦铁路运至浦口,然后通过南京港水运中转至长江各埠,还有部分土产由南京港通过水运出口国外。1931年开始,国产煤炭由浦口中转的数量增加,当年吞吐量为2.3万吨,次年增加到20万吨。1935年,煤炭吞吐量达到 80 万吨。煤炭主要由中兴、贾汪、淮南、烈山、大通等煤矿产地通过津浦铁路运至浦口，再装船运往上海、宁波、厦门、广州、汉口、大冶、黄石、江阴等地，有时还直接从浦口装海轮出口日本。除了由铁路运来转水路外运的煤炭外，河北省的柳江、长城、开平和河南省的中原等煤

矿，也有部分煤炭由水路运至南京港，平均每年运量约 7 万吨，这时，南京港已成为以中转煤炭为主的港口。1933 年之前，在南京负责来往长江两岸、下关和浦口之间的火车轮渡开始通航之前，货物从上海通过火车到北平，火车通过沪宁铁路先在南京下关站下车，再乘坐渡轮到长江对岸的浦口站换乘列车到北平。1933 年，在南京负责来往长江两岸、下关和浦口之间的火车轮渡开始通航，这种状况才开始改变。津浦铁路始建于 1908 年，1912 年全线通车。

1933 年 7 月，江南铁路从安徽芜湖破土动工，1935 年 4 月修成中华门至孙家埠 175 公里线路，耗时不足两年。后又从中华门扩展修筑至尧化门，与沪宁铁路接轨，至此，江南铁路全线建成通车。初建时建筑成本每公里造价法币三万元，创中国铁路建筑业低成本纪录。抗日战争时期，江南铁路局被日军占领，仅中华门到芜湖维持通车，并与南京市内的铁路合称为南宁线，线路、桥梁、设备均遭受破坏。抗日战争胜利后，国民党政府于 1946 年拆除了江南铁路，1948 年再度辅轨营业。1949 年 4 月南京中华门至芜湖的铁路收归国营，改称宁芜铁路。宁芜铁路从芜湖把安徽地域的货物运往南京中华门车站，一部分通过津浦铁路运往北方，一部分运往南京港通过水运销往沿江各城市。

在抗日战争前，进出南京港的货物数量主要以货物价值为统计单位，从下表可以看出，20 世纪初，南京港的进出货物总价值比较高，表明货物数量多，港口异常繁忙。20 世纪初主要年份进出南京港的货物价值量见表 4–1–2。

1934 年，南京港开始用吨位记录货物数量。港口货物吞吐量 1934 年为 98.75 万吨，1935 年为 136.42 万吨，1936 年为 123.92 万吨，港口货物的吞吐量一直保持在比较高的水平，而且持续增长。其中相当一部分货

表 4-1-2　　　1900—1935 年进出南京港货物价值(单位:关平两)

年份	进口货值	出口货值	进出口货总值
1900	2174978	1726051	3901929
1905	7353604	3271095	10624699
1910	7521449	3078216	10599665
1915	15103362	8031591	23134953
1920	30490055	27210449	57700504
1925	20224674	21067651	41292325
1930	24930800	92320344	34161144
1935	12121334	8651799	20773133

注:1 关平两=37.7495 克(后演变为 37.913 克)的足色纹银。

物是通过铁路运至南京,再由南京港通过船舶转运至目的地,水铁联运促进了南京港和水运的繁荣。

抗日战争期间,南京沦陷,港口货运由侵华日军垄断。侵华日军为了掠夺中国战略资源,以南京港为煤炭转运站,在浦口开辟三井煤场,南京港吞吐货种仍以煤炭为大宗,平均每天中转 2000 吨以上,多数直接运往日本。其他商货主要是砂糖、棉布、药材、麻袋、蔬菜、杂粮、豆饼、食油、杂货等,每年吞吐量约为 30 万吨。

三　江海联运

借助南京港良好的水域条件, 以及距离长江吴淞口的较短距离,南京江海联运的历史悠久。早在三国孙吴政权时,曾多次派遣船队从南京出发出长江沿海岸北航至辽东半岛和朝鲜半岛,船队多至上万人,既有军事目的,也有经济目的。不过船舰较小,商贸活动中无从完成大宗的交易。孙权曾派谢宏率船队到高丽,高丽王送马数百匹,"宏船小,载马八十匹而还"。所谓"送马",实际上是双方进行商业贸易的一种形式。孙吴黄龙二年(公元 230 年),孙权"遣将军卫温、诸葛直将甲士万人,浮海求夷州、亶州"。此次从南京出发的航程,虽未寻获传说中的州,却登上了台湾岛,开创了大陆与台湾的海路交通。当时南海诸国和东吴的海上贸易也是络绎不绝,波斯(伊朗)、天竺(印度)等国的商船经海运至长江口,然后溯江而上至南京,进行贸易。

东晋时所著《高僧传·法显传》中记载:当时高僧法显于从印度取经

后由海路归国，从师子国(今斯里兰卡)搭乘商船航行于南海之上，中途于耶婆提国（今苏门答腊岛）停留，"复随他商人大船"往广州，带50天口粮，商人告诉法显，航程"常行正可五十日到广州"。海船到广州后，沿海岸北航至长江口，转入长江，直到六朝都城(今南京)和商业经济发达地区，溯长江而上，深入内地。证明当时江海联运的贸易已经比较普遍。

> **昆仑舶**
>
> 　　古代南海诸国的商船。《南齐书·荀伯玉传》："又度丝锦与昆仑舶营货，辄使传令防送过南州津。"《北齐书·魏收传》："遇昆仑舶至，得奇货猓然褥表、美玉盈尺等数十件。"
>
> 　　古代南海国家有以昆仑为王号者，或以为《大唐西域求法高僧传》所称王舶亦即昆仑舶，当指南海诸国，特别是室利佛逝国(今印度尼西亚苏门答腊)或诃陵国(今印度尼西亚爪哇)国王所置从事于海外贸易的船舶。

　　南朝时，百济、倭国、林邑、扶南、婆罗洲、丹丹、狮子、天竺、波斯等数十个国家和地区的使者从海外带来各种贡品来到建康，朝廷也回赠本国稀珍。这些交换的货物大部分由海船装运，使南京港成为一座"江道万里，通涉五洲，朝贡商旅之往来"的通海港口，海外商船也来六朝都城贸易，南齐时有"度丝绵与昆仑舶营货"的记载。

　　元朝时，海上漕运得到发展，因当时京都北京粮食的需求量非常大，朝廷每年要从南方调运1000余万石粮食。漕运船队集中停泊在刘家港(今江苏太仓县浏河)装粮，大船装1000石左右，小船装300石。航行一般从刘家港出发沿海岸线到达直沽(今塘沽)。

　　明朝时，由于造船技术和航海技术的发达，江海联运发展到顶峰。永乐三年(公元1405年)7月11日，明成祖命宦官郑和率领二百四十多海船、二万七千四百名船员的庞大船队远航，拜访了30多个包括印度洋的国家和地区，加深了明王朝和南海(今东南亚)、东非的友好关系。至宣德八年(公元1433年)的25年间，郑和先后七次率领船队远航西洋，出使亚非30多个国家和地区。郑和下西洋的各路船舶多在刘家港(进江苏太仓东浏河镇)和长乐港(今福建长乐)集结编队，等候有利风向出海。南京是郑和下西洋的基地港，郑和下西洋是朝贡形式的中外贸易，船队每次都满载丝织品、瓷器等中国特产出发，到西洋诸国换回香料、珠宝、珊瑚、象牙、珍稀动物之类"奇货重宝"。西洋一些国家的贡使，也常常将大批贡物装上郑和船队，"随宝船朝贡中国"。郑和下西洋官署在南京，船队出海从海外归来，都在南京国库领取和上缴货物。郑和曾到达过爪哇、苏门答腊、苏禄、彭亨、真腊、古里、暹罗、榜葛剌、阿丹、天方、左法尔、忽鲁谟斯、

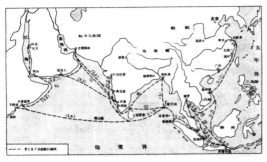

木骨都束等 30 多个国家，最远曾达非洲东部，红海、麦加，并有可能到过澳大利亚、美洲和新西兰。

公元 1899 年 5 月，清政府宣布南京对外开放之后，从英、日等国开往南京的货船日益增多，同时，从内陆销往国外的货物也是在南京港中转，装上船舶之后运往目的国，此时的江海联运进入相对繁盛的时期，但从国外运入的货运远远超过从南京港输出的货物。

第二节　华东新枢

"九霄龙吟惊天变，金鳞岂会潜水游"。南京市特殊的地理位置，优越的交通环境以及强大的经济带的支撑，形成了南京交通的枢纽作用。进入新千年以来，南京水运、铁路、航空、公路、物流等均发生了翻天覆地的变化，成为华东新枢。

一　骤速发展

1949 年南京解放时，南京港旧有的码头已经破旧不堪，加上 1948 年大塌江，下关江边码头所剩无几。据南京港务局有关资料统计，接管的旧有 32 座码头中，3 座已塌入江中，毁坏严重要拆除的有 5 座，要修复的 7 座，可用的不及一半。1950 年南京港货物吞吐量仅 98 万吨。

新中国成立后，长江干线货运由交通部长江航运管理局统一经营，并实行港航合一的管理体制。1952 年成立南京港务局，当年货物吞吐量为 162.4 万吨，地方港口装卸船舶的吞吐量未进行统计。1954 年，交通部颁布《江海联运试行办法》，南京港被指定为代办江海联运的港口。凡南京港与宁波、连云港、青岛、烟台、天津、秦皇岛、大连等港口之间的货物运输，除按规定不能联运的货种外，货主只需在南京港一次办理托运手续，其他各项江海换装等手续都由运方负责，减少货主麻烦。1956 年，南京港开始办理长江与其他内河货物联运、铁路与水运货物中转联运业务。同年 4 月,南京港务局和南京铁路分局按交通部、铁道部的联合指示,派员组成浦口港区路港联合办公室(不久后改组为路港联合指挥部), 以协调代办中转业务中的双方关系,统一指挥。在国家第二个五年计划期间,中央调整北煤南运路线,由海轮运至上海的煤炭数量减少,由津浦铁路运到浦口中转上海的煤炭数量增加,通过港口的工业原料、燃料、产品数量大增,厂矿自备码头迅速发展。20 世纪 60 年代之后,我国石油工业进入大发展时期,长江石

南京港

油运量增多。1965 年,南京炼油厂建成投产,南京港的石油吞吐量骤然增长,1966 年即达 63.6 万吨。随后由于长江沿线的长岭、武汉、九江、安庆等炼油厂相继投产,其所需原油均从南京港进行海江中转。1971 年,南京港建成栖霞山石油中转过驳港区,来港石油更是大幅度上升,次年即达617 万吨,在数量上超过煤炭,成为南京港第一大宗货源,占全港货物总吞吐量的 44.6%。南京港也一跃成为我国内河吞吐量最大的港口。1978年 7 月,纵贯山东、安徽、江苏三省的鲁宁输油管道建成,与管道终端配套的南京中转油港同时投产,使南京港除海进江原油中转渠道外,又新增陆水中转路线。胜利、中原、华北等油田的原油通过管道输送到南京港后,装船转运苏、浙、皖、沪、赣、鄂、湘、粤等地,港口石油吞吐量成倍上升,1979 年超过 2000 万吨,占全港货物总吞吐量的 63%。1980 年,国务院批准南京港开办对外贸易,对中国籍远洋货轮开放,港口对外贸易货物吞吐量开始稳步上升。1992 年 6 月,南京港加入国际港口协会,成为我国大陆首批正式会员港之一。

南京港 1950—2010 年吞吐量如表 4-2-1 所示, 由表可知南京港在新中国成立后货物吞吐量得到飞速发展。

表 4-2-1　　　1950—2010 年南京港务局货物吞吐量统计表　　　(单位:万吨)

年份	1950	1960	1970	1980	1990	2000	2010
吞吐量	98.6	701.3	701.3	3291.5	4265.8	5900	7200

现的南京港是中国内河第一大港,亚洲最大的内河港口,也是长江下游水陆联运和江海中转的枢纽港。港区范围从南岸自慈湖口下至大刀

口,全长 98 公里;北岸自驻马河,下至泗源沟,全长 88 公里。港口沿江两
岸布置, 拥有 7 个港务公司和 50 多座码头, 其中有万吨级深水泊位 13
个,万吨级以上锚地泊位 6 个。进出口货物主要有煤炭、石油、矿石、钢
铁、杂货和集装箱。任丘、东濮、胜利等油田的原油,淮北、徐州、枣庄、新
汶、铜川、阳泉、晋东南等 20 余座煤矿的煤炭,由此中转至华东、中南诸
省(市)。港口水运辐射面已达苏、沪、浙、闽、皖、鄂、湘、鲁、赣、川、辽、粤
等地,通往香港、澳大利亚、朝鲜、日本和中东地区的航线已开辟。

二 铁路运输

新中国成立后,南京铁路承运的货物品类及运量不断上升,政府在
对沪宁铁路、津浦铁路、宁芜铁路进行改造的基础上,还新建了宁西铁
路、宁启铁路等铁路干线,途径南京的铁路线不断增多,特别是 2011 年 6
月新南京南站建成投入使用后, 南京成为全国铁路枢纽一颗璀璨的明
星。

南京的第一条铁路——沪宁铁路, 新中国成立后多次进行设备改
造。2006 年沪宁线平均运输密度达到 13336 万换算吨,是全国最繁忙的
铁路区段。2007 年 1 月 1 日起,将沪宁铁路并入京沪线,改称"京沪线沪
宁段"。

津浦铁路随着新中国成立后国民经济的恢复和发展,不能满足运量
增长的需要,中央和地方政府积极进行了对津浦线的改造。1969 年南京
长江大桥建成使用,南京成为连接北京和上海两大城市的中间站,津浦
铁路也延伸更名为京沪铁路。

1949 年 4 月南京中华门至芜湖的铁路收归国营, 改称宁芜铁路。
1958 年,铁道部上海铁路局修复了中华门至尧化门间的联络线,宁芜铁
路全线贯通通车。随着芜铜线、皖赣线、宣杭线以及芜湖长江大桥的相继
建成,宁芜铁路成为南京通往华南的铁路通道。随着城市的发展,宁芜铁
路从原来的城市边缘"走"进了南京主城的核心位置,噪音、安全、污染、
交通等问题已深深影响了居民的生活环境。2004 年,政府结合沪汉蓉铁
路走向和城市发展规划, 宁芜铁路复线与沪汉蓉铁路并线引入新南京
站,从主城外大绕改线。

宁西铁路东起南京市,经安徽省滁州市、合肥市、六安市,河南省信

阳市、南阳市,湖北省随州市,穿越秦岭进入陕西省,经商洛市、渭南市,至西安市新丰镇编组站,总长 1085 公里,是一条贯穿中国东西的铁路主干线。宁西铁路一期工程西合段(西安至合肥)全长 967.6 公里,于 2000 年 5 月 28 日动工,2004 年 1 月 7 日正式通车。二期工程合宁段于 2005 年 7 月开工建设,2008 年 4 月 18 日正式通车运营。该线路同时缩短了华东至中南、西北、西南的运距,仅南京到西安的运距就缩短了 200 公里左右。对于华东经济发达地区来说,宁西线为其开辟了一条通往中国、西北地区的捷径,扩大了华东经济的辐射面,为它提供了有力的资源、劳动力和市场的腹地支持。

宁启铁路位于中国江苏省中部,自南京林场站,途经六合、仪征、扬州、江都、泰州、姜堰、海安、如皋、南通至启东,是宁西铁路延伸的重要部分。宁启线在海安县站西北与新长铁路连接,过海安经如皋至南通,南京站至南通站全长约 284 公里,起初为国家 I 级单线铁路,设计速度为 120 公里/小时。2009 年宁启铁路复线电气化工程开工,完工后时速由原来的 120 公里提升至 200~250 公里。宁启铁路的建设共分为二期。一期工程南京至海安段,全长 210 公里,在 2002 年 3 月 1 日动工,总投资 32.2 亿元人民币,2003 年 12 月全线铺通;扬州至海安、南通段在 2004 年 6 月 1 日开始铺轨,同年 12 月 1 日开通货运。2005 年 7 月 1 日,宁启铁路南京至南通段客运与泰州站同时投入运营,至此宁启铁路一期工程完成并开通运营。

南京现有南京东站、西站、南站及南京站等四个火车站。

南京东站位于南京市东北部的栖霞区尧化街道,原名尧化门站,处在宁沪线 295.7 公里处,临近长江,在宁沪线、津浦、宁芜铁路的交汇点。东距上海枢纽 305 公里,北距徐州枢纽 366 公里,西距芜湖枢纽 109.1 公里,是华东第一通道之咽喉。在南京南站建设之前,南京东站是南京铁路枢纽主要编组站,现在仅办理整车货物发运业务。

南京西站位于南京市鼓楼区下关地区,又称下关火车站。1908 年沪宁铁路建成通车时投用使用,当时称南京站,是沪宁铁路终点站,是南京历史上第一座火车客运站,被命名为江宁车站,

1927 年改称南京车站。1930 年 3 月,国民政府铁道部对南京下关站进行重建。1947 年,南京车站扩建,规模为全国之首,于右任先生题写站名:南京车站。1949 年国民党政权撤离时,被国民党军队炸毁站房等设施。1949 年新中国成立后,南京车站改名为南京火车站,简称南京站,1950 年,人民政府拨巨款修复被炸毁的车站站房等设施。1968 年,南京长江大桥通车,新的南京站建成,同时,和平门货场和位于原南京市下关区的老南京站合并,重新命名为南京西站。2012 年 3 月 25 日,南京西站停止客运,专门进行货运。

南京南站

老南京南站位于雨花台区集合村路,为宁芜铁路的起首位置,是上海铁路局南京铁路分局管辖的二等客货运直属站。车站紧靠雨花台烈士陵园,附近有始建于明代的中华门城堡,素有"桨声灯影"之称的夫子庙及南郊的南唐二陵等。车站周围交通便利,车站办理客运电脑联网售票、行包托运业务。货运办理集装箱、整车、零担运输业务。

南京
火车站

新南京南站位于南京市南部新城核心区,是连接 8 条高等级铁路的国家铁道枢纽站。2008 年 1 月 10 日开工,2011 年 6 月 28 日启用,为京沪高速铁路五大始发站之一,是华东地区最大的交通枢纽,并为京沪高速铁路、沪汉蓉高速铁路、沿江高速铁路、宁杭高铁、宁通高铁、宁安城际铁路、宁合城际铁路、宁启城际铁路的客运枢纽站。南京南站总建筑面积约 45.8 万平方米,是亚洲最大的火车站。

南京站始建于 1968 年 9 月,位于南京古城城北,地处浩浩扬子江畔,巍巍紫金山下,前临玄武湖,后枕小红山,地理位置优越,景观环境优美。2002 年在原址改建,新站房改建工程总投资 3.5 亿元,历时三年, 于 2005 年 9 月 1 日投入运行。南京站有 14 个站台,办理整车、零担货物发到,以及办理整车货物承运前保管。

三　航空运输

1928 年 6 月，南京国民政府交通部"为利便交通，发展邮政起见，特举办沪蓉航空邮递及载客"，交通部为此拨款 60 万元，开始筹办民用、邮运航空。1929 年 1 月，"设立航空筹备委员会，筹划开办航空事业计划，经五个月之筹备，乃于是年 5 月成立沪蓉航空线管理处，以期首先促进上海成都之间的交通"。管理处在上海、南京、汉口等地修建了 5 个机场。航线首开南京到上海一段，于 1929 年 7 月开航。该航线在运营期间，"无论邮件汇兑，除依邮政章程照纳普通资费外"，加收航空邮费或汇费。沪蓉航空管理处为此详细规定了信函、明信片、包裹、汇票等项的收费标准，并发行了航空邮票，以示区别。另外，南京至上海段航线于 1929 年 7 月 26 日起开始载客运营。"开航以后，每日乘客，辄为满座。嗣后交通部以原定京沪票价，不免昂贵，特将原定票价核减实售二十六元，以利顾客"。除运输邮件以及载客飞行外，沪蓉航空管理处还另辟蹊径，拓展运营渠道。例如，沪蓉航空管理处为方便南京上海两地之间新闻报纸的传送，加强地区间联系，专门与当地新闻界会商，在京沪航线上开办载运新闻纸业务，使得两地间报纸当日送达，便利了两地之间信息交流。京沪段航线从 1929 年 7 月开航，在一年的时间内，飞行里程总计达 15 万公里，载客 1477 人次，并运送了大批邮件。1930 年 7 月，沪蓉航空管理处并入中国航空公司。京沪航线也就相应纳入中国航空公司航线体系之内。沪蓉线，确切地说应该是沪蓉线中的南京至上海段，在通航一年中取得了巨大成就，无论是飞行里程还是在客货运输量方面都取得了令人相当满意的成果。随后，又开辟了沪汉线：由上海经南京至汉口；京平线：由南京经徐州、济南、天津至北平。抗日战争爆发后，1937 年 8 月下旬南京明故宫机场被炸，南京的民用航空运输即告停止。抗战胜利后，南京的航空运输有所恢复，但大多是军事方面的运输。这个时期从南京乘飞机可到国内的主要城

1947 年南京航线网示意图

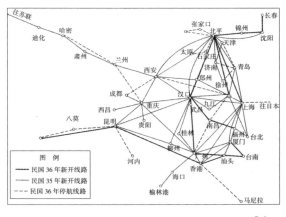

市如上海、北平、天津、武汉、广州、西安、郑州、重庆等。

新中国成立后,使用南京大校机场进行客货运输,直到1997年7月南京禄口国际机场建成后,南京的航空运输才有了质的改变。

从第一座机场小营机场至今,南京已有9座机场,分别是:小营机场、明故宫机场、大校场机场、民国20年(1931年)建的溧水机场、侵华日军在麒麟门附近建的草场村机场和马群机场(又叫白水桥机场),土山机场以及现在的禄口国际机场,还有正在修建的马鞍国际机场。其中小营机场、溧水机场、草场村机场和马群机场都是军用机场。

1.大校场机场

1912年,民国政府在南京小营操场建立机场,这是南京最早的机场,也是当时设施最好的飞机场之一。1929年7月8日,上海—南京段通航,首次飞行运载邮件3000余封,为南京航空邮运之始。由于当时飞机小,载重量有限,开航初期各航运公司的主要业务为邮运,货运为数甚少,载运货物体积以60公分×40公分×40公分为限,重量以1~50公斤为限,体积或重量超过此限时,需先期向航站接洽,经其许可,方能载运。当时主要运送新闻纸、报纸和货币。随着飞机载量增大,货运条件改善,邮运量下降,货运量增长。在抗日战争中,许多中国空军飞机从这里起飞,与来犯的日军飞机搏杀。抗战胜利后,"央航"、"中航"投入"复原"运输,于一年内运送货物1万余吨。1947年10月,南京政府按国际民航组织B级标准修建完成大校场航空学校区机场跑道,可承受80吨飞机起降,为当时国内最新式的坚固道面。1947年后"中航"、"央航"货运量大幅度增长,主要为国民政府军队运送军需品。1948年,仅南京投徐州粮食的飞行就达126次,运量近2000吨。

1956年7月,南京民航也搬迁到大校场,开始了军民合用新阶段,当时跑道2200米。随着南京经济的不断发展,该机场规模已适应不了时代的需要。1997年,南京禄口国际机场建成启用后,南京民航遂搬至禄口机场。之后机场扩建,现有一条2700米跑道。2013年机场正式停飞并搬迁至郊区六合区在建的六合机场。南京大校场机场现为中国人民

民国时期的南京大校场机场

解放军空军使用的军用机场。

2.明故宫机场

1927 年年底,因为小营机场场地有限,起降困难,国民政府在明故宫遗址修建一条跑道和几间简易棚屋,建立了明故宫机场,由军政部航空署管理。建立明故宫机场的初衷,和小营机场一样,也是出于军事上的考虑。1929 年 4 月,机场首次扩建,建成一条 800 米长的碎石跑道,479 米长、25 米宽的滑行道,机场面积达到 1.27 平方公里。8 月,明故宫机场始开上海至南京的民用航线, 运载 2000 多封邮件的飞机在明故宫机场降落,这也使之成为了军民合用机场。1936 年 10 月再次扩建,将附近的第一公园(在如今的龙蟠中路公园路一带)也纳入其中,并装置了夜航灯光设备等。南京沦陷后,机场被日军占用,1938 年后日军曾扩建机场,修筑滑行道和停机坪等。到了 1947 年 1 月,机场划归民用航空专用。1947 年 6 月,明故宫机场又进行了扩建,拓长跑道,新建候机室,还增加了夜航灯光设备。1956 年 7 月,南京民航由明故宫机场搬迁到大校场机场。同年10 月,该机场即告废弃。

3.南京禄口国际机场

南京禄口国际机场于 1995 年 2 月 28 日正式开工,1997 年 7 月 1 日正式通航。设计能力为年飞行 36 万架次、年旅客吞吐量 4000 万人次、货邮吞吐量 100 万吨。机场净空条件良好,设施设备先进、配套齐全,地面交通十分便捷, 规模居华东第三,是国家主要干线机场,华东地区的主要货运机场,与上海虹桥机场、浦东机场互为备降机场,位列全国千万级大

南京禄口国际机场

型机场行列,是国家大型枢纽机场、中国航空货物中心和快件集散中心,国家区域交通枢纽,是江苏省唯一的国际空港。

4.南京马鞍国际机场

南京马鞍国际机场于 2010 年奠基,2012 年 8 月正式开工。目标是建成我国面向日韩、北美和连接欧亚的国家大型门户枢纽机场,成为全国出入境前八的机场,成为华东地区仅次于上海浦东机场、杭州萧山机场的第三大机场,领先于上海虹桥机场、厦门高崎机场。建成后大校场军用

机场也将搬迁至此,并建设南京第二座国际机场,规划成为军民合用机场。

四 公路运输

秦始皇三十七年(公元前 210 年),秦始皇东巡,筑驰道通南京地区。其后历代修筑大道,并设置驿传,作为投递文书和陆路交通的设施。六朝时期,南京城周围修建近 20 条大道,连接江南各大城市,开始出现道路交通的繁荣。唐代,南京是我国东南地区驿道和粮食转运的重要枢纽之一。宋代,南京建成东、南、西、北四条主要驿道,并设金陵驿等驿站24 处、驿铺 51 处。明代建都南京 54 年,建成 8 条干线驿道通达全国 13 个布政使司,形成以南京为中心的全国性驿道网络。清末明初,汽车成为新型运输工具,南京第一条通行汽车的公路——钟汤公路(今孝陵卫至汤山)的建成,标志着南京近代公路的兴起。

1927 年,国民政府定都南京,公路建设进入发展时期。1931 年,京杭(今宁杭)公路建成通车,以后相继建成京芜(今宁杭芜)、浦合(肥)等干线公路,至 1937 年南京被日本占领前夕,大江南北共修建公路干线和重要支线 18 条,加强了南京与上海、浙江、安徽及全国主要城市的联系。1949 年南京解放时,公路总里程 219.25 公里。

新中国成立后,南京公路建设进入大发展时期。以南京为中心,有宁沪、宁滁、宁连、宁通、宁合、宁马、宁高、宁靖盐、宁淮、宁蚌、宁常、宁杭等高等级公路呈放射状通往本省及周边省(市)。其中,国家高速公路 5 条:G25 长深高速(宁杭高速)、G36 宁洛高速、G40 沪陕高速(宁合高速)、G42 沪蓉高速(沪宁高速)和 G4211 宁芜高速(宁马高速),国道 4 条:104国道、205 国道、312 国道、328 国道。

南京市区现有 4 个长途汽车站和 1 个旅游汽车站,分别是中央门长途汽车站、长途汽车北站、长途汽车东站、南京客运南站和虹桥旅游汽车站,除虹桥旅游汽车站外,可以托运少量货物。

五 管道运输

1975 年,鲁定输油管线作为国家重点项目开工建设,1978 年建成投产,总投资 4 亿元。该线北起山东省临沂,南段至江苏省长江北岸的仪征,距南京市区 70 公里,全线总长 655 公里。

鲁宁输油管线打通胜利、中原、华北等油田原油直达长江的经济通道,改变原油由海轮绕道进江的流向,减轻铁路运输压力,发挥管道运输运距短、速度快、连续性、费用省等优势,对华东、华中、华南等地区石化工业的发展起着重要的作用,特别对南京的经济影响巨大。1978 年,在仪征赵庄沟建成与其相配套的南京中转油港,使南京港区成为中国最大的原有中转港,石油吞吐量居港口各类货物之首,一个以南京为中心,辐射长江沿岸各大炼油厂的长江邮运新格局形成。

西气东输一期工程 2003 年接入南京市, 西部的天然气通过管道源源不断进入南京,为南京的经济发展起到了促进作用。

六　物流旗舰

南京市物流业发展大致经过两个阶段,20 世纪末连锁业的迅速发展,形成了一批为企业内部产供销服务的物流(配送)中心,其中规模较大的有苏果公司、麦德龙卖场、南京华诚超市、华联超市、联华超市等内部配送中心。进入 21 世纪,物流业在经济发展中的地位和作用越来越引起人们的关注,南京市以第三方物流为主体的现代物流业也有了较快发展,南京市物流协会得以成功组建,带动了一批物流设施的建设,现代物流业正步入发展的快车道。

1.物流园区

南京现有王家湾物流中心、龙潭物流园区、幕燕金属物流中心以及江北化工园物流园区。

(1)王家湾物流中心

王家湾物流中心位于紫金山北麓,临近 312 国道,同时也是沪宁高速和南京长江二桥的连接点。它是交通部规划的 45 个公路主枢纽城市货运系统中心站之一, 也是江苏省及南京市政府重点规划建设的大型现代化综合性

王家湾
物流中心
▼

物流基地。物流中心围绕"四平台一中心"的发展规划,以专业化仓储式采购贸易分销平台、货物运输交易平台、汽车物流服务平台以及第三方物流中心为发展重心,通过先进的计算机管理系统和现代化物流管理模式,建立南京乃至华东地区具有影响力的综合物流基地。主营业务涉及电子电器通讯产品、冷冻和快速消费品的仓储、装卸、配送、化工及危险品运输贸易等。目前客户总数超过 350 家,横跨分销、制造和加工三大行业。

(2)龙潭物流园区

龙潭物流园区东至过江公路、北沿疏港公路、南抵临港路,总占地 7.36 平方公里。它是以南京港龙潭集装箱港区为依托,以集装箱多式联运为载体,发挥水、公、铁便捷转换优势,融储运、中转、分拨、配送、增值服务等物流运作及临港加工为一体的综合性国际物流园区,成为长江三角洲北翼国际物流节点,辐射安徽、苏北、长江中上游、宁西铁路沿线等地区。

龙潭物流园区具有独特的区位优势:深水航道:南京港距长江口 374 公里,是长江万吨级航道的终端。内陆运输:作为长江三角洲地区最西部的江海型枢纽港,内陆运输距离短是南京港特有的优势。集装箱运输格局:从长江三角洲地区和长江流域地区集装箱运输未来发展格局看,上海大、小洋山港区的建设,其作为上海国际航运中心的核心港区,能接纳第五、六代集装箱,主要为洲际班轮远洋主干线服务。交通配置:南京龙潭物流园区具备了开展江海联运、海铁联运、铁公联运的外部交通配置条件。市场渠道:南京港务局作为园区开发的主要发起人,在长期的港口运作过程中,与腹地内众多生产、商贸企业建立了长期、稳定的客户合作关系,对腹地物资的流向、流量及结构进行了系统调查,充分了解中西部地区外向型经济的分布格局及发展趋势,这为国内外第三方物流企业拓展全程物流业务提供了现实的运作渠道。

园区公司经营范围包括土地批租、转让,CFS,公共保税,报关,货代,运输,仓储,配送,物流设施出租,办公设施出租,商业设施出租,信息咨询服务等。园区运用 RDC 区域分发中心的运作模式。先将货物运输到龙潭 RDC 集中仓库,再根据客户订单需求,将货物分拨

龙潭
物流园区
▼

配送至各地。园区优越的地理位置，日益增长的良好的经济腹地，便捷的水路、公路、铁路等运输方式，集装箱、件杂货、散货多功能深水港区，符合国际标准的仓库及配套设施，量身定做的物流方案，全方位优质服务。

(3)幕燕金属物流中心

幕燕金属物流中心，最初靠收购停产的南京船舶修造厂起家，经过4年多建设与发展，现已成为华东地区规模最大、功能最齐全的专业金属物流中心。与一般的钢材批发交易市场不同的是幕燕金属物流中心不仅做贸易，还为市场注入了现代物流理念，拉长了钢铁贸易产业链。中心内有专门的钢材加工配送中心，专为南汽、LG 和扬子石化等企业加工，相当于相关企业的"第一车间"。目前，物流中心还投 1.5 亿元建设了建筑面积 2 万平方米的南京钢铁交易数码港综合大楼，和国内 150 家大型钢厂联网，实现远程网上交易。还可以为客户提供资金、电子结算、水路、铁路、公路等综合物流配送一揽子解决方案，大大节约了钢材产品采购、交易成本。

幕燕金属
物流中心

(4)南京化学工业园区

南京化学工业园区成立于 2001 年 10 月，是南京唯一的一家经国家批准，以发展石油化工为主的化学工业园区。园区北接宁六、雍六高速公路，南与金陵石化隔江相望，西与南化公司相连，东与仪征化纤公司毗邻。通过现代化路网和管网连接，形成一个总面积近 100 平方公里，石油化工一体化的沿江化工产业带。

南京化学工业园区重点发展石油和天然气化工、基本有机化工原料、精细化工、高分子材料、生命医药及新型化工材料六大产业领域。通过大力引进国际资本，建立开放、多元的融资体系，吸收国际石化企业投资，构建与国际接轨的市场机制，最终建成以高新技术为先导，"国际一流，国内领先"的国家级石油化工基地。目前，包括中国石化集

南京化学
工业园区

97

团、中国化工集团、BASF、BP、塞拉尼斯、美国空气化工产品公司等一批国内外知名化工企业在园区投资落户,累计投资超过50亿美元。

南京化学工业园区是我国第二个获国家批准的重点石油化工基地,将成为我国最具国际竞争力的石化生产基地、物流中心和化工研发基地。也是江苏沿江开发战略的重要组成部分和南京市石化产业重点扶持发展区域。园区按照"产业发展一体化、公用设施一体化、物流输送一体化、环保安全一体化、管理服务一体化"五个一体化的开发方针进行建设和管理。

2.物流企业

南京市各类物流企业众多,但5A级物流企业只有两家:江苏中外运有限公司与江苏中邮物流有限责任公司。

(1)江苏中外运有限公司

江苏中外运有限公司是中国最具领先地位的物流供应商——中国外运股份有限公司的核心成员,原隶属于中国外运华东有限公司,现独立为江苏分公司,是江苏境内最大的航线经营人,最大的货代企业,最大的船代企业之一,最大的航空快递经营者之一。

公司总资产超过12亿元人民币,员工1300多人,下设15家分公司,25家子公司,业务机构分布于江苏省沿江主要港口和沪宁沿线城市;拥有备受推崇的"中国外运"、"阳光速航 蔚蓝通道"等服务品牌,能够向货主提供包括承运、货代、船代、快递等物流专业服务。

(2)江苏中邮物流有限责任公司

江苏中邮物流有限责任公司主要从事快递业务,坚持"客户的微笑是我们全力以赴的理由"的服务理念以及"做事晶为本,做人德为先;让我们的工作更有品味"的企业文化。公司形成了"事事有标准,人人有专责,件件工作都要受控"的全面质量管理局面。

南京除以上两家5A级物流公司之外,主要还有南京远方物流集团、南京恒顺达船舶有限公司、江苏金陵交运集团有限公司、南京华宇物流有限公司、龙驹物流公司、福星物流公司等。

第五章

九省通衢——武汉

　　武汉,位于中国腹地中心、长江与汉江交汇处,长江及其最长支流汉江横贯市区,将武汉一分为三,形成了武昌、汉口、汉阳三镇隔江鼎立的格局,唐朝诗人李白在此写下"黄鹤楼中吹玉笛,江城五月落梅花"的著名诗句,这便是武汉被称作"江城"的由来。正是如此丰富的水资源,使武汉成为华中地区的航运中心;也正是位于四通八达的中部,使武汉成为中国最重要的物流中心之一。

第一节　两江联袂

　　《武汉赋》中赞誉武汉:"万里蛟龙出云雾,一马平川开楚天。江阔波缓,月照千湖一白;地广人稠,日高十丈腾烟。迤逦而来兮,两江联袂抱三镇;缱绻而去兮,九省通衢襟八方。"武汉当之无愧。

一　集舟为市

　　早在先秦时期武汉的港埠已经起步。东汉末年,汉阳大别山(今龟山)以东的禹功矶一带商业市场兴起,沿江多泊有商船。两晋、南北朝时,港埠重心向郢州(今武昌)转移,与武昌岸相距约2公里的鹦鹉洲夹江内,成为主要泊船地。梁武帝时,郢州刺史曹景宗在夏口城以北(今汉阳门一带)开街列市,这条由西至东长约数里的大街成为郢州商业贸易的中心地带。位于黄鹄矶西、鹦鹉洲北端的船官浦至鹦鹉洲南端的黄军浦

江汉
揽胜图

皆为商舟聚泊处所，船官浦设有船官征收船钞，并管理船只靠泊事宜。

唐代诗人崔颢的千古名句"晴川历历汉阳树，芳草萋萋鹦鹉洲"脍炙人口，因前一句是"晴川历历汉阳树"，所以人们误认为鹦鹉洲在汉阳，其实它更靠近武昌，明代仇英所绘的《江汉揽胜图》显示，鹦鹉洲还在江中。武汉的航运也伴随着鹦鹉洲的变迁而变化着。

鹦鹉洲本是江夏境内的一个无名小洲，由河沙淤积而成。因为处于长江之中，便于船只来往，所以在战火四起的年代，成为一个军事要地。对此，古书多有记载，《太平御览》卷六十九中记载："江夏郡城西临江有黄鹄矶，又有鹦鹉洲。侯景令宋子仙夜袭江夏，藏船于鹦鹉洲。"宋朝陆游的《入蜀记》中也有"梁王僧辩击邵陵王纶，军至鹦鹉洲"的记载，此时的鹦鹉洲主要用于军事目的的屯兵、藏船，或者直接作为战场。因为武昌襟江带湖，江河两岸港湾利于集舟为市，所以从唐宋开始，鹦鹉洲已由昔日的军港慢慢演变成了商舟蚁聚、市声如潮的商业港埠。唐宋时期的许多文人生动描绘了当时的繁华景象，如唐朝女诗人鱼玄机的《江行》中所述："大江横抱武昌斜，鹦鹉洲前户万家。"

鹦鹉洲的繁华是武汉航运的一个缩影。隋朝以前，华中地区粮食给养北运，多半经杨夏水道这条于西晋时开凿的人工运河，由江陵入杨水（汉江支流）到达今沙洋一带入汉江，然后逆汉江经襄阳至洛阳、开封、长安等地。隋唐开凿、疏浚南北大运河后，两湖地区的粮食给养便顺江东下，经运河运往京师。漕运货物流向的改变，使鄂州（今武昌）成为洞庭湖流域农产品东运必经之地。唐代，武汉已成为当时全国内河最大的航运中心，鄂州漕运兴旺，船官浦、黄军浦一带，常泊船数千艘。唐广德元年（公元763年）十二月大火，烧毁江中舟船3000艘。大历贞元年间（公元766—805年），鄂州水上居户

鹦鹉洲

颇多，几与岸居者同，富商多置有大船，时称鄂州为"东南巨镇"。

南宋时，鄂州商业兴盛，商号林立，市邑雄富。城外鲇鱼套附近，也有商业市场，称为南市。南市沿江数里，居户数万家，多为商号店铺，交易兴隆，市场盛况在钱塘（今杭州）、建康（今南京）之上。沿鲇鱼套至鹦鹉洲北端（今汉阳门一带），"贾船客舫不可胜计，衔尾不绝者数里，自京口（今镇江）以西皆不及"。

元朝时，商业市场转移到汉阳，商船多泊于禹功矶旁的铁门关和南门河泊所一带。铁门关为月湖通江口，风平浪静，便于避风停泊，商船甚多。余阙的《登太平兴国寺》中有"贾客帆樯出汉阳"的诗句，生动地描绘出当时大量漕船、盐船至江夏鹦鹉洲停泊的景象。

元朝以后，全国的竹木需求量增大，而武汉以其独特优越的地理位置，成为当时最重要的竹木集散地。据《江夏县志》记载："江夏附郭，水陆交通，百货云集，元暨明初，汇于金沙洲，崇祯年间，鹦鹉洲没于江，更汇于坛角，舟车络绎，熙来攘往，号称极盛。兵资以后，开镶清野，市座邱墟，而一二操寄计燕者，乃散寄于乡镇，故邑自抱布贩木，仍守旧业外，其余不过经纪缺焉。"这一历史记录表明鹦鹉洲在元代就已经是非常繁华的竹木市场，至明代，已经成为非常繁荣的市场，周边商贾云集，客商川流不息。

明初年，汉阳南纪门外的刘公洲、江夏保安门外的金沙洲和陈公套（现称鲇鱼套），是商舟客舫的主要停泊地。嘉靖以后，刘公洲渐被冲没，汉阳船舶改停东门铁门关一带。金沙洲西、北、东三方水深二三丈至六七丈，外侧兼有白沙洲屏护，水深浪平，成为舟船避风处所，是当时漕船、盐船停泊的良好场所。洲上设有钞关征收船钞，一时百货云集，商舟辏泊。正德年间（公元 1506—1521 年），金沙洲被称为"东南都会"。自南市冷落后，陈公套亦渐淤塞，改名管家套。明弘治十四年（公元 1501 年），武昌知府陈晦疏浚整治管家套，更名为陈公套，套中水深浪平，利于高舟稳泊，汉阳商船、盐船俱来此停泊。明弘治、正德以后，武昌、汉阳的航运贸易渐向汉口转移。正德元年（公元 1506 年），汉口与长沙同为湖广漕粮交兑口岸。嘉靖四年（公元 1525 年），汉口已有居民上千户。万历元年（公元 1573 年），湖广地区的衡（衡州，今湖南衡阳）、永（永州，今湖南零陵）、荆（荆州，今湖北江陵）、岳（岳州，今湖南岳阳）、长沙等地漕粮，原在城陵矶、汉口水次交兑者，全部改在汉口交兑。万历年间（公元 1573—1620 年），汉

清朝
汉口码头

船钞

"船料"的别称。中国元、明、清各代对商船征收的税。元顺帝时规定，1000料（料是计算装载重量的单位）以上的船，每年纳钞6锭，1000料以下递减。明宣宗宣德四年（公元1429年）设钞关，按照过往船只的大小、长宽以及路程远近，分等收钞。税额开始规定由南京经淮安、济安、徐州、临清至通州（北京），每100料收钞100贯。因为估料困难，又改按船只梁头的长宽为标准，自5尺至3丈6尺分等定税，所以又叫梁头税。清代自第二次鸦片战争后，帝国主义控制了中国海关，对外国进港的船只征船料并改按吨位计算，叫吨税。对本国船只则仍由常关收船料。1931年，国民党政府裁厘加税，撤消常关，停止船料。

口镇市场繁荣，镇上居户几万家，大多以贸易为业，汉阳郡城供应十之八九取之于汉口镇。汉镇巡检司亦由汉阳移驻汉口。汉口江河沿岸商船汇集，泊船常在千艘以上，时人称汉口镇"并雄财货，甲于全楚"。明朝崇祯年间（公元1610—1644年），鹦鹉洲受长江河床摆动的影响，加上江水的长期冲蚀，逐渐沉没于江中。

入清后，汉口在康熙年间（公元1662—1722年）趋向繁荣。此时，江夏金沙洲、鹦鹉洲已沉入江底，大批商船客舟便泊于汉口沿岸，汉口成为武汉港埠中心。淮盐以汉口为分销总汇，漕船、盐船亦在此聚集，盐商或租岸泊船，或买岸泊船。乾隆、嘉庆年间（公元1736—1820年），汉口已是"楚中第一繁盛处"，泊船常在数千乃至上万艘。

乾隆三十四年（公元1769年），在汉阳南纪门外江面淤起一个新沙洲。嘉庆时，沙洲面积扩大到80多顷，由白沙洲居民耕种纳粮，取名补课洲，即鹦鹉之今洲。随着汉阳鹦鹉洲洲滩的发育，各地来汉的竹木开始转向汉阳鹦鹉洲一带停泊。据说第一批在汉阳鹦鹉洲屯木出售的是湖南安化、益阳的商人，时间大约在道光二十年（公元1840年）。自此以后，湖北、湖南、江西等地的商人将长江上游的竹木源源不断地贩运到新鹦鹉洲，到光绪末年，鹦鹉洲江面竹障木筏连绵十五六里，洲滩上竹木堆垛如山似丘，营业行栈商号达一千五六百家，年交易量由道光年间的二三十万两码发展到五六百万两码，年交易值达六百万两银子。当时的武汉有句俗话"茶商木客盐贩子"，意思是说这三种商人最有钱。连带所及，鹦鹉洲也被誉为"日晒黄金夜不收"的金洲银滩了。

二 百里江滩

近代,兴旺发达的港口码头,使武汉成为中国最重要的对外贸易口岸之一,汉口码头的年货物吞吐量仅次于上海,水陆航线可以到达世界诸多国家。长江上嘹亮的汽笛声,往来如织的船舶,呈现出繁荣、充满活力的壮观景象,那时的港口码头规模,达到鼎盛时期,霸气十足,以海纳百川、包容世界的气度而闻名于世。

乾隆年间,在汉江上修建汉口天宝码头,码头停泊木船最大吨位约900吨。从此,码头就先汉水、后长江,自上而下,很有规律地发展起来了。

近代武汉的开埠通商始于公元 1861 年英国人在汉口划的租界,公元 1863 年在汉口宝顺街(今天津路一段)长江边建了武汉第一座"洋码头",叫作宝顺五码头。据《续辑汉阳县志》记载,同治年间,长江边龙王庙到江汉关,这样的洋码头共有 16 个,从清末到民国,汉口长江边的洋码头一直延伸到了丹水池、谌家矶一带共 74 个之多。

公元 1871 年,俄国顺丰洋行在俄租界列尔宾街(今兰陵路)建顺丰砖茶厂码头,专供汉茶出口外运。汉埠有企业专用码头自此始。至辛亥革命前,汉口沿江一带深水港域几乎全为外商码头占据。江汉关至合作路英租界江岸,设有怡和洋行、太古洋行、鸿安商轮公司、麦边洋行等英商码头。合作路至黄兴路俄租界江岸,设有日本大阪商船会社、俄国新泰货栈码头。黄兴路至一元路法租界江岸,设有日本邮船会社、法国东方轮船公司码头。一元路至六合路德租界江岸,设有汉堡亚米利加栈、美最时洋行、瑞记洋行、亨宝轮船公司等德商码头。六合路至吉林路日租界江岸,设有三菱洋行、日华洋行、太平洋洋行等日商码头。由此可见当时商贸的繁荣。

1935 年,汉口上海路与武昌营房口江边设汽车渡江码头,开三镇汽车轮渡码头之先。至抗日战争前夕,武汉港有各类码头 144 座,其中汉江岸 45 座,长江岸 99 座。设有趸船设备的浮式码头计 55 座,其中本国 19 座(内有轮船公司 11 座,工商厂号 5 座,机关 2 座,铁路 1 座),外国 36 座(内有轮船公司 20 座,工商厂号 15 座,机关 1 座)。长江汉口岸龙王庙至江汉关地段,主要为长江干线客运码头,兼及货运。江汉关以下至谌家矶,大多为货运码头,亦有少数客运码头。汉江岸主要是民船货运码头,

武汉轮渡专用码头

少数为湖北省内短途客运码头。自清末延及抗日战争前，汉江民船码头基本形成专业分工，所泊民船与沿河两岸专业贸易市场相应，有油、棉花、米、杂粮、柴炭、石膏等专用码头。如油船泊于汉阳河街，每年约150艘。棉花船泊于汉口打扣巷，按季节最盛之时，每日数百只。米船泊于汉阳沈家嘴，常有百只或二三百只往来此地与湖南间。杂粮船泊于汉口杨家河，每日二三百只。柴炭船泊于汉口集家嘴。石膏船泊于汉口硚口上首石膏帮。长江汉阳岸杨泗庙地段，自清末即为竹木集散码头。武昌岸主要是工厂企业和轮渡专用码头。

1949年6月，武汉三镇轮船码头与民船码头共243座，其中轮船码头40座。在轮船码头中，汉口沿岸35座（外商码头8座，公营码头17座，私营码头10座）；武昌沿岸5座，均为公营码头。到解放初期，仅汉口在册的码头工人就达2万多人。1950年7月26日，中央人民政府颁布统一管理航务港务的政令。同年12月19日，武汉市军事管制委员会发布命令，决定征用外国航商在汉的码头设备以及码头驳岸。长江航务局自12月起开始接管招商局及部分外商码头，并代管民生公司码头。湖北省航政局亦开始接收部分私营轮船公司的码头。至1956年，码头全部收归国有，分别为汉口港务局、湖北省航运管理局、武汉市码头管理所和一些大中企业所接收或接管。

自1953年起，全市码头开始有计划进行改造、扩建和新建。部属港码头由国家投资重点建设。市辖码头采取"以港养港"政策，征收码头管理费以建设码头。省辖码头重点建设项目由国家或地方投资，其余自筹资金解决。经30多年建设，至1985年末，武汉市区共有码头441座，其中部属港46座，市属港86座，省属港30座，企（事）业专用码头279座。

进入20世纪90年代后，随着

新中国成立初期的汉口码头

陆路、航空的迅猛发展,长江航运业
"风光不再"。经历了 20 年的整体萧
条后,长江水运显现出"复苏"的势
头。2004 年,长江中上游首家内地与
香港合资的武汉阳逻集装箱码头一
期工程,在距汉口约 30 公里的阳逻
古镇武矶山建成投产。作为一座丰

武汉市
杨泗港

水期可通行万吨级巨轮的现代深水码头,其货物可在"48 小时"通江达
海。2008 年 5 月,时任湖北省省委书记的罗清泉提出:"建设武汉新港,将
其作为实施中部崛起和武汉城市圈'两型社会'试验任务的重要突破
口。"此后,武汉新港的建设如火如荼地开展起来,武汉新港打破了行政
区划,成为中国中西部直达海外的国际港和水水、水陆中转的枢纽港。随
着时代的发展,武汉的那些老码头已经逐渐淡出了人们的视线,取而代
之的都是一些现代化的港口。杨泗港是长江中上游最大的专业国际集装
箱码头,开通了武汉港至洋山的集装箱江海直达运输航线,将内支线航
线延伸到沿海各港或通过上海中转,与国际航线如欧线、美线、地中海
线、中东、东南亚、非洲等航线相联结,武汉地区的外贸货物能够直接进
出口,使武汉成为中西部地区最快的"出海口"。

　　而今,武汉的老码头在两江四岸的建设中大多消失了,取而代之的
是武汉美丽的江滩。新建起的武汉江滩不仅拥有大面积的立体绿化带,
还为市民提供了具有滨江特色的公共休闲活动空间。新江滩同时发挥
了城市景观环境绿化生态、群众健身娱乐和亲水休闲活动等三大功能。
在武汉三镇的水景中,武汉江滩是这座滨江城市中一道最美丽的风景。
三三两两的市民或游人悠闲地走在绿树繁花之中,穿行于鹅卵石铺就的
小径,享受着忙碌生活中难得的闲
适。

武汉江滩

　　武汉人对长江情有独钟,与江
水结下了不解之缘。在过去,由于抗
洪的需要,一堵高高的防水墙阻隔
了市民的亲水情结。现在,江滩的防
洪工程建设与环境的综合整治有机
地结合起来,江滩的面貌焕然一新,

成为武汉市靓丽的"名片"。

　　"两江四堤八林带,火树银花不夜天",这是一位诗人对武汉江滩美景的赞颂。"大气、精致、宁静、开敞、简洁"的武汉江滩,形成"一轴、两带、四区"格局,即江滩景观轴,堤防景观带、滨江亲水带,休闲活动区、中心广场区、体育运动区和园艺景观区。音乐喷泉、水上乐园、戏水梯台等处处体现了亲水的主题,让人们既感受到长江恢宏的气势,又能体味到江南小桥流水的韵味,成为武汉市著名的旅游品牌。

第二节　江城配送

　　武汉是中国经济地理的"心脏",具有承东启西、沟通南北、维系四方的作用。多条铁路干线,以及京珠、沪蓉等6条国道在此交汇,武汉是全国四大铁路运输枢纽之一,也是中部地区重要的公路枢纽。四通八达的铁路线路和公路交通,使武汉成为国家级物流中心。

一　玉带纵横

　　武汉的铁路经过100多年的发展已成为国家的重要铁路枢纽之一,众多的铁路干线在此交汇,为适应不断发展的货运需求,铁路货运站点也是遍布三镇。

　　1.铁路干线

　　(1)京广铁路

京汉铁路建成通车

武汉的第一条铁路为京汉铁路,原称卢汉铁路,是甲午战争后,清政府准备自己修筑的第一条铁路,由天津关道盛宣怀为督办大臣,统筹卢汉铁路的修建。建设从光绪二十三年(公元1897年),京汉线汉口玉带门至滠口段动工修建开始,光绪三十二年(1906年)京汉铁路全线通车,铁路全长1214公里,此时改称京汉铁路。京汉铁路南端终点改为汉口玉带门,北端起点经北京西便门至正阳门(前门)西车站。通车后,营业发达,余利很多,也带动了汉口玉带门火车站周围的贸易,初有汉口附近、周口等地迁来的行栈多家,继而宁波、两湖、怀庆诸商帮以及北舞渡的客商向此云集,代客包运货物,承揽车船。后来,火车站两侧形成马路街、公安街等商业区,形成城市雏形。

因为当时清政府内忧外患,国库空虚,向比利时合股公司贷款,京汉铁路通车以后,在义和团运动的影响和全国人民纷纷要求收回铁路主权的压力下,清政府几经周折,终于在1909年1月,拨官款500万两白银,并向英国汇丰、法国汇理两银行借款5万英镑,还清了京汉铁路借款,把铁路赎回,收回京汉铁路管理权。

京汉铁路的全线贯通,打破了仅依赖于水道与驿道的传统交通网络格局,武汉从此迈入了火车、轮船齐发,东可至上海,西可达重庆,北可进京城的水陆联运时期。闹市区不再局限于长江边的租界一隅,沿铁路线的迅速繁华对汉口城区面貌的改观颇有影响,就连"草庐茅店,三五零星"的硚口至谌家矶一带,也变得"三十里几比室直连矣"。京汉铁路的全线贯通,改变了武汉在近代中国经济布局中的格局,武汉在长江流域中不再仅充当横向传导的角色,纵向的铁路线在缩短了时间和距离的前提下,还增加了成百上千的运载力,这更加有力地推动了汉口商业贸易的发展。当时,一位到过汉口的英国人曾感叹,中国"内地商人很快地利用起这一改善了的交通条件",通过汉口把湖南、湖北,河南等省的农产品迅速散往全国各地。1926年,汉口开行的客货列车增多,汉口—北京特别快车每周由1列增为3列,汉口至花园、孝感、祁家湾开行普通客车及客货混合列车。

公元1896年10月,清政府下旨修建粤汉铁路。但因耗资巨大,进程缓慢,工程于1900年7月动工,直到1936年8月,粤汉铁路全线1059.6

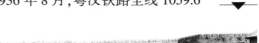

▼ 粤汉铁路

公里才竣工。当年9月1日,从武昌开出了直达广州的第一趟列车。京汉铁路与粤汉铁路相继建成通车,汉口和武昌也都有了铁路,但被长江天堑所阻隔。其间,20多年的时间里,京汉铁路线上的火车,在武汉都

京广铁路
武汉段

要靠轮渡过江到武昌,才能与粤汉铁路对接。

新中国成立后,在党和政府的关怀下,武汉市的铁路建设取得了突飞猛进的发展。1957年10月武汉长江大桥建成后,京汉、粤汉两铁路连通,11月被命名为京广铁路,至此,纵贯全国的南北铁路大动脉全线贯通。由于运输量的激增,1955—1988年间陆续修建复线工程,而且实现了采用电力机车牵引列车。京广线南运货物以煤炭、钢铁、石油、木材及出口货物为主,北运货物主要是有色金属矿产品以及粮、糖、茶、水果等农产品和进口货物。

(2)京九铁路

京九铁路于1996年9月建成通车,铁路线虽不经过武汉,但从武汉至京九铁路线上的麻城建有联络线,京九铁路连接北京和香港九龙,途经京、津、冀、鲁、豫、皖、鄂、赣,铁路沿线资源丰富,有粮、棉、油产区,有众多的矿产资源,武汉进行工业生产所需要的原材料可以通过京九铁路及其联络线源源不断输入,而生产出的产品也可通过京九铁路销往北京、香港等国际大都市。

(3)长荆铁路

长荆铁路于1998年11月正式开工建设,2002年10月全线竣工通车,至2008年7月电气化改造启动。长荆铁路沿线不仅是我国的主要粮棉油生产基地,同时蕴藏着丰富的石油和大量的磷、石膏、盐等矿产资源。长荆铁路连通汉丹、焦柳铁路,缩短武汉至荆门铁路运输距离208公里,使沿线的原材料运入武汉的速度更快,成本更低。

(4)汉丹铁路

汉丹铁路1958年10月开工,1966年通车,从武汉市汉西站北咽喉引出,向西经孝感(长江埠、云梦、安陆)、随州、襄阳、老河口至湖北省丹江口市丹江站,全长412公里,货运为主。

近年来,陆续修建了多条通过武汉的高速铁路,如京广高铁、沪汉蓉高铁、合武客运专线等,更彰显了武汉的枢纽地位。

2.火车站点

(1)武昌站

武昌站始建于1916年,地处京广线的中段,位于京广线、武九线和汉丹线的交汇处，曾先后称通湘门站、宾阳门站、武昌总站、武昌南站，1957 年武汉长江大桥建成通车后，改名武昌火车站，是一个以客运为主，客货运兼营的综合性特等车站。2006 年武昌火车站开始改造，按照最新的客运服务理念设计和建设的现代化大型客运车站，是中国重要的铁路枢纽之一。

▲ 武昌
火车站

（2）汉口站

汉口站旧称大智门火车站，是京汉铁路的南端终点站，20 世纪初，这个当时亚洲最雄伟、最现代化的火车站，被视为京汉铁路全线最耀眼的亮点。

1991 年 10 月 1 日，新的汉口火车站建成，同时大智门火车站停止使用。新汉口火车站改造于 2008 年，属于客货运混合站，可办理旅客行李、包裹托运，以及整车货物发到。汉口站外观为欧式风格，现为全国最大的欧式车站。

（3）武汉北站

武汉北站也称武汉北编组站，是全国主要路网性编组站之一，也是亚洲最大的编组站之一，位于武汉市黄陂区横店乡境内，2009 年 5 月 18 日正式投入使用。该站按双向三级七场规模建设，主要承担京广线、武合线及麻汉线车流和汉丹线、武九线至江北地区以及更远方向的车流。

（4）武昌南站

武昌南站原名新余家湾站，建

▲ 改建后的
汉口
火车站

编组站

从事铁路货物列车编组和解体作业的车站，编组站通常建在有大量列车编组和解体，以及铁路交会点处。在有铁路作业的港口或大型企业常建有港前或与企业接轨的编组站。站内配有机务段和车辆，供办理列车到达

作业用的到达线，办理列车发车作业用的出发线（或设兼有到达线和出发线功能的到发线），办理货物列车解体、集结和编组作业用的调车线（又称编组线），供调车机机车牵出车列进行解体、编组等调车作业用的牵出线和驼峰等设施。

于 1969 年,是武汉铁路枢纽中的主要编组站之一。现为一等站,承担京广线上行货物列车及枢纽内小运转列车的编解作业任务,主要负责汉丹线、武九线至江南地区、株洲方向及京广线上行部分车流。

(5)武昌北站

武昌北站原名徐家棚站,始建于 1919 年,1950 年 8 月正式更名为武昌北站。现为二等站,办理旅客行李、包裹托运,整车、零担、集装箱货物发到及办理整车货物承运前保管。

(6)新洲站

新洲站 1996 年 9 月 12 日通车,,设有客运站、货运站、工务工区、信号楼、线务工区、给水所,为京九铁路途经武汉市唯一车站,国家三级站。客货运输上至北京,下至香港九龙。

二 星罗货站

如今武汉市的公路网络纵横交错,大小货站星罗棋布地坐落在公路边,为客户提供各种物流服务。

1.公路线路

武汉公路运输事业始于 20 世纪 20 年代,均为商绅集资修建,或沿旧驿道走向加宽,或利用长堤,或租用废弃铁路路基,修成简易公路。当时商办公路里程仅为 200 余公里,运输车辆 54 辆。20 世纪 30 年代,国民政府为所谓"剿共"军事需要,召开苏、浙、皖、赣、鄂、豫、湘 7 省公路会议后,武汉近郊公路增达 400 余公里,5 条出口公路粗具雏形。当时私营汽车行经营市外货运时随行就市,无专营线路。1946 年抗战胜利后,私营汽车运输商行规模较大,其运输线路形成市外长途和市内短途两部分。市外长途方面营运线路有 3 条:鄂中线由汉口发车,经应城、皂市、天门、沙洋到沙市、宜昌等地;鄂北线由汉口发车,经云梦、安陆到襄樊、老河口等地,可至陕西自河、安康、河南的邓县、南阳;鄂东线由汉口发车经黄陂、黄冈、黄安(今红安)、麻城、广济到宣化店等地,主要进行百货、土产等货物运输。市内短途方面,集中在汉口闹市的沿江、沿河和铁路的水陆码头一带。按货物流量流向形成沿江线、沿河线、铁路线 3 条线。沿江线集中在招商局(今王家巷至武汉关)、原英商一至七码头(今武汉关以下兰陵路以上)以及和平、隆茂、穗丰、汉口 4 家打包厂和新太栈等厂栈,主要承运上下江海货轮和进出货栈的百杂货、棉花、布匹、食盐等货物。沿河线集中在集家嘴、利济路和硚口3个汉水码头,主要承运木船运销的粮食、木材、煤炭、杂货和建筑材料等货物。铁路线集中在大智门、循礼门车站转运公司码头一带,主要承运火车集散货物。

直到1949年新中国成立之后,武汉的公路事业才得到较大发展,特别是改革开放之后,公路的建设获得极大发展。现在通过武汉的国家级高速公路有京港澳高速公路、沪汉蓉高速公路、大广高速公路、沪渝高速公路、福银高速公路,省级高速公路有岱黄高速公路、汉孝高速公路等13条,武汉内环线、二环线、三环线、外环高速等城市环线,通过武汉的国道有106国道、107国道、316国道、318国道。2011年年末,武汉公路通车里程13103.29公里,其中,等级公路12775.49公里,高速公路617.40公里,公路路网密度163.20公里/百平方公里。

2.公路货站

为了适应货运市场发展需要,发挥货运企业第三方物流功能吸引货主及车主进场交易,为货主提供理货、仓储、运力、办理货运手续全方位服务,为车主提供信息、停车、食宿服务,武汉市对全市货运站场进行新(扩)建、改建,重点发展货运有形市场和货运站。武汉市现有湖北公路货运市场、汉阳货运站、黄浦路客货运输市场、竹叶山货运市场、硚口西大门货运市场、洪山神风货运市场、宏基货运市场、通达货运市场等货运站点。

湖北公路货运市场也叫唐家墩货运市场,位于新华下路141号。1996年初,由湖北汽车运输总公司投资300万元创办,设计年货物吞吐量84万吨。公司运输经营通达全国各地,开展通达全国各地的货运代理服务和货运信息交易,形成货运网络,成为华中地区最大的具有全行业服务功能的货运中心站场,集整车、大件、集卡、装卸等运输及货运代理、货运信息、回程配载、停车、住宿、餐饮、仓储、加油、修车为一体,年货物运输交易额占武汉地区货物运输总量的50%。该货运市场在全国各主要城市设有经营网点,形成省内外纵横交错、点面结合的货运经营服务网络和信息平台。

汉阳货运站位于武汉市汉阳琴台路41号。1986年由湖北汽运公司兼并原武汉人防水泥厂后,将货运第一公司调驻汉阳该厂原址组建。达到国家二级货运站标准,成为湖北汽运总公司在武汉三镇的重要货运基地之一。

黄浦路客货运输市场位于汉口黄浦路西侧，与武汉长江二桥紧邻。1995年12月15日建成开业，是武汉市第一家集客货运输、仓储代理、停车食宿为一体的有形客货运输市场，货物流向安徽、浙江、广东、江苏、河南等地。

由于很多的货运站和货运市场都在武汉市内，已经影响到了市内的交通，2011年6月 武汉综合枢纽与物流中心建设规划会议敲定"客内货外"的江城综合交通枢纽新格局，即三环以内发展客运，三环以外发展货运。武汉市规划建设货运枢纽场站48个，其中，以航空、铁路、港口、公路站场为依托，辐射国际或全国的特大型货运枢纽有7个，分别布局新洲阳逻、青山白浒山、东西湖吴家山、江夏大花岭、黄陂滠口和武湖等地。武汉规划建设的货运枢纽，将突出强调铁、水、公、空等多种运输方式的高效衔接，以及各货运站场之间的无缝对接，政府将优先保障综合性交通枢纽的用地和建设协调。

三　楚天九州

武汉的物流业已经从单一的陆路运输、铁路运输、航空运输或水路运输，发展成为以武汉为中心的物流圈。武汉物流圈是以武汉市为中心，以周边100公里内的黄石、鄂州、孝感、黄冈、咸宁、仙桃、潜江、天门等8个城市(武汉1+8城市圈)为经济腹地，构建服务于本区经济发展和产业分工协作的物流网络。作为华中物流圈的核心，形成内联荆宜、襄十物流圈辐射国内各大经济区的能力。武汉市政府也抓住机会把武汉市打造成中国的物流中心和华中地区货物的集散地。

1.物流园区

武汉市的主要物流园区有武汉保税物流园区、汉阳经济开发区医药物流园、武汉阳逻港物流基地、东西湖城市配送型物流基地、汉口北大市场、沌口物流基地等十个。

(1)武汉保税物流园区

武汉保税物流园区位于京珠高速公路与107国道立交的西南侧、东西湖区汉丹铁路朱家台车站的北侧。规划范围东起京珠高速公路，南至汉丹铁路，西达十二支沟，北抵107国道，与规划中的食品加工区相邻，占地面积约 4500 亩。重点发展汽车、机械专业大市场和大物流,形成交通枢纽型和城市配送型并蓄的物流园区。

(2)汉阳经济开发区医药物流园区

汉阳经济开发区医药物流园区位于中环线以东,运用现代物流技术和信息技术,为广大医药生产企业提供一体化高效低成本的第三方物流服务。一方面通过资本经营和资产重组,建立起一批以资产为纽带的医药商业公司网络,另一方面,将以一种全新的商业模式和理念对华中地区乃至全国的医药流通业务进行整合。项目内容包括:医药仓储配送中心、展览交易中心、信息交流中心、综合服务中心及其他配套项目。

(3)武汉阳逻港物流基地

武汉阳逻港物流基地包括武汉阳逻国际集装箱转运中心、阳逻货运站、阳逻多用途通用码头、阳逻煤码头、武汉阳逻港物流园、口岸联检大楼等,总计投资约 9.8 亿元。阳逻港物流基地具有比邻外环高速公路,连接"两线"(京广、京九铁路)、通达"两港"(深水港、航空港)的集铁、公、水、空、管于一体的立体运输网络优势。

阳逻港

阳逻港是长江中游最大的深水港口, 常年可停靠 5000 吨级以上轮船。为打造亿吨级国内最大内河航运港,国家特批设立武汉新港管委会。目前,武汉阳逻国际集装箱转运中心已完成一期投资 3 亿元,建成 2 个国际标准万吨级集装箱泊位。

国家粮食现代物流基地和国家稻米交易中心项目, 总投资 20.67 亿元,计划用地 2000 亩,2008 年 7 月 19 日在阳逻动工。可实现粮油年加工量 150 万吨,交易流通量 100 万吨。

武汉煤炭物流配送中心,总投资 4 亿元,占地 700 亩,年吞吐量为 2000 万吨,可实现销售收入 100 亿元。武汉市在阳逻建成第一个煤炭储备基地,改变武汉用电高峰期煤炭紧张状况。

(4)东西湖城市配送型物流基地

东西湖城市配送型物流基地内已有中百吴家山物流配送中心、医药物流配送中心、武汉农产品物流配送系统、武汉吴家山货运中心、湖北桥通汽车交易中心、西汉正街建材商贸物流中心、武铁铁路集装箱节点站

吴家山
物流中心

等,总计投资约 59.5 亿元。从 2005 年起,该区着手兴建高桥物流园综合物流基地、武汉国际采购仓储中心等多个重点物流项目,目前已成功引进了以长江智能、台湾大荣、捷龙物流公司、香港招商局等为代表的 20 多家物流企业,物流业务覆盖华东、华南、华北、华中四大区域。

2006 年,东西湖区成为湖北省公路二类口岸、湖北省电子口岸和国家铁路口岸。该区依托复合交通优势以及密集的物流网络和发达的物流产业优势,提高外向型经济发展,并且充分利用周边机场、港口资源,建立空港联运,一个"大物流、大通关"格局日趋形成。

武汉东西湖保税物流中心获得国家批准,成为华中地区首个运营的保税物流中心。根据《东西湖区保税物流经济发展规划》,将来东西湖区将以保税物流中心为地域核心,建设保税物流经济核心区、保税物流经济延伸区和保税物流经济辐射区,打造中部地区现代物流"航母"。保税物流经济核心区面积为 12.7 平方公里,汇集保税物流中心、外向型制造业及总部聚集区、现代服务业、武汉铁路集装箱中心四大功能板块,集成口岸、商检、税务、外汇结算等联检部门,重点发展保税物流和保税加工。保税物流经济延伸区面积 180 平方公里,主要包括台商产业新城、吴家山新城、泛金银湖生态新城三大板块。通过保税物流中心平台的运作,建立健全的物流供应链,促进区内机电制造、食品加工、现代物流、总部经济、服务外包等产业联动发展。保税物流经济延伸区面积 180 平方公里,主要包括台商产业新城、吴家山新城、泛金银湖生态新城三大板块。通过保税物流中心平台的运作,建立健全的物流供应链,促进区内机电制造、食品加工、现代物流、总部经济、服务外包等产业联动发展。

(5)汉口北大市场

汉口北大市场位于黄陂汉口北大道两侧,投资 20 亿元,占地 2500 亩,是全国最大钢材交易中心,主要包括商务交易区、钢材超市区、露天堆场区、金属材料加工区、质押库、有色金属室内库、汽车物流区、配套管理区等功能区域,该中心设置 6 条场内铁路专用线。

(6)沌口物流基地

沌口物流基地以沌口武汉经济技术开发区为依托,与京珠、沪蓉高速公路相连接,且有铁路专用线接轨京广铁路,涂家巷码头可进行水运。以汽车物流为核心功能,涵盖整车分拨、零部件采购(含国际采购)、仓储、分拨、汽车信息、零配件加工及配送的全国性汽车物流基地。基地内在建和拟建项目有武汉郭徐岭物流中心、万商云集物流中心、武汉海天汽配大世界、武汉龙阳汽车工贸中心、沌口开发区大件通用码头、汉阳集装箱港区改扩建工程等,总计投资约16亿元。

(7)"后湖—丹水池"物流基地

"后湖—丹水池"物流基地由丹水池物流基地、竹叶山市场群和正在兴建的后湖汽车商贸城组成。该物流基地集铁路、公路两种运输方式于一体,规划建设以生产资料与汽车服务业为主的配送型物流基地。基地内规划拟建项目有丹水池物流基地竹叶山市场群、增建13000平方米数字化彩板库、武汉出版物物流中心等,总计投资约35.9亿元。

(8)关山物流基地

关山物流基地位于东湖高新技术开发区,与武汉外环公路及沪蓉高速、318国道相连,开发区内分布有信息、通讯、新医药、新材料等高新科技产业及新型工业化产业。关山物流基地将以高新技术开发区为依托,建成服务于高新技术产业和新型工业的配送型物流基地。基地在建项目有关山物流园等,总计投资约1.6亿元。

(9)烽火物流基地

烽火物流基地位于武昌区,由中储662库、钢材市场、武汉商贸仓库、中铁仓储等组成,占地约1200亩,主要经营钢材的仓储、分拨、流通加工,并建有武汉市最大的木材交易市场。该物流基地可建成华中最大的集钢材交易、仓储、配送、流通加工、运输、信息为一体的加工型物流基地。基地规划拟建项目有恒钢物流基地、张家湾货运站等,总计投资约2.7亿元。

(10)武汉航空机场(国际)物流基地

武汉航空机场(国际)物流基地以武汉天河机场为基地,依托湖北高新技术加工制造产业,拓展航线范围,集合口岸功能,发展航空快递物流。初步规划在武汉市黄陂区盘龙新城,建立华中地区最大的具有保税加工区功能的国际航空物流基地。武汉天河国际机场新航空货站总面积

2.14 万平方米。

2.物流企业

武汉市因其特有的地理位置,一直是物流企业的集聚地,现有四家 5A 级物流企业,分别是华中航运集团有限公司、武汉商贸国有控股集团有限公司、九州通医药集团股份有限公司、武汉捷利物流有限公司。

(1)华中航运集团有限公司

华中航运集团有限公司(简称"华航集团")是一个具有货物运输、船舶管理、货运代理、港口装卸和仓储配送等多功能的跨地区、跨部门、跨行业的综合性企业集团,是华中地区第一家 5A 级综合物流服务型企业,湖北省物流企业 30 强,系国家大型(二类)水运企业。

华航集团现有全资子公司(分公司)9 家,控股公司 3 家;拥有先进的沿海海船运力、内河自航船运力、江海直达船运力、特种船舶运力 17 万吨;拥有长江水系最大的万吨级船队;拥有入籍加盟、联营掌控、长期合作的船舶运力达 50 余万吨。拥有机械化作业码头 10 座;拥有一座 3 万余平方米的仓库群;拥有直达港口码头的 8 股道铁路专用线;在国内沿海和长江沿岸中心城市设有 38 个营销分支机构,与沿海和长江各港口的企业建立了良好的合作关系。与国内沿海、长、汉江流域近 60 家冶金、化工、粮油、能源、建材企业订有常年运输合同,并与韩国及新加坡等国家的大型企业有业务往来。有一套完善的安全生产管理体系,有一大批懂政策、会经营、善管理的高中级物流人才,有一支技术精湛的适合国际、国内航线运输"海证、江证"双证合一的海员队伍。

华航集团正由传统的港航水运物流企业向现代综合物流服务企业转变,船舶管理、货运代理业务不断拓展,水运物流产业链不断丰富和完善,充当起物流整合运营商的角色,不断创造和满足不同客户的不同需求。

(2)武汉商贸国有控股集团有限公司

武汉商贸国有控股集团有限公司是 2000 年 6 月在原武汉市工业品集团、副食品集团和市属粮油贸易企业基础上组建的国资营运机构,2002 年 12 月与武汉市物产控股集团合并组建新的商贸控股集团。注册资本人民币 6.14 亿元,现有企业 23 家,资产总额 72.85 亿元。

武汉商贸集团已经成为一家以综合物流服务为主业的大型综合性集团公司。集团公司网点遍及武汉三镇及全国部分省 (市),占地面积

3000 余亩,拥有 14 条铁路专用线,1 个水运码头专用泊位,总面积 46 万平方米的大容量仓库,为中部地区最大的冷库和食用油存储库。形成了都市冷链、建材、铁路集装箱、轿运、食用油加工配送、钢材加工配送、商贸物流配送、应急储备供应和信息集成服务等 9 大物流板块,进入中国物流 50 强。

(3)九州通医药集团股份有限公司

九州通医药集团股份有限公司成立于 1985 年,是一家以西药、中药和医疗器械批发、物流配送、零售连锁以及电子商务为核心业务的股份制企业,是湖北省最大的民营企业,在全国近万家医药商业企业中位列第三名、中国民营医药商业企业第一名,入围中国企业 500 强,2010 年 11 月在上海证券交易所挂牌上市,是在中国医药商业行业处于领先地位的上市公司。

九州通医药集团形成了独具特色的物流管理、供应链管理、医院管理三大产品线,拥有完善的品种结构和丰富的客户资源,经营品规达 160,000 多个,取得了国内 131 种药品的全国或区域总经销或总代理资格。至今为止,已在全国 22 个省会城市设立了省级子公司(大型医药物流中心)、在 29 个地级市设立了地级公司 (地区医药物流配送中心)及 400 多个终端配送点,形成了覆盖全国大部分县级行政区域的物流配送网络。目前,九州通医药集团是国内唯一具备独立整合物流规划、物流实施、系统集成能力的医药分销企业,并取得了 20 多项自主知识产权,在现代物流技术和信息技术方面处于国内领先、国际一流的地位。

(4)武汉捷利物流有限公司

武汉捷利物流有限公司成立于 2003 年,是一家集货物运输、仓储、包装、流通加工、配送、货运代理、装卸、信息管理等多功能于一体的综合型物流企业。

捷利物流目前拥有东西湖、沌口经济开发区两个物流基地;三个物流配送中心,运输网络辐射全国,网点集散功能优势明显。自创建至今,先后吸引了格力、TCL、美的、东芝、科龙、西门子、苏宁、伊利、蒙牛、百威啤酒、可口可乐、百事可乐、旺旺、金红叶、清风、心相印等众多世界 500 强或国内知名企业,使公司一跃成为服务过硬、实力雄厚、效益好、信誉度高的第三方物流企业。

捷利物流是武汉市乃至华中地区第一个建立"第三方物流信息管理

系统"的物流企业,实现了网络信息化管理,电子单证管理、货物跟踪均达到 100%,并通过了"北京中物联联合认证中心"ISO9001:2000 质量管理体系认证。

武汉市知名的物流企业除了以上四家 5A 级的物流企业之外，还有武汉港务集团、武汉市大道物流有限责任公司、湖北远成物流发展有限公司、武汉市忠源物流有限公司、武汉顺达物流货运快运公司、武汉天虎物流有限公司等几家。

第三节 神州天元

武汉不只有四通八达的陆路交通和两江交汇处的水路资源,武汉的航空事业也蒸蒸日上。

一 天河繁星

武汉的民用航空运输始于 1929 年 10 月 21 日，中美合办的中国飞运公司首开汉申线(上海—南京—汉口),由两架洛宁式飞机从上海、汉口两地同时起飞,载运邮件和旅客。30 年代初,中国航空公司和中德合办的欧亚航空公司相继在汉口设立办事处,经营航空运输业务。两家公司开辟上海—南京—汉口—重庆、北平—太原—洛阳—汉口—长沙—广州两条中国重要的航线。欧亚航空公司还曾开通汉口—香港航线。1938 年武汉沦陷后,日伪合办中华航空株式会社汉口办事处,经营航空运输业务。此外,美国第十四航空队队长陈纳德将军于 1946 年在中国组建"陈纳德将军空运队",该队曾在汉开办两条航线。

新中国民航于 1950 年恢复通航,武汉即为主要经停机场。随着经济、社会的发展,武汉民航飞机逐步增添,机场设施逐步扩建,新辟航线逐渐增多,随着需求的增长,武汉的机场也在随之变化。武汉的第一座机场是修建于 1931 年的汉口王家墩机场,随后在 1936 年和 1943 年,先后修建了武昌南湖机场和徐家棚机场,这两座机场均为军用机场(1947 年徐家棚机场曾划为民航机场,军民共用)。

王家墩机场位于汉口中心地带,始建于 1935 年,汉口机场以军用为主,民航运输为辅。其后屡次扩建,1950 年由空军接管,1993 年更名为空军汉口机场,同年底,空军批准同意武汉航空公司在该机场开办民用航空业务。随着城市建设进程加快,机场设施很难适应中心城区功能需求。1997 年 3 月,武汉市政府决定,搬迁王家墩机场。2006 年底,王家墩机场起降最后一架飞机。

南湖机场始建于 1936 年,是当时的国民政府修建的军用机场,占地4000 多亩。1951 年 8 月 1 日,南湖机场作为武汉的民用机场开始起降飞机。1978 年改革开放后,南湖机场的客流突然增大。伴随着客运市场的火爆,货运也迎来一次小阳春。20 世纪 80 年代中期的南湖机场,已成为一个粗具规模的中型现代化机场,是湖北省最大的民用航空港,也是国内航空干线的重要枢纽之一。但由于跑道偏短,南湖机场几十年来起降过的机型大多是中小型飞机。1987 年 12 月 24 日,武汉至香港的包机首航成功;1992 年 10 月 31 日,北京—武汉—昆明—万象国际航线开通,武汉有了第一条正式的国际航线。1994 年,南湖机场完成旅客吞吐量 108 万人次,货物吞吐量超过 2 万吨,是南湖机场通航 44 年来客货流量最多的一年。次年,随着天河机场的投用,南湖机场也宣告完成历史使命。

武汉天河机场一期工程于 1990 年 12 月 16 日破土动工,1995 年 4月 15 日作为国家一级民用机场正式开航启用。改革开放总设计师邓小平亲笔题写了武汉机场场名。武汉机场因坐落在武汉市黄陂区天河街境内,故名"武汉天河机场"。作为湖北省最大的机场和国内主要的干线机场,也是中部地区唯一能够起降空客 A380 大型飞机的机场。天河机场总体规模居中西部地区首位,除增开武汉至国内大中城市的直达加密航线外,支线航线和国际中转联程航线也将得到进一步的完善和拓展;此外,东海航空开辟了中部地区首条直达香港的全货机航线,友和道通航空公司 3 架波音 747 大型全货机进驻天河机场, 开通了武汉—马德拉斯国际全货机业务; 机场三期扩建工程也在积极推进之中。

随着武汉天河机场三期扩建,国航、东航、南航、海航、友和道通等五大航空公司聚集发展, 为武汉临空经济区这样一个焕发着勃勃生机

武汉
天河机场
▼

的区域注入了新动力,使之国际化程度更高、开发程度更深,将会吸引更多的国际知名制造企业落户,形成临空型产业群。武汉市的临空产业群正重点推进"2+3产业工程"体系,即以航空运输、航空物流两大主体产业为支撑,努力拓展现代制造、高新技术、现代服务三大优势产业。在航空物流上,形成了以保税物流园区建设、现代物流园区建设为主导的产业功能园区布局;在现代制造业和高新技术产业上,以飞机维修、飞机附件制造、新材料、新能源、电子显示等为主体的现代制造和高新技术产业正成为促进临空经济发展的主力军。如今的天河机场为4E级机场,是华中地区唯一的综合枢纽机场和最大的飞机检修基地。

武汉临空经济区处武汉主城以北,距中心城区18公里,位于东西湖公路物流中心、武汉新港阳逻港区和横店铁路货场的中心位置,形成立体交通有效补充、紧密衔接格局,其中:武汉天河机场是国家民航总局规划的国内六大大型复合门户枢纽机场之一;临空经济区周边密布福银高速(汉十高速)、京港澳高速、沪渝高速、武汉外环、机场路、318国道、岱黄路、横天路、孝天路、川龙大道、汉口北大道等纵横交错的高速公路;最大的普铁、快客"双十字"铁路在此交汇,已经投入运营的亚洲最大编组站和正在筹建的铁路货站距此不到15公里;武汉新港核心港区阳逻深水港距此不到30公里。充分利用这一铁、水、公、空立体交通体系优势,可以集成包括航空、铁路、公路、水路等多式联运技术。

二　盘龙巨贾

大约3500年前,长江流域的第一座古城——盘龙城诞生,这是长江流域最早的一座古城,也是长江文明的重要组成部分,这里发掘出的古城宫殿遗址与河南郑州二里岗商文化遗址中出土的铜陶文物完全一样,表明在3000多年前,长江和黄河两大流域已经开始进行过经济、文化的交流与融合,长江文明和黄河文明一样,是中华文明的摇篮。

盘龙城遗址是在1954年被发现并试发掘的,与安阳殷墟、临渝秦陵及兵马俑坑、新疆楼兰古城等重大考古发现拥有同等显赫的地位,为世人所瞩目。有关盘龙城的最早图文记载,出于清同治九年(公元1870年)的黄陂《张氏家谱》,谱云:"宋元鼎革之际,吾祖德一携弟国四,由江右饶州余干迁徙楚黄陂,落住陂南盘龙城。"(《中华族谱集成》)在张氏家谱上，还附有一张地形图，详细地描绘
有盘龙城的四个城门，以及东边的
盘龙湖和西北的护城山。1988 年，盘
龙城被国务院确认为全国重点文物
保护单位，现更被誉为"华夏文明南
方之源，九省通衢武汉之根"。盘龙
城南滨府河，东北为盘龙湖所环，西
北是一带土岗。这种三面环水的地

▲
武汉市盘
龙城遗址
复原图

形极有利于舟船往来。由于舟楫之便，商人建立了长江中游最早的城邑。
南下的商代臣民，渡大江去湖南、江西各地，沿长江西上江陵，或是北上
商城都必须经过盘龙城。因为盘龙城在水上交通中具有重要地位，于是
逐步发展成一座具有政治、经济意义的古城。

　　盘龙城遗址现位于长江北岸的武汉市盘龙城经济开发区，距武汉市
区仅 5 公里。城址坐落在整个遗址的东南部，平面形状略呈方形，南北长
290 米，东西宽约 260 米。盘龙城是商王朝南征的据点，也是其控制南方
的战略资源的中转站，其城墙外陡内缓，易守难攻，军事目的较为明显，
后来不断发展成为商王朝在南方的军事、政治中心。近年来，随着长江文
明研究的深入，专家学者们惊奇地发现，盘龙城位于世界古代文明带中
轴线——北纬 30°线上，与同一文明带上的古埃及金字塔、犹太教的圣
城——耶路撒冷、"神之门"（巴比伦都城）交相辉映，它的地位越来越引
起海内外的关注。

　　盘龙城因盘龙湖而得名，为土筑城垣，在 1954 年以前还是一座高出
四周地面 6~7 米的土城，四面城垣中部皆有一城门豁口，可能即是城门，
经此豁口才能进入城内，这是目前我国古代留下的最完整的古城，城垣
外有宽约 14 米，深约 4 米的城壕。20 世纪末，人们在盘龙城当地一个名
叫王家嘴的地方筑堤时，堤刚筑好就垮了下去，如此反复数次，后经中国
地质大学物探专家探测发现，地底下全是淤泥，那里原来是一条数百米
的古河道。专家们又在王家嘴发现了一个码头，附近的湖中到处是古代
器皿。表明当时盘龙城刚兴建时位于长江边，后来人们防洪修堤，将江水
束缚在河槽内，盘龙城逐渐远离了江边。

　　盘龙湖位居汉口北郊，千余亩水面拥抱着盘龙古城。3500 年前的交
通主要依靠水路，而盘龙城正好通过盘龙湖沟通江河，成为我国联通南

北、纵横东西的"九省通衢"。从这里出发,通过古代黄金水道府河及湖北黄陂境内的干流滠水、漂水,穿越大别山、桐柏山的隘口,往北可直达商朝王都郑州;又可出长江,入汉水,淌过随枣走廊,跨越南阳盆地,通往关中地区;往西亦可通过长江、汉江抵达巴蜀;往南则直达江汉,并借洞庭湖、鄱阳湖及其干流通往江南诸省;东乘长江一泻千里,又可沟通吴会,通江达海。

盘龙城具有区位、交通、历史人文三大优势,连接市区的盘龙大桥和区内纵横的交通网已经建成,区内的现代制造、科技产业、旅游休闲和生态居住功能粗具雏形。目前,武汉市政府决定把盘龙城建成为继武昌、汉口、汉阳之后的"武汉第四镇",盘龙城正逐步成为宜居宜业的新城区。

盘龙城综合运输系统的优势使之非常适合发展物流业。盘龙城区域汉口北专业市场将成为继鲁巷、汉阳四新和阳春湖地区之后武汉市的第四个城市副中心,即在楚天大道、巨龙大道沿线,依次排列有汉口北国际商品交易中心、华中国际家居城、国际轻纺城、农产品配送中心、中药材城、建材大市场、图书音像大世界等10大专业批发市场。该市场集群总投资约180亿元,可形成年产值达500亿元的中国最好、中部最大的现代化、商场化、集群化、楼宇化、总部化的"五化"联动专业市场。2011年,汉正街整体搬迁汉口北,而盘龙城恰好处在汉口商圈的最北端,使汉口北成为武汉市新的经济增长点。2013年8月,武汉市将投资29亿元建设以盘龙城遗址保护为核心的考古公园。

第六章

六市融渝——重庆

重庆简称巴和渝,地处中国中部地区和西部地区的结合带上,"西连三蜀,北通汉沔,南达滇黔,东接荆襄",地理位置十分优越。诗仙李白曾咏叹道:"朝辞白帝彩云间,千里江陵一日还。两岸猿声啼不住,轻舟已过万重山。"描述了重庆水上的美丽风景和舟楫的轻快。

重庆的交通运输具有重要的地位,至重庆被列为直辖市以来,重庆交通运输的发展突飞猛进,迈上一个新的台阶。

第一节　交汇三江

李白的《巴女词》云:"巴水急如箭,巴舟去若飞。十月三千里,郎去几岁归。"当时重庆一带水上运输船速之快、行程之远、航线之长跃然纸上。流经重庆最主要的河流有长江、嘉陵江、乌江。重庆航运就是借助这良好的地理条件优势,在历史的长河中逐渐发展起来的。

一　坐拥三江

嘉陵江、乌江两大支流穿过重庆分别从北、南两岸注入长江,长江干流自西向东横贯全境,流程长达 665 公里,横穿巫山三个背斜,形成著名的瞿塘峡、巫峡、西陵峡,即举世闻名的长江三峡。长江、嘉陵江、乌江一干两支承担了重庆市 90% 以上的货运量。重庆市中心城区为长江、嘉陵江所环抱,夹两江、拥群山,山清水秀,风景独特,各类建筑依山傍水,鳞

次栉比，错落有致，素以美丽的"山城"、"江都"著称于世。特别是美丽迷人的"山城夜景"，每当夜幕降临，城区万家灯火与水色天光交相辉映，灿若星河，蔚为壮观，堪称奇观。

2009年，四川省环绕重庆腹地经济区块的6个市（包括达州全市、广安市、泸州市、资阳市、内江市、遂宁市）全部或一部分共计11市（县）作为承接重庆都市圈辐射的配套产业集群，打破了行政区划限制，主动融入重庆"一小时经济圈"，打造川渝经济合作的桥头堡，即"六市融渝"。使重庆发往这些地区的货物以及回程的货物运输的速度更加快捷，促进了重庆市物流的发展，增强了重庆作为西南地区物流的枢纽地位。

1.历史悠久的重庆港

重庆在两万多年前就有人类活动，是四川最早形成的港埠之一。长江、嘉陵江及其主要支流，水量充沛，四季不冻，发展水运的条件十分优越，所以重庆有历史记载以来，水运一直是重庆对外运输的主体，重庆港也逐渐地发展起来。

公元前475年，周朝的封国巴子国在此建都，因重庆地处长江和嘉陵江的交汇处，三面环江，犹如水中半岛，故称江州，开始出现原始的商品交换，并逐渐发展起来。此后，历为郡、州、府、路治所，在政治和经济上的地位都很重要。当时重庆地区巴族人民的生活与水上运输的关系是非常密切的，古籍中曾多处有巴族"乘土船"的记载。巴族人生活的区域生产盐，当时的食盐乘船顺江而下，供给长江中下游的广大地区，而东部的稻米则朔江而上作为交换，据历史记载，巴族人也是我国最早的商业民族。

秦灭巴后，设立巴郡，秦惠文王5年(公元前314年)，张仪筑江州城，此为重庆筑城之始，也是重庆作为川江封建政治、经济中心的开始，为蜀郡、广汉、犍为等郡与吴、楚间水上交通的必经之地，有大量的舟楫停泊往来。秦汉时期，由重庆港出发，有4条通向全国的重要交通线：向东,沿长江可达今湖北省,经岳阳沿湘江而上,过灵渠,进西江到达近广西省和广东省;向南,沿长江由涪陵入乌江经彭水进入今贵州省;向西,由嘉陵江进入涪江,经绵阳至成都,或沿长江西上,入岷江至成都;向北,溯嘉陵江至广元,汉中,再经褒斜(褒河谷口至斜峪谷)古栈道,越秦岭而至今西安一带。这4条交通线都是以水上运输为主形成的。西汉元鼎二年(公元前115年),山东一带大灾,汉武帝诏令调运巴蜀粮食济灾,就是通过今重庆地区将粮食集中顺长江运至今湖北江陵再转运的。

蜀汉建兴四年(公元226年)都护李严驻防江州并新筑江州大城,在城内嘉陵江岸修建大片粮仓,囤积粮食,由水运转输军用,粮仓所在地名为千厮门,一直沿用至今。西汉时,川江水运较前有了更大发展,重庆人口增加,城区范围扩大,手工业和商业勃兴,货殖私庭、藏镪百万的富商大贾数不胜数。由于重庆拥有两江舟楫之利,在汉代,已发展成为货物集散的港口,结舫水居即达500余家,多以运输为业,为联结汉、沔、荆、襄的要津。汉代除巴蜀大量粮食出川经重庆港中转以外,蜀郡还和海外诸国通商,对外贸易路线顺长江而下,不少货物亦经重庆港中转,其中,包括运销吴、楚和远销日本,号称“冠天下”的蜀锦和蜀刀,以及畅销国内和远销印度、大食(今伊朗)等国的蜀布和邛崃竹杖等。

唐代,由于川江航运得到进一步的发展,船只设备也日趋完善,官客商旅多取水道,而位于长江上游的渝州(公元1190年前重庆的称呼),在安史之乱中,居户和人口数即成倍地增长。随着四川经济的发展和商品流量的增加,进出渝州港的船舶数量也随之增多,船舶载重量更不断扩大,使渝州成为“万斛船”的集运港,港区内的梁沱、唐家沱、郭家沱等地,水势平缓,水域辽阔,便成了停泊和吞吐“万斛船”的集运港。唐代渝州港通往国都长安的路线有4条:一是溯嘉陵江上行至广元,再转陆路到长安;二是顺长江下行到万县,再转陆路北上到长安;三是顺长江下行到湖北江陵,再北上到洛阳、长安;四是顺长江到扬州,再转大运河到洛阳、长安,也都是以水上运输为主形成的。唐代重庆港进出口的主要货物,除粮食和食盐外,其次为丝麻、纺织品、茶叶、纸张、食糖、丹砂等。

到宋代,渝州港又被称为“控两江之会,漕三川之粟,城为便利”。由

> **万斛船**
> 　万斛船也称万斛舟,相当于今天所说的“万吨巨轮”之类的说法。斛,古代的量器名,以十斗为一斛,也有以五斗为一斛的。“万斛船”或“万斛舟”,指的是能装载上万斛东西的舟船,是一种夸张的说法,表示船之大。

此可见,当年渝州港在水运上的重要地位。宋元时期,渝州为贡赋军需的集运港。宋灭蜀后,把富庶的四川当成国家重要的财源基地,乘机大肆搜刮,从水上运走大量珍宝财物,绢帛也是宋朝向辽国和西夏屈服纳贡和对外贸易的主要货物,单是朝廷在四川征收和购买的绢帛,每年即达100万匹以上,亦大多经渝州港中转,运往京师和河东地区,供官府及军需之用。南宋时期,三分之一的军粮仰赖四川水运供给,每年调运的川粮达150万石,而当时的渝州港,便是大量军粮的转运之地。四川是我国也是世界上种茶的发源地,茶叶产量,居全国之冠,南宋在四川设专管茶马贸易的茶马司,以茶叶交换西川边境少数民族的战马,每年二三万匹,成为宋朝战马最主要的来源;战马的纲运,取长江一线,经渝州港中转下运到各地供驻军使用,以维持其军事和国防的需要。南宋统治地区不到北宋的三分之二,而统治者的享乐苟安,穷奢极欲,军需糜费,以及一味的对金国屈辱求和,称臣称侄,献币纳贡,水上大量货物的运输虽给川江和渝州港造成一时的发达兴旺,但赋税之重,却超过北宋。蒙军攻蜀,宋元两军在四川持续40余年拉锯战,大多在水上进行,长江、嘉陵江均成了水上战场,军需给养的船舶往来不绝,航运和港口全为军事控制。

元灭宋后,先后在长江、嘉陵江、岷江、涪江、渠江一些地方屯田军垦,储备粮食,每年由重庆港集运出川的粮米,从未间断,以供军需。

明初,朝廷对四川的航道、栈道进行了整治,水、陆驿站大增,重庆港成为连接川西、川南、川北、川东等州府70个水驿组成的四川水运网的中心,并且西达云南、贵州,东至湖南、湖北、安徽、江苏,经重庆港运出的货物除生漆、青麻、水牛皮、牛佼、箱皮、山丝(野蚕丝)等山货外,大量运出的货物首推食盐,其次是茶叶和米。在重庆府域内的19个水驿中,朝天门水驿仍居重要地位,它不仅是四川水运网的枢纽,而且还是四川东部最重要的陆路枢纽,是重庆至成都的东路和重庆至贵阳的川黔大道的起止点。

明清时期,重庆为出川盐、粮的集散地和滇铜、黔铅的中转港,制盐业规模都相当大,清嘉庆年间,全川盐井发展到8680眼,盐井中心逐步移向自流井,自流井的川盐,经釜溪河入沱江再入长江,大量自长江上游调运至重庆集散。太平天国时期,成为川盐运输的鼎盛时期,咸丰三年(公元1853年)二月十日,太平军攻克南京后,长江货运中断,淮盐不能入楚,湘、鄂人民改食川盐,全用船装,初则2000引(每引50包,每包150

斤),后增至1万多引。光绪三年(公元1877年),四川总督丁宝桢改革四川盐法,在泸州设官运总局,在重庆设分局,重庆一直成为下运盐船的中转港,黄沙溪一带,盐船帆樯林立,成为闹市。雍正年间,四川粮食产量即迅速增长,而长江中下游地区因大量改种经济作物,粮产不足,常需官府由四川调运粮食接济,长江下游的米贩,也接踵而至重庆,粮米装船下运,络绎不绝,成为川江航运业一项长期稳定的大宗货源,并在重庆设米行、船行,统筹管理米船的运输。因云南铜的储量丰富,清廷因急需黄铜铸造货币,特鼓励开采滇铜,滇铜由金沙江、赤水河、永宁河3条水路入长江后,在重庆换成大船,再运至长江下游各地和京城。而重庆港水势平稳,水域宽阔的梁沱、打鱼湾、木关沱,便成了铜船只的天然锚泊地,每年在此要迎来送往,装卸作业1000至1200艘船只,铜一度成为川江航运业的大宗货源。

光绪十六年闰二月十一日(公元1890年3月31日),中英《烟台条约续增专条》(即重庆通商条约)签订后,重庆辟为商埠。此后洋货成批地涌进,农副产品成倍地输出,货种起了变化,港口的运输事业亦随之发展。进口货主要为棉纱、布匹、煤油、纸烟、五金、颜料、杂货、纸张、汽油、火柴、肥皂等,其次为化妆品、西药、照相原料、面粉等货物。出口货主要为山货、药材、桐油、榨菜、棕类、千菜、猪肠、黄白丝等,其次是麻类、生漆、胶蜡、夏布、土杂货等。

2.近现代港口货运

民国以来,重庆港运输的各类货物中,以粮食、盐、金属、煤炭、磷矿、建材等种类为大宗。

(1)粮食运输

粮食运输历来是重庆水上货运的重点。

民国前期,川粮外运减少。1937年抗日战争爆发后,为供应军粮和重庆居民食用,粮食运输十分繁忙。1942年,仅用木船运入重庆港的大米就达35万吨。抗战胜利后,蒋介石发动全面内战,国民党政府在四川搜刮了大批粮食,强征各轮船公司船只运往内战前线。

新中国成立初期,粮食运输再度繁忙起来。1950年,为支援抗美援朝,年内调运出川军粮17471吨。同年,中央人民政府为保障华东地区人民生活,抑制物价上涨,稳定金融秩序,决定从四川各地调运大批粮食出川,除组织各轮船公司轮船外,还动员大批木船参加运粮,每天到重庆港的运粮木船达数百艘。为弥补地方运力之不足,还在 1953 年第二、三季度,调派海军舰艇 36 艘次来重庆港运粮 1.4 万吨。从 1950 年到 1957 年,长航重庆分局共东运川粮 749.1 万吨,其中 1957 年运粮数达 251 万吨。

1960 年,在"三年困难时期",为支援华东等地人民度灾,由长航重庆分局牵头组织了以重庆港为中心,长江干支流水运一条龙的粮食大协作运输。将大批川粮运往长江中下游地区,此后,川粮运输大幅度减少。

1976 年,四川遭受严重旱灾,国务院从各地调运 60 万吨粮食支援四川,其中很大一部分粮食由水运入川。这以后到 1985 年,大规模的粮食运输基本停止。

(2)川盐运输

四川井盐生产的历史悠久。在民国时期,川盐经重庆转运各地。1925年,川盐改由轮船装运,当年装运出重庆港的川盐达 40 万担(每担约 50 公斤)。1937 年抗战爆发后,川盐除供应西南三省外,还接济湘西沅陵、常德等地。盐务总局每月配运花盐 20 载,约 1260 吨,由重庆经涪陵沿乌江运往彭水、龚滩,再转运销区。整个抗战时期,除日用品和粮食外,川盐即为大宗水运货物,1942 年,用木船运进重庆港的川盐即达 15 万吨。

新中国成立后,川盐仍为大宗水运货物之一,每年经重庆运转的川盐达数万吨至数十万吨不等。

(3)滇铜黔铅转运

滇铜黔铅是清代铸造货币,制造子弹及宫廷建筑所需材料。铜产自云南东川、丽江、蒙自等地,有"天下铜斤产于滇者十之五六"之说,历年运销北京及各省。

滇铜黔铅运入重庆有三条线路:一条是金沙江线,船运滇铜沿横江到四川宜宾安边铺进入金沙江,再顺江而下到重庆;一条是纳溪线,滇铜黔铅分由两省陆运至永宁河,转长江顺江而下抵达重庆;一条是赤水河线,船运黔铅沿赤水河至四川合江入长江运抵重庆。三条线运来的铜铅都经重庆港换装到大船上中转,一部分运至江苏仪征转大运河抵京,供朝廷专门销售。

(4)化肥运输

化肥运输是新中国成立后发展起来的大宗货物运输,特别是 70 年代国家利用四川的天然气资源在川南及其毗邻的云南、贵州地区分别建设的贵州赤水天然气化工厂、云南天然气化工厂、泸州天然气化工厂三大化肥厂竣工投产后，化肥运输繁忙起来，三个工厂分别年产化肥 30 万吨、尿素 45 万吨，除云南天然气化产品大部分由铁路运输外，其他均由长江水路运出，主要由四川省重庆轮船公司承运。

为适应泸州天然气化工厂化肥运输，交通部和四川省经委决定投资建造 800 马力拖轮 8 艘，铁驳 25000 吨，1975 年由省内各造船厂建造，1979 年陆续建成，交给四川省重庆轮船公司进行化肥运输。1976 年该公司尿素急增时，四川省重庆轮船公司在兰家沱新辟中转港，又在白沙辟中转港，朱杨溪港日装载量增至 1800 吨，兰家沱港达 1000 吨。

1977 年四川省重庆轮船公司开始拖运化肥至重庆，再由长航重庆分公司拖出川。1978 年后四川省重庆轮船公司在完成川内干线物资任务基础上，抽调一部分运力直接运送化肥出川。

二　两翼三洋

1997 年 3 月，第八届全国人大五次会议通过了设立重庆直辖市的决议，祖国西部诞生我国第四个直辖市。1998 年 3 月，第九届全国人大一次会议在北京召开期间，江泽民总书记在和重庆代表团一起审议政府工作报告时指出："把重庆建设成为长江上游的经济中心。"

作为西部唯一的直辖市，成为内陆开放高地一直是重庆的梦想。在国家领导人的直接关怀和政策支持下，重庆市积极对接国家物流调整和振兴规划，加快建设西部地区物流中心，在 2009 年正式启动了以"一江两翼三洋"为布局内容的国际物流大通道。

"一江两翼三洋"是重庆关于国际物流大通道的战略布局，其中的"一江"是指通过长江通达太平洋。"两翼"中的"西北翼"是指通过渝兰铁路，由新疆阿拉山口出境，经哈萨克斯坦—俄罗斯—白俄罗斯—波兰—德国—鹿特丹港通达大西洋；"西南翼"是指通过渝黔铁路，由贵阳—昆明—大理—瑞

"一江两翼三洋"示意图 ▼

129

丽出境,经缅甸中部城市曼德烈石兑港通达印度洋和中东地区。"三洋"分别是指该市所谋建的国际贸易大通道到达的物流目的地太平洋、大西洋和印度洋。

这条"一江两翼三洋"的国际大通道,将极大缩短我国中西部地区与国际贸易交流的时间,将极大促进重庆的国际贸易发展。

1.较早的国际交流

实际上,重庆较早就开始了与国际的交流。近代随着外国资本主义势力的步步深入,重庆逐步发展成长江上游的货运中心,由国外输入的洋纱、洋布、煤油、五金杂货等大宗洋货均通过长江水道运抵重庆,再转运西南各省,西南各省的棕油、生漆、生丝、牛羊皮、猪鬃等大宗土特产品又经重庆转运到长江中下游及外国。

19世纪40年代中期,重庆成为全国的国际民航中心,开辟有重庆至香港、越南河内、缅甸仰光和腊成、印度加尔各答和汀江、苏联阿拉木图等国际航线。重庆解放后,重庆港逐步发展成长江上游最大的内河口岸,是中国西部唯一开展江海联运,轮船运输可直达日本、印尼、新加坡、泰国、香港等国家和地区的大城市。在伏牛溪站接轨的重庆重型铸锻厂在1985年开办了20英尺和40英尺大型国际集装箱到发业务,这是重庆铁路管内集装箱运输向国际化发展之始。

重庆对苏联大量出口柑橘,是从1953年开始的。这是政府间的贸易,主要装车站是永川、江津、铜罐驿车站。外销柑橘为木箱和纸箱包装,分级分等装箱,使用冰盐保温车火炉升火加温运输,由货主派人押往口岸站。60年代开始部分使用机械保温车运输出口柑橘。在各级内、外贸部门配合下,通过合理调配车辆,按计划组织装运,历年来均圆满完成柑橘出口运输任务。

重庆茄子溪肉联厂在20世纪50年代开始建立,第一座1200吨冰库的建成,标志着重庆地区冷冻货物运输的开始。进入60年代,冻肉开始出口苏联及东欧国家,主要使用机械保温车和冰盐保温车运输。成都东加冰所在1969年建成,为出川的冰盐保温车补冰提供了很大的方便。随着经济的发展,分局辖区内陆续新建了一批肉联厂,冻肉运量急增。1981年开始,重庆在规定时间及区域内,使用棚车装运冻肉,使保温车不足的矛盾得到缓解。

在国际联运货运组织方面,1957年7月,宝成铁路建成后,重庆、九龙坡、铜罐驿、内江站开始办理整车货物国际联运业务,对到达的国际联运零担业务,由国外发站在运单上填写假设到站,统一由对外贸易部通知收货人向国境站申请变更到站(即实际到站)。1959年起,凡是办理货运业的车站,均开办整车、零担货物国际联运业务,参加联运的国家有苏联、蒙古、阿尔巴尼亚、保加利亚、匈牙利、越南、德意志民主共和国、朝鲜、蒙古、波兰、捷克斯洛伐克、中国等12个国家。国际联运出口货物主要是柑橘、冻肉、罐头等农副产品及茶叶、畜产毛皮制品,进口货物则是机械设备制品等。60年代初,中苏关系恶化,加之"文化大革命"的影响,国际联运业务随之下降。党的十一届三中全会后,我国实行"对外开放、对内搞活"的经济政策,对外贸易不断扩大,并逐步往东南亚、日本、美国、西欧等资本主义国家发展。出口产品也由农副产品扩大到化工、轻纺、五金矿产、机械设备等,货物分别由铁路经"大陆桥"出口或运往港口装外轮运出。

2."新丝绸之路"

"一江两翼三洋"国际物流大通道的建设,将更大程度上促进重庆对外物流的发展, 提升重庆作为我国西部物流枢纽的地位。2010年10月18日起,渝(重庆)新(新疆)欧(欧洲)国际铁路五定班列国内段正式投入试运行。渝新欧国际铁路联运大通道运行路径从重庆始发, 经达州、安康、西安、兰州、乌鲁木齐,向西过北疆铁路到达我国边境阿拉山口,进入哈萨克斯坦,再转俄罗斯、白俄罗斯、波兰,至德国的杜伊斯堡,全程总长11179公里,它是在原新欧亚大陆桥的基础上,优化完善的国际物流大通道。2012年,这条国际大通道将继续西进,从德国的杜伊斯堡西延至比利时的安德卫普——整整延长202公里,将欧盟总部所在国比利时与重庆直接相连。

2011年4月5日, 一列从重庆发出的国际铁路联运专列于凌晨安全到达德国杜伊斯堡。这趟在3月19日就满载重庆制造的电子产品专列从重庆铁路西站出发,拉开了"渝新欧"国际铁路联运全程开行的序幕。渝新欧国际铁路联运大通道的建成,使重庆市IT类产品、机电产

"渝新欧"国际联运试验专列开行
▼

品、汽车配件进军欧洲市场更便利,可节省三分之二的时间,还可避免海盗的侵袭。

2013 年 9 月,国家主席习近平访问哈萨克斯坦期间在纳扎尔巴耶夫大学发表《弘扬人民友谊　共创美好未来》的演讲时,倡议用创新的合作模式,共同建设"丝绸之路经济带"。地处西部的重庆又迎来发展的良好契机。

3.托运大通道

2009 年 9 月,重庆启动国际上海火车托运大通道建设,重点是通过"一江、两翼"达到"三洋"。为了实现打造国家级上海火车托运枢纽城市的目标,重庆加快铁路上海火车托运、航空上海火车托运、公路上海火车托运三大基地以及寸滩、果园、东港、黄磏四大港区的建设。

铁路上海火车托运基地将主要聚集辐射信息、纺织、家居建材等适应铁路上海火车托运服务的产业和市场;航空上海火车托运基地将积聚辐射电子信息、高档服装、生物医药等产业和市场;公路上海火车托运基地则可以积聚辐射都市轻型工业、机电、农产品、精密机床和模具等产业和市场。

四大港区中寸滩港区将依托长江和水港保税区,形成西部地区重要的外贸口岸;果园港区将成为重庆积聚辐射西部地区内贸上海火车托运的主要水港;东港港区将形成重庆主城区长江南岸陆路型口岸和最重要水港;黄磏港区将依托公路、铁路和水运的联运优势,形成集聚辐射西部地区内贸上海火车托运的主要水港。

目前,重庆已有的 3 条国际物流通道,分别是:重庆铁海联运国际贸易大通道、渝新欧国际铁路大通道、重庆至欧洲专属国际货运航线。同时,重庆市还尝试开辟经云南、广西至东盟的出海通道,推进铁海联运和国际直达航线建设。这条新的国际物流通道将利用渝黔铁路由重庆经贵阳、昆明后,到达大理,由瑞丽出境,经缅甸中部城市曼得勒后,由缅甸西部若开邦的皎漂港出海,通达印度洋和中东地区。

借助新的物流通道,产自重庆的外贸产品运抵欧洲的时间将比东南沿海地区更短,重庆将一跃成为外贸的"前沿",陕西、四川和重庆组成的"西三角"或为中国对欧贸易的桥头堡。

第二节　西部枢纽

重庆市是中国西部最大的,具有水上运输、公路运输、铁路运输、民用航空、管道运输等现代化立体交通综合运输体系的中心城市,也是我国重要的物流枢纽城市。

一　航运中心

拥有长江上游"黄金水道"是重庆独具的区位优势,而建设航运中心是充分发挥这一区位优势的必然选择,航运中心的建设速度决定着重庆区位优势的发挥程度。

1.重庆速度

2003 年,随着三峡水库蓄水航道改善和水运成本降低,重庆钢铁、汽车等支柱产业对水运的依赖性提高,水运迅速发展起来。2005 年,水路货运周转量首次超过铁路。2006 年,水路货运周转量占全社会货物周转量的 65%,承担了 90% 以上的进出口货物的运输,其中 1500 多万吨来自周边各省。随着水运无可比拟的经济、环保、大容量、长运距的运输优势逐步显现,长江黄金水道对重庆乃至长江上游地区发展的作用越来越大。

2005 年、2006 年,国家连续召开了关于开发长江、建设长江、发展长江的高端会议,交通部在会上与沿江 7 省 2 市共同签署了《"十一五"期长江黄金水道建设总体推进方案》。2007 年,国家把加快长江黄金水道建设纳入了《国民经济和社会发展第十一个五年规划纲要》,明确提出加快重庆、武汉、南京等内河港口建设。

重庆抓住这一历史机遇,2006 年, 航运中心建设被列入重庆"十一五"规划,2007 年,重庆完成、续建和开工朱家坝长兴码头一期工程、富金坝航电枢纽、草街航电枢纽工程、万州港区江南集装箱作业区一期工程、涪陵港区黄旗作业区一期工程、江津五举沱码头、寸滩集装箱码头二期工程和主城果园作业区一期工程等 24 个水运项目。同年出台了《关于充分发挥长江黄金水道作用,进一步加快建设长江航运中心的决定》(以下简称《决定》),不仅明确了航运中心发展目标、发展重点、"十一五"建设任务,而且落实了包括优惠政策、专项资金、融资渠道、科技支撑在内的一系列保障措施。同时,重庆市市委、市政府还成立了水运发展协调领导小组,决心举全市之力,为航运中心建设创造一个最为和谐的发展环境,再一次刷新"重庆速度"。

长江上游航运中心的总体目标是立足重庆、辐射西部,沟通国际国内市场,以水运为载体,以腹地为支撑,充分依托"一环八射"铁路骨架、"二环八射"高速公路网和"一大两小"机场的强大辐射作用,通过各种运输方式之间的有机衔接,利用长江、嘉陵江、乌江"一干两支"国家高等级航道的巨大通行能力,以高密度的集装箱班轮产生的聚集效应和优越的航运、金融、贸易、信息、口岸等服务,带动临港经济发展,使重庆港形成对周边地区的产业聚集优势。将重庆建成长江上游辐射西部地区最大的集装箱集并港、大宗散货中转港、旅游客运集散中心、汽车滚装运输主通道、船舶生产基地和交易中心、航运信息中心和人才高地,促进长江上游综合交通枢纽形成,带动重庆和西部地区经济社会又好又快发展。重庆"十一五"期间,发展迅速,丹麦马士基、美国总统渡轮、日本丰藤海运、香港东方海外、荷兰铁行渣华等世界航运巨头闻风而动,纷纷在重庆设立了办事机构。中远、中海等国内著名航运企业也在重庆建立了分支机构。

2.港口今貌

重庆港上起长江大渡口,下至郭家沱,嘉陵江上起磁器口,下至朝天门,港区总面积2132万平方米(陆域910万平方米,水域1222万平方米),港区自然岸线长143公里。重庆港可终年通行1000吨级船舶,进出港口的最大船舶载重量为3000吨级。年吞吐量在20万吨以上的货运码头有菜园坝、九龙坡港埠公司码头、相国寺等码头。

(1)菜园坝码头

菜园坝码头位于长江北岸,下距朝天门7公里,是市区的重点码头之一。民国时期,该码头就较繁荣,船只络绎不绝,码头工人忙得不亦乐乎。运输货物除粮食外,还有煤、盐、竹、木等,但全靠肩挑背扛。新中国成立后,菜园坝成为成渝、川黔、襄渝3条铁路的始发站,并有公路与市内和区县相通,交通十分便利。码头主要担负着火车站货物的集散和市中区、南坪及大坪等地区的生产、生活货物运输。主要运输货物是矿建材料,其次为水泥、钢铁、机械设备、木材以及煤、粮、杂货等。

(2)九龙坡港埠公司码头

位于九龙坡区，为重庆港口管理局下属企业码头,在长江北岸,紧靠成渝铁路九龙坡火车站，下距朝天门 13.5 公里,码头上有公路与重庆市公路网连接,是担负云、贵、川3 省与长江中下游货物换装和长、重大件货物水铁联运的主要码头，也是西南最大的货运码头，机械化

重庆港九龙坡集装箱码头

程度高达 75%左右。九龙坡港埠公司有货运码头 6 个,总长 251 米,有非生产用码头和汽车下河引道码头各 1 个,占岸线 111 米,8 个码头共设泊位 8 个,靠泊能力均为 1500 吨级,能使长航货驳常年停靠作业。

长江自古是进出巴蜀的重要通道。随着"蜀道难"历史的改写,长江上游航运中心的建成,长江成为支撑重庆综合交通枢纽乃至长江上游经济发展的重要载体,载着日新月异的重庆直奔未来。

(3)相国寺码头

相国寺码头位于嘉陵江末端,距长江、嘉陵江交汇处约 7km,岸线长240 米,纵深约 100m。三峡水库蓄水后,码头水位将达 175m,可通行、靠泊 6000 吨级以下船只,枯水期也能满足 4000 吨级以内船只的停靠。码头配备相应作业设备(浮吊、汽车吊),单件吊装能力最大达 180 吨,可满足各式散杂件、大件作业。

二　铁路枢纽

重庆铁路枢纽位于成渝、川黔、襄渝 3 条铁路交汇处,并与重庆港衔接,是西南地区最大的铁水联运枢纽。重庆九龙坡为地区编组站和主要货运站,伏牛溪为危险货物装卸站。

1.发展的春天

铁路运输是重庆地区出现最晚、发展最快的交通运输形式,主要铁路干线在新中国成立后建成,并迅速成长为长途客货运的主渠道。

重庆地区的铁路从筹划、勘测、施工到建成通车,走过了一段漫长的历程。清光绪二十九年(1903 年),四川总督上奏清廷,提出民众集股修筑

由成都经重庆通往汉口的川汉铁路。清宣统元年(1909年)开工修筑川汉铁路宜昌至万县段。清宣统三年(1911年)5月,清政府在外国列强的胁迫下,宣布铁路干线"均归国有",并与英、美、法、德四国银行团签订借款筑路,以权抵债的合同,激起了四川人民保路风潮。声势浩大的保路运动引发了辛亥革命,导致腐败的清政府被推翻。至此,川汉铁路仅在湖北境内完成工程列车走行线路17.3公里、不能通车的线路43公里,即告夭折。

1927年,江北县士绅唐建章等与民生事业公司总经理卢作孚合组"北川民业铁路股份有限公司",于1928年至1934年在北碚的煤炭产区,建成全长16.8公里的北川铁路。这条窄轨矿区铁路是四川省最早建成的铁路,每天可向嘉陵江水道转运原煤1000余吨。

重庆铁路运输的兴起是新中国成立后重庆交通发展的重大事情。新

中国成立前,重庆市内仅修建了北川、戴黄、綦江3条铁路支线,通车里程不到100公里, 主要用于煤炭、矿石运输。新中国成立后,人民政府在百废待兴的情况下,决定修建新中国第一条铁路干线——成渝铁路,西北起成都市,东南到重庆市,全长505公里。1950年6月15日,筑路大军在重庆举行开工典

成渝铁路
通车典礼

礼,经10多万民工、军工两年奋战,1952年7月1日成渝铁路全线通车运营。成渝铁路的通车,从根本上改变了重庆交通运输的结构,从此,重庆对外交通的重心迅速向铁路运输转移。成渝铁路通车后,沿线丰富的物产源源不断地被运往全国各地,沿线经济得到飞速发展。

川黔铁路1956年4月开工建设,1965年7月8日全线通车,全长423.6公里,将当时全国铁路网在西南的缺口缝合起来。川黔铁路的通车极大地推动了沿线经济社会发展,如遵义市的水果运销到重庆,身价倍增。

襄渝铁路自1968年4月开始修建,1970年8月铺通到达县(今达州),1975年11月临时运营,1979年12月全线建成,并正式交付运营。东起湖北襄阳,西至重庆,全长895.3公里。为加强重庆市与湖北等省的

联系起到了很大的推动作用。

此后又先后修建了渝怀铁路、遂渝铁路、沿江铁路,使重庆成为西南铁路网的两大枢纽之一。

2.主要货运车站

重庆市及附近地区是当时四川省的重工业基地,故铁路运量十分集中,并有相当一部分货物在市域内自装自卸。1953年,重庆铁路管理分局发送的大宗货物依次是:煤炭、矿物性建材、钢铁、粮食、金属矿石。1965年,重庆铁路分局发送的大宗货物已变为:原煤、矿物性建材、金属矿石、钢铁、食盐,占货物发送总量的68.5%。此后由于经济形势和产业结构发生变化,金属矿石发送量逐年下降,而原煤和化肥运量则增长甚猛。1985年,重庆铁路分局发送的最大宗货物为原煤,占总运量的一半以上;其余运量较大的四类货物依次是:矿物性建材、化肥、非金属矿石、钢铁,五类大宗货物占重庆铁路分局货物发送总量的77%。

(1)重庆南站

重庆南站位于重庆市九龙坡区,占地57万平方米,是重庆的编组站,也是重庆地区主要的货运窗口。

重庆南站原名为九龙坡站,该地以"江心有一石滩,有九石翘首若龙",故名九龙滩。抗日战争时期修建机场取名九龙坡机场,毛主席来重庆谈判时经由九龙坡机场乘降。1950年成渝铁路在此建站,故得名为九龙坡车站。1988年统一规划重庆枢纽,更名为重庆南站。

成渝线修建时,两端均不接通路网,铁路所需机车,客、货车辆及重要基建设备都经轮船运输,从长江到达重庆,在车站江边线卸船,货物进入车站后,再转送沿线,成为成渝线修建时的运输基地。

1956年,铁道部和交通部在全国范围内开展水陆联运业务,重庆南站和九港作业区被选中为水陆联运协作区,从1957年开始承办水陆联运换装业务,把云、贵、川三省与长江中下游沿江城市连接起来,云南中谊村的磷矿,贵州省中心树的矿石,四川省煤、盐、粮等货物不断运往全国各地,武汉的钢坯,海南岛的矿石,上海的日用工业品运入四川再转云、贵等省,成为西南货物运输

重庆南站
▼

的主要渠道。

重庆南站自 1952 年开站以来，运输生产不断发展，80 年代达到顶峰，是当时重庆市主要货物窗口之一。曾连续 5 年被四川省、铁道部、成都局评为"文明货场"。

现在重庆南站仅作为慢车、通勤车的停靠站点，一般货车不再停靠。

（2）重庆西站

重庆西站位于重庆市西郊中梁山东麓横跨九龙坡区和巴县。地处成渝、襄渝、川黔三条铁路干线的交汇点，为重庆铁路枢纽主要编组站，是重庆的主要客货运站，也是西南地区的主要编组站之一，主要担任成渝、襄渝、川黔和枢纽货物列车的解体、编组及货车洗刷任务。

重庆西站

2010 年 12 月 22 日，新的重庆西站开始建设，将成西部最大的铁路车站，成为重庆市对外的又一主要门户枢纽以及综合铁路车站，是以铁路为主，集汽车、公交等多种交通方式于一体的综合交通枢纽。重庆西站是襄渝、渝黔新线、兰渝铁路、渝昆和成渝铁路的始发终到站。

（3）重庆北站

重庆北站，俗称龙头寺火车站，站址位于重庆渝北龙头寺，建成于 2006 年，位于渝怀铁路上，为特等站。在此之前位于重庆沙坪坝的沙坪坝火车站，在此站启用之前原名为"重庆北站"，故当时不少市民将这两个车站混淆，老"重庆北站"更名为"沙坪坝站"。该站货运开通于 2006 年 1 月 16 日。

重庆北站

3.装卸作业的变迁

重庆铁路运输中的装卸作业，始于新中国成立前的綦江铁路。1949 年，綦江铁路全线平均每月装卸货物 7000 吨。20 世纪 50 年代初，铁路装卸由民工担任，实行大队编制。1951 年 6 月，成立装卸供应社。成渝铁路全线通车后，对全社工人进行了考核整顿，挑选年龄在 21 岁以下能负重 100 公斤的男性青年七八百人组成装卸队伍，其成员一般为筑路民工和转业军人。当时位于九龙坡的装卸供应社，下设重庆、九龙坡、铜罐驿、永川等 9 个中心分社。1954 年，重庆铁路装卸供应社改组为重庆装卸作业所，各主要站设作业分所，绝大部分人员转为铁路正式职工。

同一时期，装卸工作也基本上是纯人力作业，生产工具主要为杠子、扁担、竹箕、竹筐、铁铲、铁掏扒、尖钩、巴耳钩、垫肩、围腰、手套等，作业方法主要是担、抬、扛、铲，作业对象主要是散装货物。除行李包裹外，成件货物多为 100 公斤左右的袋装、箱装、桶装、篓装形态，重件货物极少。1958 年后，铁路运量猛增，装卸能力严重不足，开始大量引入外来劳力进行物资装卸，称为委外装卸（这支委外装卸队伍在以后不断发展壮大，其人数大大超过路内职工）。与此同时，又拨出专款在装卸部门大搞技术革新和技术革命活动，利用货场地形条件修建高站台和低货位装卸货物；还制造了大量木钢结构、以人工绞盘为动力的桅杆式起重机（俗称"土扒杆"）等，还为重庆车站安装了 1 台 2 吨行车，为九龙坡站安装了 1 台 6 吨行车。自此，装卸作业逐步走向机械化。

从 80 年代起，重庆铁路分局的装卸机械进入了大发展时期，装卸机械逐步实现大型化、标准化。

4.重庆铁路集装箱中心站

重庆铁路集装箱中心站是由中铁联合国际集装箱有限公司（简称"中铁联集"）投资建设并负责运营的现代化铁路场站，为全国规划建设的 18 个铁路集装箱中心站之一，总投资 7.66 亿元，工程于 2007 年 10 月开始建设，2009 年 12 月开通运营。中心站地处襄渝铁路团结村火车站东侧，占地面积 2200 余亩，由集装箱作业区、快运货物作业区、普通货物作业区三部分组成。已建成 1 个线束 2 条铁路装卸线，可实现年办理量 48 万标箱；远期将建成 4 个线束 8 条铁路装卸线，两个集装箱堆场和一个大型冷藏箱区，整个场站可容纳 4 列火车在站内同时装卸集装箱。届时，西南地区 80% 以上的货物都会通过重庆运送到全国各地，可实现年办理量 150 万标箱。2010 年 2 月 8 日正式投用的是该项目的一期工程，凡进入重庆的集装箱火车，都进入该站重新编组，然后再发往全国各地。

重庆集装箱中心站的投入使用可以使物流成本逐步降低。中心站共有 4 台轨道式龙门吊，总价值达 6000 万元，起重重量达 40 吨，是目前国

内铁路集装箱站场中最先进的。中心站将与渝遂高速、外环高速、轻轨一号、轻轨七号以及渝怀铁路、渝遂铁路、襄渝铁路等交通干线连成一个交互体。重庆市还规划了5条分别到广州、北京、上海、郑州、成都的货运铁路线。

重庆铁路集装箱中心站是全国继上海、昆明之后第三个建成投运的集装箱中心站,标志着重庆从此拥有了国家级铁路物流基地。

▲
重庆铁路
集装箱
中心站

重庆铁路集装箱中心站主要承接集装箱运输;白市驿站将主要运输农副产品;西彭黄谦站将主要运输有色金属;鱼嘴站和唐家沱站将主要运输汽摩配件及整车,洛碛站将主要运输危化货物。重庆铁路正在打造"4小时周边,8小时出海"的目标,实现"1小时成都,2小时贵阳,3小时昆明、西安,4小时长沙,5小时兰州、武汉,6小时广州,7小时北京,8小时上海"的快捷服务目标。

三　西南空港

重庆民航起始于1928年,1938年建成的重庆白市驿机场一直担负着重庆对外的空中桥梁, 也是国内当时仅有的四个国际民航机场之一。1950年,从天津、成都、广州、昆明到重庆的航线,是当时新中国最早开通的四条航线。

重庆历史上出现过多个机场,新中国成立前重庆市主要有溪坝(沙坝)机场、珊瑚坝水上机场和千厮门水上机场、珊瑚坝机场、九龙坡机场、大中坝机场、大坪机场,其中大中坝机场是军用机场,至重庆解放大坪机场完工才完成历史使命。郊县机场主要有秀山机场、铜梁旧市坝机场(旧市机场)、六足登云桥机场、梁山机场、万县陈家坝机场、万县聚鱼沱水上飞机场、南川机场、合川机场、永川机场等。重庆全市现有三座民用机场,分别是重庆江北国际机场、万州机场、重庆黔江武陵山机场,是我国西南部的航空枢纽。

1.溪坝(沙坝)机场

建于中华民国 20 年(1931 年),位于江北嘴附近的溪坝(千厮门对岸),该处是嘉陵江边的沙滩,枯水季节,沙滩长 2 公里以上,最宽处约 300 米。当时的中国航空公司首次开通了武汉—重庆线,因无适当机场,遂将此地辟为临时机场。邮政飞机曾多次在该坝起降。

2.水上机场

建于中华民国 20 年(1931 年)左右,在珊瑚坝机场修建之前,在它的南面长江主航道上(今长江大桥略靠上游水域)有水上机场,当时的中国航空公司的汉渝航线上的水上飞机曾降落在该水上机场。同一时期,汉渝航线使用的水上飞机也曾在千厮门附近水面起降过。

3.珊瑚坝机场

中华民国 22 年(1933 年)冬,当时的中国航空公司开辟渝蓉航线,决定在重庆城南约 1 公里的珊瑚坝修建陆上机场,以便陆机起降。仅 50 日便竣工,机场场面长 520 米,宽 120 米。该机场位于市中区南纪门与菜园坝一线南侧,濒临长江航道中央的一个小岛上,机场海拔高度 175 米,机场长 900 米、宽 150 米(一说长约 700 米,宽约 130 米),跑道长 730 米、宽45 米,可起降"洛宁"水陆两用飞机和"史汀逊"型飞机。因限于地势,该机场跑道较短,且东高西低。飞机只能单向起降,即向西起飞,向东降落(下坡起飞,上坡降落)。机场是江水冲积成的沙砾州,冬季枯水期,小岛则与长江北岸城区相连,形成沙滩。夏秋机场全部没于江水中,每逢这个季节,飞机即改在其他机场起降。中华民国 36 年(1947 年),珊瑚坝机场在涨水期间(6 月下旬至 9 月上旬)机场全部淹没不下十余次,跑道损害严重。机场内无永久性建筑,每年夏汛过后,候机室、机师休息室、材料间、货仓、工人宿舍等均需重建,需要在场内搭几十间简易竹棚作为临时办公和候机之用,次年汛期来临之前拆除。中华民国 38 年(1949 年),"行政院"明令开放珊瑚坝机场为国际机场,可供 DC-3、C-47 型飞机起降,而"空中霸王"飞机均需在白市驿机场起降,汽车、油料及人力、时间浪费很大,拟将该机中场跑道延伸 400 米,但受时局影响而终止。1951 年重庆航站迁至白市驿机场后,该机场废弃,现为长江大桥下珊瑚坝公园。

4.九龙坡机场

位于重庆市中心西南方向约 7 公里处,现为九龙坡火车站所在地。中华民国 28 年(1939 年)3 月,国民政府交通部、航空委员会和空军 92

转运站联合向铁路局租借九龙坡铁路路基修建飞机场,年内夷平两个小山包,建成长 1125 米,宽 45 米的跑道。中华民国 29 年(1940 年),机场投入使用。中华民国 31 年(1942 年)由国民政府交通部投资,中航负责修建一条长 900 米、宽 25 米的滑行道,大小停机坪 8 个,停机坪面积约 6000 平方米。抗战胜利后,九龙坡机场交还成渝铁路工程局,此时其跑道久已无人负责,机场塔台也行将拆除。中华民国 38 年(1949 年),交通部民航局与成渝铁路工程局达成关于租用九龙坡基地的协定,将九龙坡车站基地内原有飞机场跑道在成渝铁路工程局业务尚未发展前租与民航局,以利空运之用。九龙坡机场只能降落 C-47 型飞机。1950 年,该机场停止使用,随后改建为成渝铁路九龙坡火车站。

5.重庆江北国际机场

重庆江北国际机场位于市郊东北方向, 距市区 21 公里, 机场现为

4E 级民用机场。一期建设于 1985 年动工建设,1990 年 1 月正式建成并投入使用。占地 4500 亩,跑道和平等的滑行道长 2800 米,宽 60 米,可满足 B777、B747 飞机起降, 停机坪约 23 万平方米。二期扩建于 2001 年 12 月动工,占地 2500 多亩,设计年旅客

重庆江北
国际机场

吞吐量达 700 万人次,年货邮吞吐量 18 万吨。扩建工程于 2005 年 10 月全面竣工。新跑道,由以前的 2800 米延长到 3200 米,即南北两端各延长 200 米,并同步延长平行滑道。三期扩建于 2008 年 9 月动工,于 2010 年 12 月完工,使重庆江北机场进入"双跑道"时代。使年旅客吞吐量达 3000 万人次,年货邮吞吐量达 45 万吨。

6.万州机场

万州机场

万州机场,又名重庆万州机场,重庆万州五桥机场,万州五桥机场,机场位于重庆市万州区长江南岸,距万州主城区约 15 公里。万州机场 2000 年初正式开工建设,2003 年 5 月 29 日建成通航。万州机场按 4D 级规划,按 4C 级建设,海拔高程为 567 米,属高挖高填类机场,跑道全

长2400米,宽45米,停机坪19200平方米,停机位3个,可满足A320、B737同类及其以下机型的起降,设计年旅客吞吐量100万人次以上,货邮吞吐量20000吨以上。目前开通至北京、上海、广州、深圳、昆明、南京、温州、厦门、西安等城市航线,是重庆和西南地区重要空中交通枢纽之一。

7.重庆黔江武陵山机场

重庆黔江武陵山机场（原重庆黔江舟白机场）为4C级民用支线机场,位于重庆市黔江区舟白街道,距黔江城区3公里,飞行区按满足多尼尔328、CRJ200、ERJ145、波音737、空中客车A320等客机使用要求设计,最远可飞北京。机场跑道长度2400米,宽度45米,两侧道肩各宽1.5米,道面厚度预留发展余地。站坪满足2架C类飞机自滑进出使用要求,占地2037亩。2010年8月26日,黔江机场建设全部完成。

四 公路枢纽

重庆市的第一条对外公路为成渝马路,1924年开工建设, 因政局不定,战乱频繁,时修时停,直至1933年才告修成,全程440公里,后改称成渝公路。1934年,成渝公路沿线开始设立"转弯危险"、"慢车"、"下坡危险"等彩色木牌,并在各场镇、码头竖立地名标牌,这些都是四川公路史上首次设置的道路标志。新中国成立前夕,国民党军队为阻止解放军的追击,对成渝公路曾滥施破坏。

新中国成立后,特别是改革开发之后,重庆市的公路建设进入大发展时期,重庆高速公路建设从成渝高速公路开始,1995年8月通车,途经四川盆地腹心地带,连接成都、内江、重庆三大工业城市,途经14个县（市、区）,全长106公里。之后建成的高速公路有重庆机场高速公路、长万高速公路、渝涪高速公路、渝南高速、渝泸高速公路、渝黔高速公路、成渝高速公路、成遂渝高速公路、渝邻高速公路、渝武高速公路、綦万高速公路、万开高速公路、渝湘高速公路、沪蓉高速公路、重庆绕城高速公路、江合高速公路、渝万高速公路、万宜高速公路、邻垫高速公路、忠垫高速公路及重庆内环快速路。

经过重庆的国道有210国道、319国道、212国道、318国道、326国道和城万快速通道。

与公路建设发展同步的重庆桥梁建设也发展迅速,号称"中国桥都",

目前重庆在长江上已建成大桥 15 座,嘉陵江上已建成大桥 12 座。

五　气通巴渝

1963 年,我国第一条大口径长距离天然气管道巴渝输气管道从四川石油沟修建到重庆,全长 55.6 公里,当时管径 426mm,以后随着气田的陆续开发,天然气管道也不断发展,向重庆供应的天然气数量也不断增加,极大地缓解了重庆市能源紧张的状况。

2010 年初,川渝地区首座地下储气库相国寺储气库开工建设,2012 年一期工程完工,相国寺储气库位于渝北和北碚境内,储气库总投资上百亿元,设计库容量 40.5 亿立方米。承担中贵线季节调峰、事故应急、战略应急供气及川渝地区季节调峰、事故应急供气。即可以通过输气管道从宁夏、贵州等地将多余的气"引"过来,经过增压等处理后储存在地下,遇到用气高峰时再"取"出来使用。

六　物流旗舰

近年来,重庆市的经济呈快速发展之势。随着重庆市经济的发展,对物流的需求也越来越明显。在重庆市政府的大力支持下,重庆市的物流园区和物流公司取得很大的发展。据了解,在实施物流重大项目方面,重庆已筛选出重点物流项目 117 个,"十一五"期间就完成投资 383 亿元。

1.物流园区

重庆市在发挥交通枢纽、口岸优势的基础上,建设寸滩、空港、铁路、西部四大物流园区。

重庆市发展现代物流的优势条件

1. 重庆是我国重要的制造业中心,都市人口有密集化趋势,进出口规模和销售规模日益扩大,迫切需求"巨大"物流渠道。

2.在经济全球化趋势的形势下,大批中小型商业企业面临着国内外大型连锁企业或大商场的竞争和挑战,迫切需要通过发展现代物流来降低成本以提高竞争力。

3.高附加值产品和多样化产品的日益增加,对物流的安全性、可靠性和迅速性提出了更严格的要求,这就需要建立专业的现代物流。

(1)寸滩物流园区

位于重庆江北区,朝天门下游六公里处,水域条件优越,陆域开阔,港区距重庆市环城高速公路、重庆市江北仁和货运站、重庆市唐家沱火车货运站和江北机场均较近,重庆市公路主干线海尔一级公路及金山大道一级公路通过港区,在重庆市级西部地区综合交通运输体系的总体布局中,寸滩港区毗邻重庆市港区工业园和高新技术开发区,具有与铁路公路航空等多种运输方式衔接十分便捷的特点, 是西部地区最大的集装箱港区, 包括寸滩、回兴、石坪、市出口加工区等,重点发展集装箱、汽车滚装和散杂货水陆联运,提供流通加工、仓储配送、货运代理等服务。

(2)铁路物流园区

依托重庆铁路集装箱中心站,园区与成渝、襄渝、渝怀、渝黔、兰渝铁路、绕城、成渝、渝长高速公路,兴隆场铁路编组站、梨树湾、西永、回龙坝、井口货运站、上桥储运中心等构成的陆路综合运输网络相连接。发展集装箱多式联运,提供流通加工、仓储配送等服务。

(3)空港物流园区

空港物流园区是市政府首批批准设立的市级特色物流园区,也是国家核准的省级开发(园)区、商务部确定的加工贸易梯度转移重点承接地和渝北建设"重庆对外开放第一门户"攻坚战的一大"战区"。园区于2002年1月正式动工建设;同年12月,经重庆市政府批准设立为市级特色物流园区。2009年,国家商务部把园区确定为加工贸易梯度转移重点承接地。2010年,园区综合实力跃居全市十强特色工业园区第一名。依托江北国际机场,与319国道、机场高速、渝邻高速公路和绕城高速、寸滩港区、龙头寺火车站、唐家沱火车站、人和货运站等构成的航空、公路、铁路、水路综合交通运输网络相连接。主要为电子产业、软件产业和汽车工业等高新技术产业产品提供服务。

(4)西部现代物流园区

依托国家铁路综合物流中心和兴隆场大型铁路编组站设立。位于梁滩河流域以东,北碚与沙坪坝区界以南,中梁山脉以西,土井干道以北。园区立足重庆、服务西部、辐射全国,统筹西部物流大通道建设,构建聚集重庆物流资源和公共物流服务的平台、长江上游水陆空多式联运平台、区域物资分拨分销集散平台、物流装备制造基地、物流金融和培训等综合服务平台。园区将成为服务和辐射西南、西北、长江中下游、华南的物流枢纽及分销配送中心、国内最具现代化的物流服务区和产业综合发展区。

以上几个物流园区所处地理位置交通便捷,园区四周布置了新型工业、水产品批发市场及农产品物流配送中心等,物流成本低廉,易于集中发展现代物流,对于重庆经济的增长具有强劲的推动作用。

与此同时,重庆还计划扩大沿江布局,建设八大区域性物流基地:包括万州、涪陵、长寿、大渡口—九龙坡、江津、永川、合川以及黔江—秀山等区域性物流基地,目前已陆续启动建设。四大物流园区和八大区域性物流基地互为补充,形成一个有机的物流系统。

2.物流企业

在新形势下,重庆的物流公司大量涌现,现拥有重庆港务物流集团有限公司、重庆轮船(集团)有限公司、重庆长安民生物流股份有限公司、重庆公路运输(集团)有限公司等四家5A级物流企业。

(1)重庆港务物流集团有限公司

2006年,为建设长江上游航运中心,构建长江上游地区综合交通枢纽,加快重庆现代物流业的发展,将原重庆港务集团、重庆物资集团、万州港口集团和涪陵港务管理局进行战略重组而成立了重庆港务物流集团有限公司,为重庆市重点国有港口物流企业。

该集团公司以港口、航运、综合物流及其延伸服务为主营业务,拥有西南地区水路唯一的国家一类口岸,是我国西部地区最大的内河主枢纽港、集装箱吞吐港运营企业。集团公司拥有资产总额97亿元,下属企业34家,其中,集团公司控股的重庆港九股份有限公司是长江内河港口第一家上市企业,重庆港盛船务有限公司是目前长江上游地区综合运能最大的航运企业,所属寸滩港区是我国首家内陆保税港区的"水港"。

集团公司拥有各类生产性码头泊位181个(四个铁水联运换装口岸),港口货物年设计吞吐能力2667万吨,集装箱年设计吞吐能力达到113.5万TEU,商品车滚装年设计通过能力30万辆,重滚年设计通过能力6万辆,长江干线船舶自有运力25万吨,铁路专用线28.5公里(最大容许车辆编组数645辆)。

"十二五"期间,集团公司构建了五大新平台:岸线码头资源要素平台、航运要素资源平台、综合物流平台、网络管理平台、战略联盟经营平台;发展三大新板块:港航中转运输物流板块、聚集物流板块、综合五板块;创设五大新流程:物流化、信息化、联盟化、集约化、一体化;实施三大新战略:业务归核战略、板块协同战略、岸陆一体战略,投资80亿元加大包括果园、寸滩、黄磏港区等重点港口基础设施建设力度,加快集团公司由传统中转经营模式向全程物流运营模式的转换,积极构建西部现代综合物流航母企业集团,成为重庆商贸中心、物流中心、航运中心、临港工业和保税区的重要支撑。

(2)重庆轮船(集团)有限公司

重庆轮船(集团)有限公司成立于1955年,是我国西南地区国有大型综合物流企业,现有资产总额16亿余元,拥有船舶总载重吨近20万吨。在长江沿线各主要港口以及大连、香港、首尔、神户等地设有分支机构,形成了覆盖长江干支流、沿海及东南亚、东北亚等近洋地区的物流网络体系。

公司主要从事集装箱、液体化学品、川江载货汽车滚装、干散件杂货、大件设备等在内的长江干支流跨省货物运输,沿海和近洋集装箱海运,满足干支、江海多式联运业务的服务,能提供"门到门"国际多式联运业务的现代物流企业,是西南地区水运规模最大、实力最强的航运企业。现有22艘、总箱位约3000标准箱的集装箱船队,数量和性能在重庆地区名列前茅。所有船型均能载运冷藏箱、异型箱和各类危险品货物,均有着优异的性能和优良的安全记录。

从2000年起,公司先后开通渝申、泸申集装箱航线,挂靠长江沿线各港。2005年,联合沿海海船公司开通了长江到泉州、宁波等地的集装箱江海联运航线。公司相继与20余家国际知名干线船公司签订了长江内支线协议,为其代理长江内支线运输业务,共同合作开展进出口货物运输。同时经营进出口货物的国际国内代理业务,代理国际国内集装箱整、拼箱进出口运输,提供订舱、报关、仓储、报检、保险等一条龙服务。通过业务体系及质量管理体系,公司为客户提供一票到底、服务全程的多式联运方式和门到门的全方位服务支持,构筑最适合、最利于客户的最佳物流模式。在集装箱物流运输经营系统中建立了现代化的计算机信息网络,采用先进的手段进行国际货运代理和船代操作。公司先后荣获"十佳诚信物流企业"、"重庆市发展开放型经济先进企业"等荣誉称号。

(3)重庆长安民生物流股份有限公司

重庆长安民生物流股份有限公司成立于2001年,是一家第三方汽车物流服务商及综合物流服务商。2002年,经原国家外经贸部批准的全国重点中外合资物流企业,是国家发改委的重点联系物流企业之一,也是国家商务部批准的国家级外商投资试点物流企业,2004年经国家商务部批准成立为外商投资股份有限公司。目前股本总额1.62亿元,总资产接近 12.26 亿元,年实现营业收入超过 20 亿元。

公司同国内外近千家汽车制造商、原材料供应商及零部件供应商建立了长期合作关系,为客户提供国内外零部件集并运输、散杂货运输、大型设备运输、供应商仓储管理、生产配送、模块化分装、商品车仓储管理及发运、售后件仓储及发运、物流方案设计、物流信息系统开发设计、包装规划设计制作等全方位的物流服务。在全国先后设立了 9 个分公司和宁波、无锡 2 个办事处;与国内外知名企业合资成立了南京长安民生住久物流有限公司、重庆特锐运输服务有限公司、武汉长安民福通物流有限公司等。公司先后被授予重庆市"十佳外商投资企业"、"全国物流行业先进集体"等荣誉称号。

(4)重庆公路运输(集团)有限公司

重庆公路运输(集团)有限公司成立于 1952 年,注册资金 8.3 亿元,旗下拥有子(分)公司 40 家,是重庆市交运集团下属国有大型物流骨干企业,交通部重点联系道路运输单位,重庆市具有区域性核心竞争力的综合性第三方物流服务供应商。公司拥有国家货运一级、国际货运代理一级、国际国内航空货运代理一级、A 类报关企业、无船承运人、大件吊装四级(最高级)、危险品运输等资质,通过了 ISO9001:2008 质量管理体系认证。

公司拥有各类客货运输车辆和起重吊装设备 8550 余台, 其中货运车辆 4200 余台,总吨位 4.9 万吨,年运输周转量近 200 亿吨公里,位居重庆首位;建成并已投入营运的物流基地、物流中心、配送中心 19 个,规划在建的物流基地 5 个,覆盖重庆主城区主要水陆交通枢纽和大型工业园区;拥有在重庆主城两江四岸的 14 座码头,合计岸线长度达 5000 米,泊位数 33 个。

公司为客户提供公路干线运输、城市配送、仓储物流、临港物流、多式联运、大件运输吊装、危险品运输、货运代理等现代物流服务,提供物流方案设计、物流供应链管理等集商流、物流、资金流、信息流为一体的物流增值服务。公司先后荣获"中国物流与采购联合会常务理事单位"、"全国甩挂运输试点企业"、"全国冷链物流 50 强企业"、"全国交通运输节能减排优秀贡献企业"等荣誉称号。

除以上 5A 物流企业之外,重庆还有重庆中集物流有限公司、重庆天意运输有限公司、重庆万隆货运有限公司等有实力的物流企业。

第七章

西南中心——成都

据《太平寰宇记》记载,成都一名是借用西周建都的历史经过,取周王迁岐"一年而所居成聚,二年成邑,三年成都"而得名成都。蜀语"成都"二字的读音就是蜀都。"'成'者'毕也'、'终也'",成都的含义就是"蜀国'终了的都邑',或者说'最后的都邑'"。成都市"天府沃野,自古物产丰饶,农耕发达,工商繁荣",很早便发展成为了交通枢纽地和货物集散中心,素称"天下名城,国之宝府"。然而,古蜀道的险要成为了货物运输的最大阻碍,剑门关独路如门,这天然的险关是古蜀道的咽喉,故而成为历代兵家必争之地,也使得大宗货物多取水道,水路运输繁荣了两千余年,直至近代方始衰落。成都还拥有新中国修建的第一条铁路——成渝铁路,中国修建的第一条电气化铁路——宝成铁路。成都双流国际机场是中国中西部最繁忙的民用机场之一,也是中国西南地区重要的航空枢纽港和航空货物集散地。

第一节　天府之国

《华阳国志》卷三《蜀志》中记载:李冰修都江堰后,成都平原"沃野千里,号为陆海,旱则引水浸润,雨则杜塞水门,故记曰水旱从人,不知饥馑,时无荒年,天下谓之天府也"。其"天府之国"的美誉一直流传至今。成都没有六朝古都的厚重,也没有锦绣商城的繁华,更没有江南水乡的精致,成都有的只是自己的特色,以及这些特点所汇成的另一番景象——蜀中江南。

一　蜀中江南

都江堰上李冰凝望的背影,丞相祠里孔明的嗟叹,浣花溪畔杜工部的才思……是历史的必然还是一个个巧合的不期而遇?谁也说不清有"天府之国"美誉的成都有多少故事。在3亿6000万年前的造山运动中,形成了四川盆地特殊的地貌结构,而成都,正在这个盆地的中心。成都,作为全国一级物流枢纽城市之一,拥有着"敢为人先"的全国之最。

　　蜀王据有巴、蜀之地,本治广都樊乡,徙居成都。

——《蜀王本纪》

成都,是一座融在水中的华美之城,它位于四川盆地西部的岷江中游地段,拥有亚热带湿润季风气候,全年无酷暑严寒,以其独到的区位优势坐拥盆地外围崇山峻岭的庇护,而四川盆地中丰富的自然资源则给成都人民的悠然生活提供了前提。宛如一件藏匿于山林里的稀世珍宝,在茫茫山石与丛林的遮掩下绽放出独特的韵味,编织着属于自己的江南梦。

成都,东临龙泉山脉,西临龙门山脉,可谓"两山夹一平"。成都平原是我国西南地区最大的平原,"两江抱城"的城市格局、秀丽的山川以及像杜甫草堂、武侯祠那样的人文古迹,都使成都充满了生活的情趣和机

蜀锦
年年有余
▼

智。千年流淌的岷江水在战国时代著名的水利专家李冰的指引下滋润了川江平原上的这片沃土,为后世所称奇的都江堰工程把岷江的水变成一种财富,让这里的人们过着衣食无忧的生活,成为"可以掌握和控制旱涝水情,百姓不知道什么是饥饿"的"天府之国",是四川粮食和经济作物的重要生产基地。成都的手工业历史悠久,许多产品享誉全国,蜀锦、蜀绣、漆器、瓷胎竹编等是杰出的代表。

成都是一座在水边长大的城市,汩汩的流水使成都人的性格变得温文尔雅而又充满浪花般的

情趣。2000多年前的成都,就已经是我国的五大都会之一,它不仅是全国最大的粮仓,还是四川强有力的经济后盾,而且是"水陆巨冲"的货运中心。成都地区是我国养蚕织丝的重要发源地之一,也是全世界最早的丝织品生产中心。锦,是丝织品中的精品。成都因水而生,因锦而盛,蜀锦成了远销国内外的名牌产品,成都也是名副其实的丝绸之路的起点。

历史上的成都不仅是南丝绸之路的开端,更是南北丝绸之路的一个重要枢纽。由成都出发的"南方丝绸之路",大致从北向南,由若干条干、支线构成了一个大范围的交通网络,其主干线路则主要有两条:一条是"旄牛道",又称西线;另一条是"五尺道",又称"南方丝绸之路"东线。成都也是古代尤其是早期丝绸输出的最重要的原产地和动力源,即使在整个南北丝路构架中,成都也在很长时期充当了一个最为重要的枢纽,为中西交通和文化交流传播作出了重大贡献。从远古以来,除了北越巴山秦岭的栈道和东出三峡的长江水道,还有一条重要通道,就是从成都出发溯岷江河谷西北向抵达岷山以出甘青的路线,习称"河南道"。这条路实际上是北方"丝绸之路"的又一条重要路线,也是从成都出发的地地道道的蜀道,这条交通要道随着宋明以来形势的变化及"海上丝绸之路"的开辟才逐渐衰微,但在此前,这条打有成都印记的北方"丝绸之路"长期发挥着重要的国际国内交通枢纽作用。从成都出发的北方丝绸之路"河南道"在某些历史时期甚至起着沟通西域的交通干道作用。

据《汉书·地理志》记载,在汉代成都的人口数已经达76256户,仅次于当时的都城长安(80800户),是汉代的第二大城市。

唐肃宗至德二年(公元757年),以蜀郡为唐玄宗幸蜀驻跸之地,升为成都府,先后开发了开摩河池、百花潭等旅游胜地,诗人李白、杜甫、王勃、李商隐、高适、卢照邻、岑参、薛涛等因倾慕成都的美景而短期旅居成都。杜甫的著名诗句"窗含西岭千秋雪,门泊东吴万里船",生动地描绘了成都当时作为长江上游重镇和西南经济文化中心商贾如云、车水马龙的繁荣景象。唐代后期,成都除了有全国重要的菜市、蚕市外,还有"草市",当时的成都货商

> **草市**
> 　　草市在南北朝时期兴起,唐代的草市一般在州县城以外的水陆交通要道,或关津驿站所在之地形成的集市,交易的货物主要是水产品、盐、酒以及日用百货等生活必需品。唐朝中期以后,农村商业发展,草市更盛,其中一部分发展成为居民点,极少数上升为县、镇;而紧临州县城郭的草市,则发展成为新的商业市区。

云集,是西部重要的货物枢纽。当时有"扬一益二"的美誉(成都古称益州),与当时得运河交通之便、"十里长街市井连"的扬州,同为商业大都会。

宋朝时期,成都的经济更加发达,在成都城东西南北都设有专门的蚕市、药市、花市灯会。由于商业发达,成都出现了世界上最早的纸币"交子"。北宋仁宗在位时(公元1023—1063年),在益州(即成都)设官办交子业务,由官府公开印刷,发行"交子"。当时,成都市的丝绸业规模扩大,品种增多,蜀锦花样由唐时的10多种发展到宋朝时期的40多种,能织出天马、流水飞鱼、百花孔雀、如意牡丹等新花样,占全国各地上交总数的70%以上。

至元二十三年(公元1286年),元朝中央政府在成都设置"四川等处行中书省",后简称"四川省"。成都的地位随即上升,成为当时西部的政治中心、货物枢纽。意大利旅行家马可·波罗(公元1254—1324年),在元朝初年游历中国时,在他的游记中曾记录过成都的安顺桥:"城内有一座大桥,横跨其中的一条大河,从桥的一端到另一端,两边各有一排大理石桥柱,支撑着桥顶。桥顶是木质的,装饰着红色的图案,上面还铺着瓦片。整个桥面上有许多别致的小屋和铺子,买卖众多的商品,其中有一个较大的建筑物是收税官吏的居所。所有经过这座桥的人都要缴纳一种通行税,据说大汗每天仅从这座桥上获得的收入就有一百金币。"从文字中可以看出成都当时的繁荣。

经过明末清初60年的战乱,成都遭受极大的破坏,直到康熙年间,在毁于战火的城墙原址上重新筑城,设四门,城市有锦江从东、从南流过,城墙修筑顺应河流走势,呈不规则方形。有四门,城外有宽广的护城河,称为御河,与城外锦江相通。当时朝廷实施"湖广填四川"大移民,成都逐渐恢复生气,省会也又迁回成都。当时的繁华地带在城市的东南部,因这里水陆交通便利,因此沿街各种店铺密集。

大自然虽然赋予了成都得天独厚的生存环境,却也留给了它极为恶劣的交通条件——蜀道难,难于上青天。成都四周绵延绝顶的崇山峻岭,几乎就是一个先天封闭的自然屏障。人们不禁惊叹,在这样一个"其地四塞,山川重阻"的盆地,它靠什么成为了长江上游的古代文化中心,又怎么会成为中华文明最重要的发源地之一?或许中原经历了一次次浩劫的时候,巴蜀大地却显得相对安宁与祥和可以回答这个问题。

二　蜀道难通

> 连峰去天不盈尺,枯松倒挂倚绝壁。飞湍瀑流争喧豗,砯崖转石万壑雷。其险也如此,嗟尔远道之人胡为乎哉!剑阁峥嵘而崔嵬,一夫当关,万夫莫开
>
> ——李白《蜀道难》

狭义上的古蜀道仅包括四川境内的路段,其南起成都,北止于广元七盘关,全长大约 450 公里,至今已有 3000 多年历史,是保存至今人类最早的大型交通遗存之一,比古罗马大道的历史更为悠久。它在历史上沟通成都平原至关中平原,是跨越西南与西北最活跃和最兴旺的商贸线路,不仅直接促进了区域间的物流和人际交往,也影响了中国与世界的交流和往来。

成都平原四周尽为高山,其地"屹然四塞",内外阻隔,故蜀郡通外古道以"难"著称于历史。然而剑门险关的开辟,为粮草等货物的运营打开了一扇大门,同时也为历史增添了神秘之感。

在白垩纪地壳运动中海水下跌,海底石隆起,形成的一座座绵延百里的砾岩山体,这坚硬的山体有 72 峰,峰峰如剑,大小剑山两山对峙,状似一道门,剑门蜀道就从门缝中蜿蜒穿过。乃"一夫当关,万夫莫开"的兵家必争之地,凡有志于蜀中称王者,必先攻下这个天险。"打下剑门关,犹如得四川",从三国孔明建关设尉起,剑门关就是一个异常雄险的古战场。据历史记载,剑门关还没有从正面被攻破的记录。

古道一出平原丘陵之境,所历尽为高山深峡,沿途天梯石栈,阁道连云。行旅嗟其难逾,运输就更为艰难,加之随时发生的地崩山摧阻塞,或因战争和蜀中政局动荡,人为断道,古道时通时阻,故一曲《蜀道难》成为千古叹息。

关于蜀道开辟的传说,《华阳国志》《蜀王本纪》《水经注》等古书均有记载。传说战国中后期,秦惠王见

剑阁蜀道

蜀道难行

剑门关

古栈道

　　栈道是我国古代在峭岩陡壁上凿孔架桥连阁而成的一种通道，又称阁道、复道。是兵家攻守的交通要道，工程艰巨，路途险恶，是我国古代交通史上的奇迹，《战国策·秦》记载"栈道千里，通于蜀汉"。川陕之间的栈道始建于战国时代，拓展于秦汉两代。古代蜀中的专栈道，主要有子午道、金牛道、米仓道等。

古蜀国第十二世开明王朝国力衰退，蜀王荒淫无道，便欲攻打蜀，但是秦国到蜀国被千万重大山阻隔，根本没有道路可以通行。大约秦惠王深知蜀国人有崇信巫术鬼神的迷信传统，于是心生一计，请人凿刻了五头巨大的石牛，赠送给蜀王。秦王派人在石牛尾下放置黄金，每头牛还像模像样地安排了专门的饲养人员。蜀国人一见到这些石牛，以为是天上神牛，能屙黄金。蜀王大喜，便派国中五个有移山倒海之力的大力士，开山辟路，以便将石牛拖运回成都。没过多久，秦国的兵马便踏上了这条蜀道，攻占了古蜀国。

　　然而古蜀道真正的形成却并没有那么轻松，它是经过无数血汗的积累修筑而成。《隋书·地理志》曾描绘四川"其地四塞，山川重阻"。"地崩山摧壮士死，然后天梯石栈相钩连"就是诗人李白想象中的古人修栈道时的惨烈之状！在这个曾是鸟道都难寻的古蜀之地，中原文化仍冲破天然险阻来到了这里。而今天人们看到的这些栈道，就像空中楼阁一样吸附在悬崖绝壁之上，蜿蜒而去，在不具备任何现代技术和设备的条件下，古蜀先人却奇迹般地让这一条条崎岖的栈道在攀附这悬崖绝壁之上。

　　2000多年前，司马迁就形容地"栈道千里，无所不通"，那时的成都，就已然成为了西南地区的重要的交通枢纽。《史记》记载：在汉代初期，成都的蜀布和竹杖就传入了印度。这正是在张骞通西域、开辟北方那条著名的"丝绸之路"之前，成都一条通往南亚的"南丝绸之路"的最好证明。

　　剑门关上的72峰见证了千百年来的血雨腥风。从蜀汉建兴五年(公

元 227 年）到景耀六年（公元 263 年），为巩固政权，兴复汉室，蜀汉丞相诸葛亮、大将军姜维先后 16 次北伐魏国，当时姜维镇守剑门关的故事也流传千古，仅以三万人马却拒魏国邓艾十万大军于关外。剑门关是北伐大军的主要通道和拒敌于域外的咽喉要地，也是粮草供给的重要物流枢纽。

▲
诸葛亮率大军运送粮草过剑门关

经受了历史上的几次重大的浩劫，成都全城焚毁于战火之中，这座文明古城几乎变成了一座空城。康熙年间，在经历了历史上著名的"湖广填四川"后，成都成了一座名副其实的移民城，并开始了它的第二次崛起。在 100 多年间，成都地区便承上启下的迅速恢复起来，它不仅完整地承继了长达 3000 多年的精神遗产，还汲取更为广阔丰厚的外来思想与文化基因，开始了新的复苏、重建与成长。并在很短的时间里，再度成为甲冠西南地区的经济文化中心与货运枢纽。

第二节　西南枢纽

栈道，一开始就是为了交流和开放。在封闭中寻求开放，在阻挡中寻求发展。这些栈道加上夔门，扬帆东下的水路，造就了成都盆地的万业兴盛。延绵了 2000 多年的水上物流几经兴衰，终于渐渐被四通八达的陆路和航空所取代。巴蜀儿女开山凿路，架桥飞梁，在山中挖掘希望，在水上铺筑前途。成都的航空走在全国的最前沿，它有着抗战时期全国最大的军用机场，更有着西南航空物流中举足轻重的国际机场，这些都是历史赋予成都的使命，也让时代变迁记录了成都的成长。

一　通江达海

在秦汉以前，成都四周高山环峙，形势险要，故成都古代陆路运输极其困难，大宗货物进出多取水道，成都水道循岷江、沱江及其支流而开辟，联结成网，上通岷山山区，中联平原各部，下入万里长江，"一篙春水，绿到江南",沟通吴楚闽越,甚至海外。自秦李冰"穿二江成都之中"之后,成都成为了以通江航运为主的重要货运城市。成都的港口起源于内河,最早的港口是岷江至长江漕运的第一港——成都港。水运主要靠水流为动力,因此曾备受人们关注,如此2000多年不绝。

在成都,能够起到物流枢纽作用的港口码头主要由成都港、新津港、赵镇港3个港口组成,此外,成都地区岷江、沱江及其支流航道沿岸还有许多水码头作为一方一地水运货物集转地。水码头为船筏装卸货物、泊岸过夜之地,历史悠久。水陆运输于此相衔,利于货物流通。

1.成都港

早在秦汉时期,岷山的竹木材随岷江水流至成都起岸,建粮仓于东城外,濒临两江,方便漕运。汉代蜀郡的粮食、手工业品、土特产品多于成都港集中,水运远销吴楚、岭南,甚至国外。锦官城、车官城临检江而建,利用水运输入原料,输出制成品;两江沿岸市场繁荣,百货纷呈。晋代及南北朝时,成都港多充作军港使用。晋代益州刺使王浚奉诏伐吴,以成都港作为营造战船和调集、训练水军的基地。晋咸康六年(公元340年)成汉李寿谋伐晋,在成都港检阅水军,"舟师溯江而上,过成都鼓噪盈江"。唐代,成都发展为"水陆所辏,货殖所萃"的大都会,吴盐蜀麻往来相通,成都港内停泊着往来于吴蜀的万里船舶,沿锦江直至浣溪上。满载粮食的万斛船在成都港挂帆启船,短途运销的商船日暮纷纷返港。万里桥畔有船舶市场,两江合流处的合江亭是送别乘船远行者的地方。唐贞元年间(公元785—805年),锦江万里桥一带港运繁忙,市场繁荣,客商云集,歌楼酒家鳞次栉比,西川节度使韦皋又"于万里桥隔江创置新南市……水之南岸,人逾万户,廛闸楼阁,连属宏丽,为一时之盛"。唐乾符三年(公元876年)新开清远江(即今府河)航道附成都城北、城东通过,成都港港区扩充,港航合抱城市。装卸船舶、转运仓储更加方便。宋代,成都港为朝廷在川西开展水陆纲运的基地,设有执掌港航船舶进出的船官。元代,成都港进一步繁荣,"水上船舶甚众,未闻见者,必不信其有也;商船运载货物,往来上下,世界之人无有能想象其甚者"。明代,九眼桥一带形成码头搬运货物、仓储转运的集中区,九眼桥为"轮蹄担负者必取之涂"。清康熙四十八年(公元1709年)沟通柏条河与府河,使灌县竹木筏直放成都,成都北门府河沿岸渐成木材码头和木材市场。清雍正九年(公元1731年)疏通城内金水河航道,与府河相通,船舶载货入城,方便城市供应。乾隆年间,成都港以东门府河码头区最为繁荣,"出东门自西而东者,轮蹄络绎……百货交驰,是以本地繁庶而毂击肩摩自朝达夕"。清末,成都港形成三大码头区,即东门府河码头区,北门府河码头区,南门南河(锦江)码头区。光绪末年,成都港港航监理划归水道警察局管理,对出入港区客货实行检查验票放行。清末民初,长江各地的百货、布匹、棉纱、苏广杂货,岷江下游的盐、煤、纸、柴、石灰等多水运至成都销售,或转销川西、川北各地;灌县、崇宁、郫县、彭县等地的木材、药材、山货、木炭、叶菸、粮食、菜油等,水运至成都港,部分供应成都,其余由成都港发出,分水陆运输销往川东、川南或外省。"填不满的成都府"的说法即源于成都港的大量吞进吐出。抗日战争时期成都港运迅速进入繁忙时期,川西各地的大批粮食,部分通过成都港源源运往川外,出入成都港的船筏、货物数量陡增。

新中国成立后,1951—1953 年间,成都港水运行业进行民主改革,建立船工工会、新民船业同业公会、木船联营社,发展港航运输。由成都航运管理站全面管理成都港航运。1956 年建成岷峰木船运输合作社,从事短航、驳运生产。但随着水量减少,航道通航能力急剧减小,客货运业务骤降,成都港港航开始萎缩,20 世纪 70 年代停航,港运结束。

2.新津港

三江交汇,五津渡泊,天然的航运优势不仅造就了新津的港运物流优势,也谱写了历史上经历繁华兴衰的新津港水运物流纪实。

新津港地处五水冲衢,水运上通都江堰市、温江、崇庆、大邑、邛崃、蒲江各县,南下彭山江口,入岷江、长江。由江口转府河北上,经双流(华阳)县地可至成都,是历史上川西地区沟通外界、联系内部的一大水运枢纽。

汉晋间,今新津港上下的五大津渡是蜀郡与犍为郡往来的重要通道。南北朝梁时,三江(金马河、西河、羊马河)会聚处(今五津镇)商贸繁荣,形成新津市(场)。唐代,五津渡口闻名天下,"风烟望五津"的诗句即咏此。唐开元二十八年(公元 740 年),新津大南河上筑成通济堰坝,拦水灌溉,从此新津港港运受阻,大船不能进出港域,其待装待卸的货物必须通过提堰、驳运等复杂繁重的劳动才能送达,沿习至现代达 1000 多年。清末新津港进出货物量大类多,大宗计有湖北运来的棉花,上海、湖北运来的官纱洋纱,犍为、乐山运进的食盐,邛崃、蒲江、大邑运进又转销乐山

新津水路
运输

一带的大米,本地运出的叶菸、花生等。港内常年担任驳运、短运转运的半头船有120余只。民国期间新津港形成邓公场、三水渡、五津镇、城东门、城西门五大码头区。各码头区按吞吐货物类别,或所属商家分成小码头若干。南河由西向东附县城而过,河面宽阔,水流平稳,船只停泊和装卸货物十分方便。湖北、江西客商建黄州会馆于太平场,专营棉花、棉纱销售;城西有木材、烧柴、煤炭堆场,城内有储运菜油、米粮的堆栈;外东有盐务局专用码头,太平场、邓公场、五津镇没有收驳换装的场地。1916年成嘉公路(成都至乐山)通车,新津港水陆衔接运输量增加,原由南河、府河运成都的大宗货物,改由新津港起岸陆运。成都、乐山间陆路往来货物及车辆,也须在新津过渡,五津镇、三渡水码头成为水陆运输货物集转地,新津港港运更加繁忙。1933年、1935年邓公扬、南河先后建成汽车渡。抗日战争时期因崇庆、温江、大邑、蒲江、邛崃及本地支前货物多通过新津港运出,港区内船筏进出频繁,形成"帆樯如林"的港运盛况,总计年进出货物量约27万吨以上。

1951—1953年对新津港民船业、码头搬运业实行民主改革,1953年9月成立新津港新码头协会,全港实行统一调度运力,编组船队,执行统一运价,确保港运生产正常。50年代中期起,温江、崇庆、大邑、邛崃、蒲江原通过水运销往川东的大宗货物,如大米、油麻等,运进的日用百货、工业品等,均改经成都由公路、铁路运输,新津港货物集散量锐减,港运生产大幅度下降。1952年全港有木船500只,总载重量2500吨,1956年减至156只,总载重量737吨。20世纪60年代,新津大桥和南河大桥先后建成,结束了新津港公路渡运的历史,港航运输更加萧条。1979年交通部门船舶全部停航,新津港只有零星的个体船舶进行打捞、捕捞作业,昔日帆樯如林的新津港面貌已不复存在。

3.赵镇港

川江绵延,沱江之源,始有一港,赵镇其地,八商运营,舟船万里,商贾不暇,客货络绎。

赵镇港扼沱江正流之首,历来为川西北一大水陆运输枢纽,清代改称赵家渡。康熙中期沿河形成集镇,赵镇港水道上通灌县、崇宁、郫县、新繁、新都、彭县、什邡、德阳、广汉、绵竹等县地，下经泸州入长江通川南、川东，以至省外，由赵镇港溯毗河至石堤堰转府河可至成都。历史上省外、川东、川南货物溯长江，沱江运至赵镇港，然后分流转运支流各县，或通过小川北道、川中道运川北、川中各县；川西、川北、陕甘货物通过支流航道水运或古道运至赵镇港集中，换装大船下运川南、川东及省外。嘉庆年间省内外商人聚集赵镇坐庄经营，创建"八商码头"，兴建货栈接转和储运上下货物。清末，赵家渡以其水运优势吸引商贾云集，成为省内外货物集散、交流的一大中心，号为蜀中名镇。光绪末年至宣统年间，每年

沱江

沱江是四川一条与众不同的大河。沱江的发源地，是四川盆地西北缘的九顶山，又名茶坪山。这座山里的东、中、西三处分别流出许多溪流，逐渐汇成三条较大的支流：西边一条湔江，长139公里；中间一条石亭江，长141公里，东边一条绵远河，长180公里；它们汇合在金堂赵镇附近，才正式成为沱江干流。因为绵远河最长，所以现在把它定为沱江的正源，另外两条就算旁系支流。

省外水运至赵镇的大宗货物大约有：洋布5000匹、洋缎500匹、洋线1000斤、湖北机线1万斤、江西瓷器折银1万两、江浙及楚粤海味折银3000两；赵镇下运的大宗货物每年约有白米几万石、菜油250万斤、油枯6000万斤、叶菸14万斤、灌县木材折银2万两。因赵镇下运货物多至重庆集散，故清末即有"搬不空的赵家渡，塞不满的重庆府"之说。光绪年间，赵镇船帮列为商家八大帮之一。民国十年（1921年），赵镇港航船业依营运的河道不同，组成十二大帮，约有2500只大小船行驶于赵镇与泸州间，赵镇港内常年停泊六七百只待装待发船只。

　　抗日战争时期赵镇港支前水运繁忙，1940年顺毗河—沱江—长江，自新都二江沱起，至重庆止，816公里航道被辟为新（都）渝水运驿道，通过赵镇港集转的货物量大增，港运进入高峰时期。港内上起平安桥下至姜市浩（今韩滩桥下）约1公里河段，两岸泊满船只，鳞次栉比，仅留河心一条狭长通道。据统计，1935—1944年，赵镇港大宗货物进出量年平均约为25万吨。抗日战争胜利后进出货物锐减，港运经营陷入不景气的阶段。1950年登记赵镇本港船舶共780只，比抗日战争时的1500余只

(1939 年)减少近一半。

1952 年成渝铁路通车营运,原由沱江下运的大宗货物改从铁路运输,赵镇港水运地位开始下降,当年下半年即开始动员本港船工转业,木船联运社卖掉无货可运的船舶,同时遣返外籍船只。随着宝成铁路建成通车加之公路运输发展加快,原川北陆运赵镇转水运的货物亦改为铁路或公路运输;沱江上源支流各县货物先后亦改为铁路或公路运输,赵镇港水运衰落加剧。1968 年沱江上源支流全部停航。1976 年赵镇至淮阴公路建成,赵镇至金堂下五区的短途水运亦被公路运输取代,至此赵镇港已基本无水运业务。

二 路在四方

蜀道交通历史悠久,早在夏商时期蜀族先民便开辟了自成都平原出发,北通关中入中原的道路。通过 2000 多年的建设与发展,成都已成为中国西部的陆路交通枢纽。

1.四通八达公路网

公元前 5 世纪中叶,古蜀国开明王朝将都城从广都樊乡(今双流县)迁往成都,构筑城池,自此,成都逐步被建成北通秦陇,联系中原,南达僚僰,沟通南中,东抵巴楚,西至青衣的道路交通中心。著名的金牛道与"南方丝绸之路"在成都相衔,成为祖国西部纵贯南北的交通干线。

1926 年,成灌公路历经波折建成并开始通车,它是成都第一条公路,也是四川省第一条公路,其修建过程曲折艰辛。1913 年,川督兼民政长胡景伊决定修筑成都马路,委派巡警总监戴洪畴为筑路总办。修路经费由政府出钱,收购土地。聘技师进行路线测量,但受到当地土匪、地主的横加阻挠,民间冲突不断发生,再由于经费困难,从灌口镇观风楼至赵家院子只修了 2 里长的马路,整个工程被迫完全中断。到 1923 年,省长刘成勋筹办成灌公路,局部动工,当时成灌公路修得弯弯曲曲,原因是要绕过当地有势力人家的宅院、大瓦房、墓葬、风水和土质都比较好的田地,至1926 年,成灌公路正式通车,一辆 16 座福特汽车首次由成都驶向灌县。修路的材料很简单,碎石加泥巴石灰铺路,晴天路况稍好,雨雪天气道路就成稀泥汤,铺桥的材料是石板或木料,承重有限,年深日久,汽车经过压断木料影响通行,司机、乘客下来补桥修路的事情经常都有,有时干脆叫乘客下车走路过桥,或走过一段路再上车继续前行。成灌公路通车之初,人多车少,求大供小,到灌县去先要到公管局的布簿上登记,交清钱款,但即使这样也很难保证成行。

成灌公路开工后,成都开始修建其他公路。1925年,成都经新繁至彭县公路及成都至康定公路先后动工;1926年,成都至嘉定(今乐山)公路动工;1927年,成都至简阳公路动工,岳池至顺庆(今南充)公路动工……成都交通从此翻开崭新篇章。随着四周公路的陆续兴建,20世纪30年代初,以成都为中心的辐射公路网使得汽车以及新式人力车、畜力车得到了发展。抗日战争时期,国民政府应战时运输需要,对成都的公路进行整修延筑,公路交通事业得到快速发展。抗日战争胜利后,受内战影响,社会秩序混乱,客商裹足,成都公路运输业陷入萧条,日益衰退。临成都解放前夕,部分路段和重要桥梁渡口遭国民党溃军破坏,交通为之中断。

新中国成立后,人民政府立即投入大批人力物力,修复公路,恢复交通。新修川藏和成阿两条干线公路,组建国营运输企业以及商车联营组织,大力发展公路交通事业。1957年,对成灌公路进行了改建,把沿途场镇连接起来的成灌公路铺上柏油沥青,两边凿开排水沟,栽上护路的树,树的下半身刷上了石灰,好像"翠林长廊"。自成灌公路改建工程完工通车之后,历史便拉开了成都现代交通建设发展的帷幕。

20世纪50年代末起,开始大量新修县乡公路和专用公路,使之与干线公路相接,形成网络。通过持续建设,到70年代,成都地区公路总里程增到近5000公里,90%以上的干线公路铺筑了油面,飞架的长桥代替了昔日的渡口,公路技术标准大大提高,运输量不断增长。但限于新建的4000多公里县乡公路技术标准低(县道均在四级以下,乡道大多为土路),且多断头路,汽车运输难以深入,未能较好发挥作用。80年代初,在经济改革大潮推动下,客货流量增加,大批机动车辆投入运输。已有的公路不胜负荷,车阻路塞的现象随时可见。乘车难、运货难日益突出,交通运输制约着经济的发展,促使成都加快公路建设的步伐。20世纪90年代成渝、成绵、成乐高速公路建成通车,进入新世纪后,成雅、成灌、成南、成彭、成都绕城高速公路相继建成。成都市公路建设取得瞩目的成就:不仅是108国道(北京—昆明)、213国道(兰州—云南磨憨)、317国道(成都—那曲)、318国道(上海—西藏友谊桥)、319国道(厦门—成都)、321国道(广州—成都)的交会,还建成了"环形加放射"的9条高速公路,真正做到了四通八达,"其地四塞"的四川盆地,已经形成了以成都为轴心的 2 小时经济圈。

2.铁路枢纽

成都倡修铁路始于清末。曾在成都爆发的震惊全国的保路运动,即因倡修铁路,争回路权而起。1911 年 9 月 7 日,四川总督赵尔丰诱捕保路同志会代表蒲殿俊、罗纶等人,封闭铁路公司,并枪杀请愿群众,制造了震惊中外的成都血案。声势浩大、规模壮阔的保路运动,对全国的震动是巨大的,使国内本已十分紧张的政治空气陡然增加。湖北抽调新军入川,更加促进了武昌起义的爆发,故保路运动沉重地打击了帝国主义与清王朝在中国的统治,极大地鼓舞了革命党人的斗志,为武昌起义点燃了导火索,掀起了辛亥革命的高潮,为中国资产阶级民主革命立下了不朽的功绩。

成渝铁路原貌

1936 年始动工修筑成渝铁路,但时修时停,直到成都解放,未见铺上一寸钢轨,只留下那负载着四川人民沉重愿望的"辛亥秋保路死事纪念碑"矗立于市中心,供世人凭吊。

1950 年 1 月 2 日,以邓小平同志为第一书记的中共西南局做出的第一项重大决策:"以修建成渝铁路为先行,带动百业发展,帮助四川恢复经济。"

1952 年 7 月 1 日,成渝两市同时举行通车典礼。这是第一条由中国人自己勘探、自己设计、自己修筑、全部采用国产器材的铁路,在中国铁路建筑史上写下了光辉的一页。成渝铁路的建成拉开了新中国大规模经济建设的序幕。此后,随着宝成、成昆铁路的建成通车,成都成为衔接三大干线铁路的枢纽。干线铁路沟通支线铁路、专用铁路,形成以成都为中心辐射四方的铁路网络。

如今,运行了 50 余年的成渝铁路已完成了电气化改造,年输送能力提高了两倍,客运量提高了 10 倍以上。成渝铁路横穿四川盆地中心,它将四川省的省会成都和直辖市重庆连接在了一起,有力地促进了西南地区物流,也沟通了西南腹地与长江沿岸东部各省(区)的经济交往。

1952 年 7 月 1 日,宝成铁路开工建设。这是一条穿越秦岭崇山峻岭

的中国第一条电气化铁路。1958年元旦，宝成铁路全线交付运营。宝成铁路全长668公里，从南端的四川成都，直达北端的陕西省宝鸡市，北与陇海铁路、宝中铁路相接，南与成渝铁路、成昆铁路接轨，是沟通中国西南和西北，以及成都通往北方的重要铁路干线。长期以来，成都的货物运往首都，或是销往大西北，主要依赖的就是宝成铁路。

贺龙元帅在宝鸡参加宝成铁路通车典礼

1999年底，宝成复线电气化铁路建成通车，通车后客车通过能力由每天43对增至78对，年货运能力由1158万吨提高到5000万吨。

宝成铁路是沟通西北与西南地区的第一条铁路，它的修筑和改建有着非同寻常的战略意义：它改变了"蜀道难"的局面，为发展西南地区经济建设创造了重要条件，对促进成都地区的经济发展有着不可估量的战略意义。宝成铁路主要承担西南、西北地区间的货物交流，是全国铁路网的骨架，使西南地区的物流与东部、北方联系在一起。

成昆铁路原为国防三线建设的重点工程，起于成都，止于昆明，1958年7月开工建设，中途一度停工，1970年7月投入运营。成昆铁路穿越地质大断裂带，设计难度之大和工程之艰巨，均属前所未有。沿线山势陡峭，奇峰耸立，深涧密布，沟壑纵横，地形和地质极为复杂，素有"地质博物馆"之称。沿线物产、资源丰富，成都至峨眉山段，穿过素有"川西粮仓"之称的川西平原；铁路通过的攀枝花市、凉山彝族自治州，矿产、水力资源极为丰富，攀枝花大型钢铁基地，二滩等一批大型水电站的建设急需

成昆铁路

铁路运输；铁路沿线还埋藏着煤、铁、铜、铝、锌等多种金属矿和石棉、磷、岩盐等多种非金属矿。成昆铁路把成都平原所生产的工业产品通过成昆铁路销往沿线所需的地区，沿铁路线的各种资源也源源不断输入成都，也保证了成都的工业生产和经济发展。

达成铁路西起成都，东至达州，

163

达成铁路

全长 374 公里。连接襄渝、兰渝、遂渝、成渝、宝成、宝成、达万铁路，横贯四川盆地，是出川要道和出川铁路咽喉。达成铁路于 1992 年 6 月开工建设，1997 年 12 月全线通车，复线于 2009 年 7 月正式投入运营，这是西南地区第一条（准）高速铁路。承担着四川东出至华中、华东、华南，北上华北、东北，南下华南、东南的近一半的运输任务。沿线主要城市有：达州、南充、遂宁、成都。达成铁路是一条客货兼顾的铁路线，因为属于高铁线路，货物在沿途运输的时间大为缩短。

随着达成铁路的建成通车，成都成为衔接四大干线铁路的枢纽。干线铁路沟道支线铁路、专用铁路，形成以成都为中心辐射四方的铁路网络，跨越江河峡谷，变险堑为通途。2010 年，随着成灌快铁的通车，成都市的铁路建设进入了一个新的大发展时期，成都不仅是我国西南的铁路枢纽，而且将成为国际铁路枢纽，成为我国西南地区的国际物流大通道。

成都现有成都站、成都东站、成都南站、沙河堡火车站等四座火车站，其中成都东站是西南规模最大、功能设施最为先进的铁路客运枢纽，2011 年 5 月 8 日正式投入运营。

成都站坐落在成都市人民北路一段北端尽头。1952 年 7 月 1 日建站，是西南最大的铁路枢纽，也是西南最大的特等站。办理旅客、行李、包裹运输业务，负责旅客列车始发、终到的技术作业，同时兼办专用线的整车货物运输业务。成都站有可直达全国各大城市的列车。

成都站

成都南站于 1970 年 7 月 1 日正式投入运营，它距离成都站 24 公里，是一个客货特等站，可办理包裹托运、整车货物发到等货运业务。

沙河堡火车站建于 1960 年，位于成都市金牛区沙河堡，是一个成昆线上的铁路车站，为四等客货站，货运方面主要办理整车货物发到及直达整零货物发到，但不办理整车鲜活货物及危险货物发到。

三 连接东西

同现代公路与铁路交通事业相比，成都市的民航事业创办较晚,但在新中国建立后发展迅速,与公路、铁路交通齐头并进,构成成都市交通运输的立体格局。

成都最早的机场为凤凰山机场,始建于民国4年(1915年)初。当时的机场极为简陋,仅为一大平坝而已。至1946年7月,成都附近的飞机场共有12个:成都、温江、新津、邛崃、大邑五县各1个,华阳、崇庆县各2个,双流县3个。新中国成立后,成都民航使用的机场有:新津机场、广汉机场、成都双流机场。

1.新津机场

新津机场位于新津城东老五金镇,始建于1928年,后经扩建,到抗战后期,成为大后方最大的机场。1944年夏,美国空军进驻,新津机场立即扬名世界。

2.广汉机场

广汉机场的修建其实与抗日战争密不可分,作为抗日战争大后方的抗战"特种工程"之一的航空工程,机场的建成投用为打击日本法西斯势力提供了有力的空中保障。

新中国成立后,广汉机场交空军使用。1982年民航成都双流机场扩建,为使西南及四川省民航飞行不致中断,广汉机场定为过渡机场进行扩建。广汉机场扩建后,具备供伊尔18型以下飞机起降能力。成都双流机场扩建任务完成后,西南的飞行中心又顺利地从广汉机场转场至成都双流机场,广汉机场仍为民航飞行学院的重要训练基地。

3.成都双流国际机场

成都双流国际机场位于成都市西南郊双流县城东侧约2公里、离成都市中心约16公里处。1938年12月,为军事需要,航空委员会建筑西川机场委员会决定在双流县境内双桂寺修建一个机场,供空军军士学校使用,另外,部分捷克经苏联转场的空军及货物也来此短驻。1956年12月12日,军委总参谋部批准将双流双桂寺机场划归民航使用,更名为"成都双流机场"。

成都双流机场由之初的杂草丛生之地,建成为国内主要航空港之一,至今已是中西部地区最繁忙的民用枢纽机场,是西南地区的航空枢纽和重要客货集散地。

1994—2001 年, 机场先后对飞行区和航站区进行了大规模扩建。2008 年 5 月 31 日, 世界最大的客机空中客车 A380 满载救灾物在成都双流机场顺利降落。2009 年 10 月 1 日成都双流国际机场第二跑道(4F)由四川航空试飞成功。成都双流国际机场是继北京首都、上海浦东、广州新白云机场、重庆江北国际机场之后的内地第五个拥有两条机场跑道(4F 级)的机场,并于 2011 年 4 月正式全面投入使用。机场共开通国际、国内航线 147 余条,航线总长 17 万公里,运输能力达 9 亿吨公里,是中国四大航空枢纽之一,也是中西部最大最繁忙的机场。

四 贯通巴蜀

由于成都靠近我国盛产天然气的川东地区,成都的管道运输起步比较早,而且管道运输的技术比较成熟,管道的网络也比较完善。

1966 年,成都第一条管道运输线威远—成都输气管道竣工,这是我国制造业发展以及管道建设水平和工艺水平提高之后管道建设逐渐向大型化方向发展的标志性工程,自此我国管道运输在区域内(四川)形成网络。

1979 年建成川东垫江县龙溪河—重庆—泸州—威远—成都—德阳干线及支线输气管道。

1987 年,建成了以卧龙河和渠县脱硫厂为起点,成都为终点南、北输气干线,管径达 720 毫米。

这些管道的修建,为成都供应了大量发展所需要的能源,促进了成都经济的发展。

五 物流旗舰

成都是我国西部地区的货物枢纽,物流园区的建设和物流企业的发展在西部与重庆并驾齐驱。

1.物流园区

成都主要有成华物流园区、武侯物流园区、航空物流园区、国际物流园区等物流园区。

(1)成华物流园区

成华物流园区位于成华区八里庄——二仙桥地区，以成绵、成南、成渝、宝成、成昆、三环路、绕城高速为物流通道。周围分布有九个大型专业批发市场，对运输中转、集装箱拆拼加工、干线运输作业的需要突出；有两个大型零售卖场，有快速、高效配送的物流需求；同时，它还地处尚处于规划起步阶段的成德绵经济带。

(2)武侯物流园区

武侯物流园区位于成都武侯区高碑村，依托现有的西南物流中心，以人民南路、机场高速、成雅高速、成乐高速、川藏公路、三环路、绕城高速为物流通道。毗邻成都高新技术开发区，周围分布有众多大型零售卖场，对快速、高效配送及流通加工的需求突出；有两个大型工业园区(成都高新工业园区、中国西部鞋都工业园)，产生大量供应链上物流整合的需求，需要专业的第三方物流企业提供支持；有两个大型批发市场，对运输中转、干线运输作业的需求突出；有两个会展促销中心(国际汽车会展中心、磨子桥IT产品会展促销中心)，对快速、高效配送及流通加工的需求突出。

(3)航空物流园区

航空物流园区依托成都双流国际机场，是中国中西部的集航空、公路物流于一体的现代物流枢纽园区。园区积极围绕"区港一体，整体联动"的发展思路，着力打造"国内一流，国际知名"的航空物流框架体系。航空物流园区2006年开始建设，分三期建设，2035年全部完工。周边工业园区众多：西航港经开区、龙泉驿经开区、高新技术开发区、温江海峡两岸工业园区等聚集了大量企业进驻，形成了巨大的产业基础。目前园区已经引进部分国际、国内知名企业，一个国际性、枢纽型物流园区已粗具规模。园区重点发展航空物流、仓储配送、引进大型物流企业、基地航空公司、物流整合商以及地产商建立货物分拨中心和仓储配送中心，为高附加值、时效性货物提供一系列增值服务。

航空物流园区 ▼

(4)国际物流园区

国际物流园区位于成渝高速公路旁，依托四川宏盛国际物流中心，以成渝公路+长江水运+海运、铁路+海运、成都—北海海运为物流通道。距成都高新技术开发区 10 公里,距国家级成都经济技术开发区(龙泉) 13 公里,紧邻五桂桥加工贸易区。国际物流中心紧邻成渝高速公路，而成渝高速公路是四川公路运输网与沿海出口通路连接的重要通道，在此发展外向型、出口主导型物流中心符合交通网在空间上的分布。利用四川宏盛国际物流有限公司办理进出口货物运输代理积淀的基础和交通地理优势,建设以进出口货物运输、外贸仓储为主的国际物流园区。

2.物流企业

成都中铁西南国际物流有限公司成立于 2000 年 6 月，为成都铁路局多元集团公司所属国有独资企业，主要从事铁路运输代理、仓储、装卸、配送、大件国联、五定班列、运贸一体化经营等业务,2013 年通过国家 5A 级物流企业认证，是四川省首家国家 5A 物流企业。在成都、广元、绵阳、峨眉、西昌、攀枝花等地分设 17 个子分公司,在宝成、成渝、成昆沿线 88 个车站设有经营网点。拥有城厢、西昌南 2 个物流中心,12 个战略装车点,在成都、重庆、西昌、广元、江油、德阳、攀枝花、峨嵋等地设立经营点 100 余个。公司与铁路 TMIS 系统信息共享，实现了运输计划网上填报,运输方案网上申报,在途货物、集装箱实时跟踪查询。

现已具备国际进出口业务一级代理资格,并全面执行 ISO9001 质量标准。2008 年,获得国家最高级别的 AAA 级物流企业信用资质。目前已具有企业进出口许可证、煤炭经营许可证、特种行业许可证、危化品甲级经营许可证、国产酒类经营许可证等各项资质,并可代理国内外投标业务。荣获成都市"AA 级守合同重信用企业"等称号。

成都市除成都中铁西南国际物流有限公司这家物流企业之外,还有四川立新物流发展有限公司、四川金桥物流有限公司等较有实力的物流企业。四川立新物流发展有限公司从事国内公路干线运输、第三方物流、仓储配送及供应链管理,服务范围覆盖全国 90%以上的大中城市。四川金桥物流有限公司则是一家集公路运输、航空铁路运输、国际货代、仓储服务、配送服务、物流地产等业务为一体的综合性物流企业集团,先后在全国数十个主要经济城市建立了分支机构。

第八章

辐射四方——区域枢纽

合肥、南昌、长沙均为长江流域的中心城市,是它们所处区域的交通和物流的枢纽,对区域经济的发展和促进扮演着重要的角色。

第一节　江淮重镇——合肥

合肥因淝、施二水交汇而得名,其名最早见之史书于汉武帝元狩元年(公元前122年),当时改淮南王国为淮南郡,辖合肥等县,由此可见,合肥得名还应早于此。合肥有2000多年历史,是兵家必争之地,历为江淮地区行政军事首府。

一　中西枢纽

合肥位于安徽省正中部,长江淮河之间、巢湖之滨,具有承东启西、贯通南北的重要区位优势,素来有"江南唇齿,淮右襟喉"、"江南之首,中原之喉"之称,如今是国家级皖江城市带承接产业转移示范区的核心城市。

1.中原之喉

合肥交通历史源远流长。据1957年在寿县丘家花园出土的"鄂君启节"铭文记载:楚怀王六年(公元前323年),楚国贵族鄂君启得到免税专用的陆路通行证——"车节",驾车经商,从今湖北省的江陵县出发,走陆路经河南方城,进入安徽省的临泉,抵凤台,至寿县后南下经合肥至巢县。这条最早有文字记载的陆路行车线路,比公元前 316 年所开的陕西金牛道早 7 年, 比公元前 312 年修筑的著名罗马亚平大道早 11 年。可见,早在 2300 多年前,合肥就成为迄今为止世界历史上最早有文字记载的交通要道了。

公元前 241 年,秦国日强,"楚遂削弱","为秦所轻"。为此,楚国迁都寿春(今寿县境)。按《史记·货殖列传》记载,是时,"合肥受南北潮,皮革、鲍、木输会也"。即合肥南通巢湖达长江,北连瓦埠湖通淮河,南北湖贯通合肥,水路交通运输便利。显示了北方货物南下,东部、南部的货物北上,合肥成为四方货物交易的重要集散地,迅速发展成为江淮之间重要的商业城市。在当时大运河未开通、邗沟经常淤塞的情况下,地处长江、淮河两大水系运输节点的位置使合肥成为货殖列传中记载的十八个商业都会之一。《史记》里记载的当时的大都会,东南地区只有寿春(安徽寿县)、吴(苏州)、番禺(广州)和合肥,为汉置九江郡隶属县。

西汉(公元前 206 至公元 8 年)时期,合肥的陆路自寿县南下经合肥可至枞阳入江,沿路一般设置五里一邮,十里一亭,三十里一驿,配置一定数量的传车。水路运输"舳舻相接",可见当时船舶数量之多。

东汉史家班固在《汉书·地理志》中记载:"寿春、合肥受南北湖,皮革、鲍、木之输。亦一都会也。"这与《史记·货殖列传》的记载基本相同,说明这 100 多年中,合肥的商业持续繁荣兴盛。但是,班固《汉书》有两点文字表述有细微的不同,显示了合肥的新变化,第一,把合肥视为"都会"不同于《史记》记载为"会",说明东汉时期,合肥有了很大发展;第二,把合肥与寿春联系起来,指明了合肥的交通路线走向,从合肥向北,通过肥水,经寿春,入淮河;从合肥向南,通过施水,入巢湖,出濡须水,通向长江。唐代史学家颜师古注释《汉书》时考证说:"皮革,犀兕(xīsì)之属也。鲍,鲍鱼也。木,枫楠,豫章之属。"指明了这些物产的性质及其出产地,实际说明了物产来自长江以南地区, 进一步说明了合肥成为全国货物交换、集散的商业与物流中心地位。

两汉时期的江淮之间,唯有天然的巢、肥通道,这条水上通道,取代了陆路运输,降低了商业运输的成本。但是,这条水上通道存在很大的缺陷,只能够季节性通航。当时只能顺应自然条件,采取两种方法通航:其一,等候季节性运输。郦道元《水经注·施水》记载说:"夏,水暴长,施合于肥,故曰合肥也。"也就是说,施水和肥水之间,每年夏季涨水季节,河道水满,施水合于肥水,两水连接,这时候这条水路可以通航。其二,水陆兼运。肥水于施水之间,相隔约30里,短途陆运,再接水运。这两种方法,有一个共同的问题,货运需要停留下来,花费更长的时间,可见这条水上通道的缺陷严重制约了合肥的进一步发展。

> 《水经注》是公元6世纪北魏时郦道元所著,详细介绍了中国境内1000多条河流以及与这些河流相关的郡县、城市、物产、风俗、传说、历史等,全书30多万字。书中还记录了不少碑刻墨迹和渔歌民谣,是中国古代较完整的一部以记载河道水系为主的综合性地理著作。《水经注》文笔雄健俊美,既是古代地理名著,又是优秀的文学作品,在中国长期历史发展进程中有过深远影响。自明清以后不少学者从各方面对它进行了深入细致的专门研究,形成了一门内容广泛的"郦学"。

东汉后期至三国期间,曹操争夺江淮,开始经略合肥,沟通巢肥运河,打通了肥水与施水之间的水上通道,这些措施有利于江淮经济区的深入开发。当时的合肥为"恩化大行"、"官民有畜"的江淮"巨镇"。

晋代,合肥属淮南郡,是南北货物运输线商的重要中转站。

宋元时期,合肥为江淮之间首屈一指的政治军事重镇。南宋筑斗梁城,城中"百货骈集,千樯鳞次",金斗河(淝河流经城区的一段)两岸"悉列货肆,商贾喧阗"。

明朝中期,合肥城外的金斗河两岸最为繁华,运送大米、土特产的商船到合肥城门外,摘下帷幔就能从水关进城,那里也是船只的集散地。

南淝河旧貌 ▼

清康熙36年(公元1697年),合肥与四邻州、县已有5条驿道和6条大道相通。至清宣统元年(1909年),合肥仅遗留下来一条官路和一条大路,官路由安庆经合肥、定远、临淮镇(今临淮关)、固镇驿等地通北京;大路由庐州(今合肥)经六安、正阳关、颖上、颍州(今阜阳)、太和、亳州至省界,其他陆路均失修湮没。而昔日水路运输的繁荣景象亦不复存在,南淝河失于治理,航道淤塞,枯水季节,小船进出施口口门,则需"耕牛拖船过滩力",大船则需小船过载转运。

2.公路运输

1928年,安徽省建设厅根据国民政府的修路"训政",刻不容缓地拟定重点修建安(庆)合(肥)、合(肥)巢(县)公路的计划。1930年6月11

日,合(肥)巢(县)公路修建竣工通车,全长 73 公里,计动用 7 万余工,耗资 1 万余元,这是合肥地区官办的第一条通车公路。1933 年 8 月 1 日,商民李公案集资组建合六路商办汽车公司并与省建设厅签订招商合同,正式行车招揽客货运输。这是合肥第一个私营汽车公司,因资金不足,行车仓促,不久亏损停业。至 1936 年,合(肥)六(安)、合(肥)蚌(埠)、合(肥)裕(溪口)、合(肥)浦(口)4 条公路先后竣工通车,土路便桥,晴通雨阻。国民党从大陆败退时,这些公路遭受到不同程度的破坏。

1949 年 1 月 21 日,合肥解放。新中国建立伊始,便组织力量抢修破坏的公路、汽车站等交通运输设施,动员和组织经修复的私营汽车,迅速恢复交通运输。此后,合肥的公路建设走向良性发展之路。

新中国成立后合肥的公路交通发展建设共经历了四个阶段。

第一阶段:1954—1958 年,以长江路裁弯取直,路面从 5 米扩宽到 25 米,构建了"城内棋盘式,城外放射式加环形"的路网格局,先后修建了屯溪路、濉溪路、合作化路等,并拓宽了芜湖路。

第二阶段:以 1986 年寿春路改造为开始,紧接着扩建了蒙城路、蚌埠路(现长江东路)、蜀山路、金寨路 4 个城市出入口,改变了形成多年的合肥城市道路"T"形构架。

第三阶段:1995 年以一环路、二环路的建设及五里墩立交桥的开工为标志。

第四阶段:实施"141"城市建设,即改造提升一个核心主城区,在主城区的东、西南、西、北方建设 4 个城市副中心,沿巢湖逐步兴建一个生态型、现代化的滨湖新区。对此空间范围内物流节点和货运通道进行了深入的规划,并从 2006 年开始进行城市道路建设大会战,城市中心区路网逐步完善,市环道与各放射性干道之间实现有序连通。

合肥现拥有合肥汽车站、合肥南门汽车站、长途汽车站等,基本上是以客运为主。

3.铁路运输

合肥于 1934 年 6 月正式开工修建第一条铁路线即通江铁路,1935 年 12 月 12 日竣工。因存在与津浦铁路侵权的问题,因此将原名"通江铁路"改称淮南煤矿铁路。淮南煤矿铁路自安徽省田家庵(今淮南)至位于长江边的裕溪口,全长 214 公里,这条铁路的修建是为了将淮南的煤炭运到长江边。沿线设有 20 多个站,其中田家庵、大通、九龙岗和合肥这四

个站比较大。同年 2 月 1 日，合肥
火车站正式售票，开办淮南线铁路
旅客和货物运输业务，由淮南矿隔
日开一趟客、货混合列车途经合肥
火车站，到卸 1~2 车皮单一的民用
煤。抗日战争爆发后，安徽省政府
遵照国民政府军事委员会提出的

淮南铁路

"交通破坏战"训令，通令各专、县将公路犁成耕田，将铁路钢轨拆除。至
此，惨淡经营多年的合肥铁路设施破坏殆尽，铁路交通运输中断。抗日战
争胜利后，逐渐恢复。新中国成立后，淮南铁路收归国有，淮南线现有正
线 317.5 公里，站线 152.4 公里，特用线 38.1 公里，有大小车站 49 个。

合九铁路 1991 年 5 月正式开工，2002 年 5 月正式通过国家竣工验
收，是联系华东、中南地区的路网一级干线，北起合肥，南至九江，连接安
徽、湖北、江西三省，总长 320 公里。

宁西铁路是连接南京和西安的一条干线公路，是中国"八纵八横"铁
路网的重要铁路干线，其中西安至合肥段为单线电气化铁路，合肥至南
京段为双线电气化铁路，作为宁西铁路上的枢纽站，合肥的工业产品被
源源不断地运往西部。

合肥现有八座火车站，分别是合肥站、合肥北站、合肥西站、合肥北
城站、水家湖站、肥东站、庐江站、巢湖站，其中合肥北城站和巢湖站是客
运站。

合肥火车站始建于 1935 年，1936 年 4 月完工。1936 年，淮南矿至合
肥的铁路试车成功，合肥火车站正式开展铁路旅客运输业务。但是好景
不长，1937 年 10 月，为配合抗日战争需要，淮南线被毁，合肥站随之关
闭。1942 年，日本侵略者修复水家湖至合肥段铁路，合肥站改名为庐江驿
恢复启用。1944 年日军拆除水家湖至裕溪口段铁路，合肥站再次关闭。抗
战时因"兵火破坏，站房、铁轨及一切设备悉无幸存"。新中国成立以后，
国家出资修复了合肥火车站。1950 年，1 号和 2 号站台、站前广场、候车
室建成启用，客、货运输设施经过不断的扩建，至 1959 年底，该站西、北
两个货场竣工启用；年办理货物发送量 25.19 万吨，货物到卸量 108.05
万吨。1985 年，合肥火车站的通信信号设施全部实现自动化。贯通市境南
北的淮南线，南接沪宁线，北连津浦线，与公路、水路、航空运输相连接，

▲
合肥
火车站

加速了合肥地区的经济开发和发展。1997 年 4 月 1 日，合肥火车站通车运营，老火车站取消了客运任务，只担负配送货运任务，这个地处"闹市"的火车站逐渐停滞发展。上海铁路局与合肥市政府在长丰双墩附近的现在火车北站新建北货场，替代目前的老火车站的货运功能。

合肥北站，位于合肥市庐阳区。2011 年 12 月，合肥北站取代了原有的合肥火车站(合肥老火车站)的货运功能，合肥北站物流基地占地 1235 亩，现已建成货物装卸作业线 7 条、洗刷线各 1 条，在建物资线 2 条。物流基地集整车、集装箱、危险品到发和仓储、配送、国际联运于一体，共设各类门吊 8 台，可以一次性满足 260 辆车同时作业。

合肥西站位于合肥市蜀山区望江西路，建于 1995 年，离合肥站 19 公里，宁西铁路、合武铁路均从该站接入合肥，但该站只有 3 个站台，不能满足激增的客货需求，因车站改造 2013 年 4 月已停止办理客运业务，目前只办理整车货物发到。

水家湖站位于合肥市长丰县水湖镇长淮路，始建于 1944 年，离合肥站 70 公里，是合肥到蚌埠以及合肥到淮南的分界站，属二等客货站，可办理旅客的行李、包裹托运以及办理整车、零担货物发到。

肥东站位于合肥市肥东县店埠镇，建于 2007 年，离合肥站 19 公里，现为三等客货站。主要办理旅客行李、包裹托运以及整车货物发到。

庐江站位于合肥市庐江县万山镇万金山社区，建于 1995 年，现有合九铁路及未来的六(安)庐(江)铁路等铁路干线经过该站，主要办理旅客的行李、包裹托运以及办理整车货物发到。

随着连接合肥的商杭高铁、合武高铁、合宁高铁相继建成通车，合肥一跃成为与上海、南京、杭州并列的是长三角四大铁路枢纽城市之一。已形成以合肥为中心、辐射五个方向的铁路交通网。合肥与长三角地区地级城市及主要城镇，可实现主要城市间和相邻城市间"1~2 小时交通圈"，区域内其他城市间 3 小时内到达。

4.水路运输

合肥只有一条不大不小的河流，名叫南淝河。南淝河古称施水，源于江淮分水岭大潜山余脉长岗(地面高程 72 米)南麓。东南流向,至夏大郢进入董铺水库,于大杨店南出库后,穿亳州路桥,经合肥市区左纳四里河、板桥河来水,穿屯溪路桥至和尚口左纳二十埠河来水,至三汊河左纳店埠河来水,折西南流,于施口注入巢湖,全长 70 公里。

新中国成立初期,皖北巢湖永丰公司利用接收的 5 艘私营小轮船,恢复合肥水路旅客运输。1954 年,合肥港巢湖路码头始建浆砌石直立式码头和斜坡式码头,提高了码头的吞吐能力。1958 年,合肥水运社最早购用一艘木质拖轮,实行拖带运输。1965 年,合肥水路客运首次使用钢质大客轮,淘汰木质客轮。1975 年,合肥水运公司自建的第一艘钢质拖轮下水,并投入营运。20 世纪 80 年代以来,合肥专业水运企业先后开辟通往沿江的沙州、苏州、无锡、上海、杭州、南通等市和江西、湖北等省的航线。合肥的特产红心芋、小红稻、乔麦、雪花藕等通过水运这种低成本的运输方式运至长江沿岸城市和沿海地区,而合肥发展工业所需的设备、仪器也通过这些航线源源不断地输入。

南淝河畔的合肥港是全国 28 个内河主要港口之一,也是安徽省九大内河港口之一,位于省会合肥南淝河畔,是皖中地区最大的水路货运集散地,年吞吐量为 500 多万吨,航道等级为三、四级,可常年通航千吨级船舶。船舶上达武汉、宜昌、重庆等港,下至苏、浙、皖、沪等省(市)的腹地港口,并且通过江海联运由芜湖、南京、张家港、南通、上海等港

合肥港综合码头

进行进、出口中转至合肥或宁波、厦门、广州等东南沿海各大港口及世界各地。合肥港现有航道总里程 326.1 公里、码头 113 个泊位,综合通过能力 1713 万吨,有合肥新港、大兴集港、肥东撮镇港、肥西县上派港四个港口作业区。

5.航空运输

1957 年之前合肥无民用航空运输,1957 年 1 月 1 日,合肥三里街机场第一次开办上海—合肥—徐州—北京国内干线航班业务,无执管飞机,11 月 24 日,正式开办民航运输业务,全年发送旅客 61 人,运送邮件 4 公斤。1958 年 3 月 2 日,合肥—阜阳航线通航,这是合肥民航开辟的第

一条省内航线。至 1985 年，合肥民航拥有执管的运五及运七等飞机 26 架，共开辟 9 条航线。其中，国内干线 7 条。可飞往北京、武汉、天津、沈阳、上海、广州等 10 个重要城市，通航总里程 7858 公里，年完成客运量 23411 人次，货运量 496100 公斤。

合肥航空史上分别有两个机场，一个是骆岗机场、另一个是新桥机场。

合肥骆岗机场是安徽省连接东西部和沿海发达地区的重要航空枢纽，1977 年 11 月兴建竣工，机场跑道长 3000 米，全宽 60 米，可供波音 767 同类及其以下飞机起降。1996 年为达到现代化航空港 4D 标准进行扩建。2009 年 4 月完成航站楼扩建。2013 年 5 月 29 日晚，最后一批设备也被运离老机场，抵达它们的新家新桥机场，服役 36 年的合肥骆岗国际机场正式关闭。

合肥
骆岗机场

合肥新桥国际机场是国际 4E 级枢纽干线机场，位于城区西北部高刘镇，距中心城区约 31.8 公里。机场总共分三期建设。一期工程航站楼面积为 10.85 万平方米，跑道长 3400 米，已于 2013 年 5 月 30 日正式投入使用。新桥国际机场服务于现代化环湖大都市——合肥，以及淮南、六安、巢湖、桐城等合肥都市圈城市，并辐射全国大部分地区。三期全部建成后的合肥新桥国际机场将成为具备亚洲最高飞行区 4F 等级的机场，可供世界上已投入商务运营的所有飞机起降。

6.管道运输

西气东输一期工程把西部的天然气源源不断输入合肥，有效地改善了合肥能源供应结构。在肥东三十埠境内修建了天然气门站，这是合肥市的天然气源头，也是国家"西气东输"工程输送的天然气进入合肥市的门户。天然气从新疆轮南，历经 9 个省(市)，最终到达上海。而合肥的天然气，则是从安徽省定远分输站，经过 80 公里高压管线运输，送至中石油合肥末站。合肥天然气门站再从中石油合肥末站引进天然气，经过净化、加臭、计量、调压等处理，最后向合肥市管网进行供气输送到千家万户。合肥天然气门站里矗立的三台体积为 5000 立方米的球罐，主要起到调峰作用。

2007年3月开工的川气东输工程,在2008年把管线接入合肥,进一步缓解了合肥市的用气压力,为合肥市的经济发展提供了可靠的能源保障。

二　物流旗舰

合肥市的区位和交通优势,为合肥现代物流业的发展提供了天然优越条件;合肥市经济总的增长和城乡居民收入的增加为发展物流产业提供了坚实的产业支撑和巨大的市场空间。

1.物流园区

几年的时间里,合肥市物流园区的建设得到了迅猛的发展,物流园区的迅速崛起为合肥的产业发展奠定了有利的物流基础。目前,合肥规模比较大的物流园区主要有现代物流园区、东部新城物流园区、新港物流园区、空港物流园区、北站物流园区。

(1)现代物流园区

现代物流园区是安徽省最大的物流园区,该园区位于合肥新站综合开发试验区新增规划区范围内,核心功能区占地3.3平方公里,总投资约27.4亿元,业务涵盖合肥及周边地区物流业的口岸、货物集散中转、仓储配送、国际国内货运代理、国内外空运速递、物流信息管理及服务等多个领域。

合肥现代
物流园区

(2)东部新城物流园区

东部新城物流园分商贸物流和工业物流,根据其总体规划和功能定位,依托合肥东部新城优越的区位条件和交通优势,以发展工业物流为主,商贸物流为辅。该物流园将在合肥东部新城起步区内,肥东火车站南侧、站北路南北沿线位置建造,规划占地面积约2平方公里,投资总额将达45~50亿元人民币。合肥东部新城物流园以立足肥东、服务合肥、东向长三角为发展目标,力争建设成为规模宏大、管理先进、设施一流的现代化物流园区。

（3）新港物流园区

合肥新港物流园是合肥经济技术开发区与肥西县按照区划不变、优势互补、合作开发、利益共享原则，合作开发的物流园区，园区一期规划面积 14 平方公里，涵盖滨河和紫蓬两个片区。新港工业园与经济开区南部工业园以及肥西县桃花工业园、高新区柏堰科技园接壤，是合肥西进南扩发展路径的自然承载地。工业园内派河通江达海，水陆水铁联运便捷，园区具有做活水文章，做大港口经济，承接区县产业辐射以及长三角产业资本梯度转移得天独厚的交通区位优势。

（4）空港物流园区

空港物流园区位于合肥市肥西县高刘镇，其核心功能区建设规模到 2015 年达到 3 平方公里，园区建设强化了机场的交通枢纽作用，为合肥打造中部地区的核心物流分销基地提供条件。

（5）北站物流园区

北站物流园区坐落在合肥市庐阳区东部，紧邻淮南铁路线，交通便利。园区内集整车、集装箱、危险品到发和仓储、配送、国际联运于一体，共设各类门吊 8 台，可以一次性满足 260 辆车同时作业。

2.物流企业

到目前为止，合肥市还没有一家 5A 级物流企业，当地规模比较大的物流企业也不多，比较有代表性的主要有合肥国傲物流有限公司和皖联物流有限公司。

合肥国傲物流有限公司是安徽品牌运输公司，主要进行货运代理、公路运输、铁路快件、航空、仓储物流、理货、中转、分发，往返运输业务以及货运辅助业务，代理保险和理陪业务，承接各种大型机械设备的拆卸及大件货物的运输。2010 年，合肥国傲物流有限公司和安徽三川物流有限公司正式达成合作协议，共同打造合肥到四川全境以及合肥到重庆全境的专线运作模式。

安徽皖联物流有限公司创建于 2004 年，是一家集仓储、运输、装卸、配载、配送、包装、信息处理的现代化物流公司，具有多年全国公路、铁路运输的专业成功经验，皖联物流目前在合肥区域已形成一体化服务网络，零担货物可实现合肥市区、瑶海、新站、庐阳、蜀山、经济开发区一小时内快速响应，整车形成的服务网覆盖全国大小城市，并提供特快、加急、大件、鲜活运输和包车业务。

第二节 赣中都会——南昌

南昌,又名豫章、洪城、英雄城,长江中游城市群重要中心城市及繁华的现代化大都市,是重要的综合交通枢纽和现代制造业基地鄱阳湖生态经济区核心城市,被誉为"未来都会,绿色之都"。

一 三江五湖

南昌地处江西中部偏北,赣江、抚河下游,濒临我国第一大淡水湖鄱阳湖西南岸。全境以平原为主,占35.8%,东南相对平坦,西北丘陵起伏,水网密布,湖泊众多。王勃《滕王阁序》概括其地势为"襟三江而带五湖,控蛮荆而引瓯越",可见南昌河流、湖泊众多,水运交通极为便利,水路可通赣江、抚河、锦江和鄱阳湖、太湖、青草湖、丹阳湖、洞庭湖沿岸城镇及长江各口岸。

据《汉书》记载,汉高祖5年(公元前202年),汉将灌婴奉命驻军当地,修筑"灌城",城址在今南昌火车站东南约4公里的黄城寺,城周长10里84步,称为"灌婴城",开创了南昌的建城历史,并取"昌大南疆"和"南方昌盛"之意,定名"南昌"。南昌地处江南,水陆交通发达,形势险要,自古是兵家必争之地。南昌先后有豫章(汉)、洪都(隋唐)等称谓,是历代县治、郡府、州治所在地,向来繁荣昌盛。

南昌不仅因为其经济腹地发达,地处中部,更是因为它是我国唯一一个毗邻长三角、珠三角和闽东南三角的省会城市,长三角和闽东南三角的经济繁荣程度尽人皆知,而南昌作为这些发达地区的经济腹地,成为重要的货物枢纽。

南昌

南昌自古商贸云集,是沿海地区商贸辐射中西部的重要中转枢纽。市内大型商业蓬勃发展,形成了"城内大商场,城郊大市场,城外大物流"的格局。

　　赣江位于长江以南,是长江第七大支流,也是江西省最大的河流,亦是全国内河水运主通道之一,古称扬汉(杨汉)、湖汉、赣水等,全长约1200公里,中上游多礁石险滩,水流湍急,而下游江面宽阔,多沙洲。对于赣江得名,主要有两种说法。章贡合流说是最流行的一种说法,章水和贡水在赣州汇合为赣江,左章右贡构成"赣"字。此说的问题在于"赣"字先秦就已产生,而"贑"字则出现在唐代以后。另一种说法为赣巨人说,最早见于《山海经·海内经》:"南方有赣巨人,人面长臂,黑身有毛,反踵。"晋郭璞注《山海经》:"今交州南康郡深山中皆有此物也。长丈许,脚跟反向,健走、被发、好笑,雌者能作汁,洒中人即病,土俗呼为山都。南康今有赣水,以有此人,因以名水。"旧时赣江沿岸各地是长江下游与两广的交通纽带。赣江干流自南向北,穿越南昌市区后,经鄱阳湖可与抚河、信江、饶河、修河联成水运网,从湖口入长江,与上海、武汉、重庆三大经济区及长江水系各省(市)相接,形成江、河、湖、海直达运输网。赣江的货运自古就较为发达。自唐武德元年(公元618年),吉安市作为赣江中游的航运码头,曾是货物集散地,这也刺激了吉安的造船业。宋朝开始在吉安设立了由宦官监督的造船场,造船所需木材,主要从永新、遂川采买。赣江航运运走的是吉安的粮食、矿产、木材、茶叶、陶瓷、染料及柑橘水果等大量土特产品。至明、清朝时,每年8万余担大米也由赣江"运止于淮",通过南北大运河,转运到京郊通州。

　　南昌位于赣江下游,此处山势渐退,江面逐渐开阔,水流平缓。南昌港位于赣江下游抚河故道与赣江汇合处,是全国内河主要港口之一,是赣江第一大港。南昌市有历史悠久的老港区、以集装箱为主的新港区、以内贸集装箱为主的鸡山港区、以件杂货为主的张洲港区、以散货为主的龙头岗港区、以危险品为主的樵舍港区。分工极为细致,这也成为南昌地区物流发展的良好条件。

南昌港口
之夜
▼

　　南昌公路交通高速立体,已开通昌九高速、梨温高速公路、昌金高速、昌赣高速,南昌赣粤高速纵贯南北东西。105、316、320等十几条国道在南昌交会,实现了村村通公路。发达的公路网络直贯湘、鄂、皖、浙、闽、粤等邻省而与全国联网,从南昌驱车安徽、湖北、湖南、浙江等周边省省会的距离全部在 5 小时以内，形成了一个以南昌为中心的"5 小时经济圈"。全国最长的双层立体分流两用桥"南昌大桥"以及新"八一大桥"、新火车站和老福山、坛子口、银三角立交桥的竣工，极大地完善了南昌的交通环境。

南昌
八一大桥

铁路方面，浙赣、皖赣、向九、向乐等铁路干线穿城而过，尤其是京九线纵贯全市并与浙赣线交汇，成为内地连接港澳、西部地区连接东部沿海的大通道，这使南昌承东启西的大区位优势更为突出。南昌是京九铁路经过的唯一省会城市，市南郊向塘站是有 98 股道的全国第二大货运编组站，也是我国铁路交通的一个重要枢纽。1999 年，南昌铁路局率先购入三列国内最新型机动车组，同时铁道部株洲电力机车研究所开发的"电子引航员"IC 卡"黑匣子"于当年 5 月份首次在路局各机务段试用，进一步提高了南昌铁路运输的现代化水平。

南昌市目前共有四座火车站，分别是南昌火车站、南昌南站、南昌北站、南昌县向塘站。

南昌火车站于 2003 年 12 月 20 日建成，是一座客运站。

南昌南站，又名青云谱站，位于南昌市青云谱区南莲路，现为一等站，距离南昌火车站 9 公里，建于 1958 年，开始为客运和货运并用的车站，但目前只有货运业务，是南昌钢铁厂支线与京九铁路的交会点。

南昌北站位于南昌市蛟桥镇，建于 1962 年，现为四等站，货运方面主要办理整车货物发到。

南昌县向塘站位于江西省南昌县向塘镇，建于 1935 年，现为一等站，主要办理整车、零担货物，危险货物仅办理农药、化肥发到。

南昌
火车站
交通疏导

南昌历史上先后有两座机场，分别是南昌向塘机场和南昌昌北国际机场。

南昌向塘机场位于南昌城南

29公里处江西省南昌县向塘镇境内,新中国成立之前原名为南昌中正机场,是一座军用机场。新中国成立之后,于1956年批准为军民合用,机场跑道系混凝土结构,1957年元旦该机场开通了新中国成立之后江西省的第一个航班,1999年9月9日,晚24时正式结束42年的民航运输生产。向塘机场民航正式迁往新落成的设备、功能都更为齐全的昌北国际机场。

南昌昌北国际机场1999年9月竣工通航, 可满足A300、B747等各类大中型客机全重起降的4E级现代化机场。已开辟了直达香港、澳门、

台湾、北京、上海、三亚、厦门、哈尔滨等40多个城市的航线和国际航班,为南昌打造"空港经济圈"奠定了基础。为满足货运快速增长需求,昌北机场从2013年开通南京—南昌—厦门的全货机航线, 开启了江西全货机新时代。

▲
南昌昌北
国际机场

京九铁路、浙赣复线、国际性现代化昌北乐化机场的通车、通航,使南昌成为全国重要的综合性交通枢纽。

2008年2月,九江—南昌—樟树成品油管线全线贯通并进入付油阶段,管线全长240公里,输油量为330万吨,在大大节约成品油运输成本的基础上,极大缓解了南昌油料运输的问题。

二　一城双核

2007年8月6日,南昌市召开《南昌市2007—2020年物流业发展规划》新闻发布会,提出构建"一城双核"城市物流发展总目标。"一城双核"即立足城市区位和产业布局,构建以赣江和公路外环线为主干,以南北双向出入和沟通为重点的合理物流网络各节点布局及功能完善的现代物流体系,建成鄱阳湖生态经济区及我国中部地区的区域性现代物流中心城市。南昌打造区域物流中心,不仅从建设好硬件设施入手,更采取了培育健康、有序的"软环境",如采取成立国际货运代理协会、报关协会,规范企业行为、整合各自资源、与国外物流业对接等措施。

南昌的三大物流基地分别是昌北物流基地、昌南物流基地、昌西南物流基地。

1.昌北物流基地

昌北物流基地主要依托昌九工业走廊,以航空、水路运输口岸通道为主,努力扩大铁路运输口岸通道,辅以公路运输功能,形成铁、水、公、空为一体的口岸物流综合物流体系,并综合利用港口、机场优势,发展铁水、陆空、公铁、公水等多种联运方式,形成物畅其流的各种运输方式互补的超大型综合物流基地。既可为全省进出口贸易、转口贸易及整个南昌市的制造业产品外销和城市消费提供物流服务;又可直接为昌北经济技术开发区、英雄经济开发区蛟桥片区和乐化组团内的制造企业和商贸流通企业提供物流服务。基地依据现有昌北机场、国际集装箱运输港口等物流设施呈分散式布局,具有内陆口岸功能、货物集散功能、商品保管与养护功能、流通加工功能、配送功能、物流信息服务功能。

2.昌南物流基地

昌南物流基地主要依托青云谱铁路货运站和铁道部拟建设的南昌枢纽江西向塘铁路物流基地,向南承接南昌市"南大门"——向塘,是南昌市货运周转和城市物流服务的重要基地。基地主要进行货物集散、商品保管与养护、流通加工、配送和物流信息服务,重点为城市南部的铁路、公路货物集散提供配套设施和服务。

3.昌西南物流基地

昌西物流基地主要依托赣江、拟建的铁路新西货场和城市外环路,是承接城市双核的重要物流基地,既为南昌市大市场物流发展、制造业产品外销和城市消费提供物流服务,又承担通过型物流基地功能。基地主要进行货物集散、商品保管与养护、流通加工、配送和物流信息服务功能。重点为昌北物流主基地和昌南物流辅基地的对接服务,同时为城市"两核"提供较大规模的物流综合服务。

在打造三大物流基地的同时,南昌还相应建设了一批物流中心和配送中心,如昌东物流中心、蛟桥物流中心、朝阳物流中心、小蓝物流中心等,高新区药品配送中心、青云谱铁路货运配送中心、青云谱冷藏配送中心和昌南冷藏配送中心等。

南昌市目前没有国家5A级的物流企业,比较有影响的物流企业主要是南昌响亮大件(普货)物流公司、永达物流公司、江西省勇华物流有限公司、江西永利电力物流有限公司、南昌三驼物流公司等。

南昌响亮大件(普货)物流公司,又名小龙货运公司,服务范围遍及全国。具有起重机、跨车等设备,以及工地工厂搬迁等设备。可以为普货如芝麻、服装、大米、机器配件等提供物流服务;还可以为客户提供战略规划、物流管理咨询、物流方案设计、业务流程重组、供应链优化物流信息化咨询服务。

永达物流专业受理全国各地公路长短途整车、零担货物托运,仓储及中转运输业务,铁路运输。永达物流全国大中城市皆有运输网点。公司采取司机家中固定电话追查,网上车管机构查询是否套牌车辆,货物起运前司机、车辆拍照方法等来保证了货物的安全。

江西省勇华物流有限公司(简称勇华物流)是一家第三方物流公司,在全国30个直辖市及省、自治区的省会城市、地级城市中开设了营业网点,配送范围基本覆盖全国范围。另外,为完善服务网络,提高服务水平,已经联合全国多家物流企业在上海注册了上海公司,全面负责公司在全国各地级以上城市的网络筹建工作,并监督全国物流服务。服务内容包括企业物流策划,企业物流运作,仓储配送,包装分拨,小件快递,大宗长途运输服务等。

江西永利电力物流有限公司是国内较早开展现代物流集成化管理的第三方物流企业之一,在国内同行业中率先实施并取得质量管理体系权威机构的认证企业,也拥有国内一流的物流信息管理系统。全国30多个营业网点结成了高效的网络化组织架构,建立了100多个网络配送点,向客户提供个性化的物流解决方案,并提供安全、准时、快捷的城市配送、国内货物运输、同城快递等物流服务。

南昌三驼物流公司主要是一家从事运输的物流公司,运输区域已遍及全国各大中城市,可承接南昌至全国各地整车、零担、回程配载业务,全天候提供一流的门对门货物运输、包装、仓储等物流服务。

第三节　楚汉名城——长沙

独立寒秋,湘江北去,橘子洲头。看万山红遍,层林尽染,漫江碧透,百舸争流。鹰击长空,鱼翔浅底,万类霜天竞自由。

——毛泽东《沁园春·长沙》

水落沙成路,人间昼掩门。分明成岛屿,指顾见烟村。渚尽双流合,山连远树昏。回舟余兴在,作赋吊湘魂。

——文上杰《水陆洲》

长沙,素有"荆豫唇齿、黔粤咽喉"之称,为中国历史名城,湖南省省会,别称"星城",既是全省政治、经济、文化中心,也是中南区域经济的中心。地处湘中河谷平原,东倚罗霄、西顾武陵、南连衡岳、北瞰洞庭。方圆万余公里,人口近600万。山川秀美,节令分明,雨水充沛,物产丰盈,人文卓绝。与湘潭、株洲构成金三角,仰京面广,承东启西,为华中通衢之地,水、陆、空交通四达,极具区位优势,形成了区域物流枢纽。

一　星城枢纽

长沙位于湖南省东部,古时称为"潭州",是湖南省的政治、经济、文化、交通和科教中心,亦是环长株潭城市群龙头城市。

"长沙"之名最早见于《逸周书·王会》关于贡品"长沙鳖"之说,表明长沙有文字可考的历史已有3000多年。春秋战国时,楚国统一南方,长沙地区成为楚国重要的产粮基地,《史记·越世家》曾有记载:"长沙,楚之粟也。"楚成王时设置黔中郡,长沙为其辖域。长沙开始在今湘江西岸的三汊矶修筑港城,城由黄黏土板筑而成,即后人所谓的"古北津城"。一直到今天,城址一直未变,2000多年前的道路甚至与今天所在位置的街巷依然重合,因此长沙成为中国历史上最长时间在同一地址建城的城市之一。

秦始皇统一中国,长沙郡为秦36郡之一。汉朝刘邦立国之后,于公元前206年改临江为长沙,并设立汉朝的属国——长沙国,自此之后,长沙开始筑建城墙,并逐渐成为兵家必争之地。由于湘江东岸宽阔,河谷深切,地理条件明显优于西岸,秦汉时港城迁筑于东岸。自秦汉以来长沙就是湖湘地区的政治、军事、经济、文化、教育中心,历史辉煌、文化灿烂、名贤荟萃,又因屈原和贾谊的影响而被称为"屈贾之乡",故马王堆汉墓和走马楼简牍等重要文物的出土反映其深厚的楚文化以及湖湘文化底蕴,又称"楚汉名城"。

1997年,走马楼出土了大量吴简,多为商务与金融方面的契约,可见当时的商贸活动相当繁盛。由于港口水运的发展,征收的"船钞"和水运

走马楼简牍

　　1996 年，在湖南长沙走马楼出土大量简牍，包括木简、竹简、木牍、签牌和封检等，数量大约有 10 余万片，超过全国历年出土简牍的总和，字数多达 200 余万字，是我国 20 世纪重要的考古发现之一。出土简牍呈灰棕色或黄褐色，长短宽窄各异，字体工整有序，隶中带楷。每片字数多少不等，竹简每枚 30~40 字，木牍每枚 80~120 字。其内容可大致分为经济券、司法文书、民籍、账簿及名刺、官刺等类。简牍上有三国吴嘉禾元年(公元 232 年)至嘉禾六年(公元 238 年)的年号，是研究三国吴国社会经济历史的宝贵资料。

营业税"算缗"成为孙吴政权的重要财源。

　　东晋时，政治中心南移至今南京，入湘流民也多了起来，通过水运运至长沙的货物日渐增多，当时长沙港"委输甚众"。

　　唐代，长沙港商舟通江淮、巴汉、南越，港城多富商，港口堤岸(今潘城堤至北正街一线)几经修整，风光甚美。"岸花飞送客，樯燕语留人"，这是杜甫离开长沙去衡阳时写的诗句，可见当时港口之美。安史之乱后，湖南所征漕粮较初唐时增加约 20 倍，大多自长沙港发运，"西指长安，三秦之人待此而饱"，长沙从此成为四大米市之一。

　　明朝时，长沙为全国四大茶市之一，当时的茶叶沿着湘江源源不断地输入长沙城。

　　清朝康熙三年(公元 1664 年)建"湖南省"，长沙同为长沙府府治和湖南省治。康乾盛世的百余年间，长沙港城人口大增，商业鼎盛。嘉庆年间，港城"人烟稠密，冠盖纷纭，闾阎林立，商贾云连"，"船户生意，沿江约有十余里，上溯粤桂，下通江汉"，长沙港的运粮船只"连樯衔尾"。港口码头已由清初的 9 个增至 27 个。清光绪年间，长沙港计有义渡码头、大码头、新码头、盐码头、金家码头、水港码头、杨家码头、湘乡码头等 28 座。清光绪三十年(1904 年)，长沙辟为通商口岸，设海关，外轮长沙港口，英、日、德、美、法、意各国在上自灵官渡、下迄草潮门一带开设洋行，倾销洋货，进出口货物大增，于是增建码头，增辟泊位，致使本土商人"深有夺我凤凰池之叹"。

　　长沙的交通运输，经历了从原始到现代、从低级到高级的演进，历史悠久，道路曲折，时渐进，时飞跃。进入 20 世纪之后，长沙的交通运输快速发展。

　　1.水路运输

　　长沙历称水都，因水而兴，依水而建，水系遍布，航道纵横，在漫长的历史长河中，长沙交通以水路为主轴。湘江是流经长沙重要的河流，被喻为"湖南的莱茵河",也是湖南省境内最大的河流,属于长江水系第五大支流。湘江发源于广西桂林市灵川县海洋山,在全州斗牛岭流入湖南,自南向北流经湖南省的永州、衡阳、株洲、湘潭、长沙,至湘阴县濠河口注入洞庭湖,汇合沅水、资水、澧水等河流,经岳阳城陵矶注入长江。湘江干流全长 969 公里、流域面积 94660 平方公里,其中湖南省境内湘江长 773 公里,流域面积 85383 平方公里,占全省面积的 40%。湘江主要支流有:潇水、浏阳河、捞刀河、沩水等。湘江流域物产丰富,经济发达。北魏人郦道元所著的《水经注》中"湘水"条云:"湘水又北,左会瓦官水口……又径般官西,湘州商舟之所次也。北对长沙郡,郡在水东,州城南,旧治在城中,后乃移此……又右径临湘故城西,县治湘水滨,临川侧,故即名焉。"郦道元的这段记述是以湘江为参照物,湘江为从南向北流,据此可知瓦官水即今长沙湘江西岸之支流靳江河,船官即今南湖港,不过现在的南湖港已基本是有名无港了,而当时为商船咸集之所,其水面之阔,今人无法想象。

统计资料显示,湘江水运完成货物运量约占全社会总量的 7%,而湖南省 80% 的水路货运量通过湘江航道。湘江上游水急滩多,中下游水量丰富,水流平稳。干支流大部可通航,旧时是两湖与两广的重要交通运输线路。湘江自南向北贯穿长沙城区,把城市分为河东和河西两大部分。河东以商业经济为主,河西以文化教育为主。

长沙的水运历史悠久,清光绪二十三年(公元 1897 年),鄂湘善后轮船局设南局于长沙,开长沙至汉口轮船客运航班,为长沙港有轮船运输之始。此后,不少商贾筹资集股,兴办轮运。光绪三十年(1904 年)长沙开埠,英日等各国外轮进入长沙,把持海关,垄断航运,使民族航运业受到排挤。后由于欧战发生,外人难以顾及在华航业,民族航运业获得复苏。至 1935 年长沙港码头已达 44 座,1949 年新中国成立前夕,港口码头已增至 81 座。

当时在湘江江面上到处可见木帆船,这是长沙水运的主力军。长沙木帆船运输历史有 3000 多年,东通江淮,西接巴蜀,南至粤桂,北达中原,几度"转输半天下"。长沙港帆船运输,以货运为主,砂石、肥料为次。货运进口占 70%,以粮食、煤炭为大宗,其余为木材、桐油、茶叶、棉花、纸张、金属矿产、建材、农副产品等。出口占 30%,有食盐、纺织品、白杂货、化肥农药、机械等。20 世纪 60 年代初期,省内铁路、公路还未大规模修建,故货物仍以水运为主,年平均运量 60 万~70 万吨,进入 70 年代,随着

京广复线、湘黔、枝柳铁路建材通车和公路运输迅速发展，水运货源逐渐萎缩，水运企业将帆船转产参运矿石，货物运量减少到占总运量的48.7%，砂石运量上升至51.3%。进入80年代，货物运量年平均46万吨，其中砂石运量89.88万吨，占总运量的85%。

长沙的木帆船航行在橘子洲头附近

长沙港就修建在湘江边，目睹了此处水运的兴衰。

（1）"南联海域，北达中原"的长沙港

长沙港为湖南省内优良的大港，进出口货物大多在此聚集。长沙港地势西南高、东北低，是"南联海域，北达中原"的水上运输枢纽，全省货物集散地。京广铁路贯穿南北，107、319国道纵横交叉经过市区，又是水陆运输中转换装主要港口。

新中国成立后，水上运输空前繁忙，国家投资对港口进行大规模建设，并取得成效。原长沙老港区为湘江东岸上自新港、下至捞刀河口，西岸上起颜家嘴、下迄商业学校以北150米。湘江两岸岸线长80.86公里，客货码头74座，泊位102个。20世纪90年代，对湘江航道的整治，使湘江枯水期最低水位升至2米，航宽60米，上至株洲下至城陵矶可常年航行1000吨级船舶，成为湖南省的内外水运大动脉之一。集装箱运输在长沙港的业务中占有重要地位，1992年，正式开通了长沙港到南通港的国际水路集装箱班轮运输支线，揭开了长沙水路集装箱运输的序幕，1998年6月长沙码头开通了烟花出口运输，2001年5月开通了冷藏箱出口运输，2004年8月开通了内贸集装箱运输。

长沙港

长沙港货物的运输也依赖于长沙经济的发展。长沙工业以食品、轻纺、电子、机械为支柱产业，化工、建材、医药、汽车、冶金等工业也有较好的基础。卷烟、彩色显像管、膨化食品、直燃式空调机、电冰箱、汽车电器、机床、水泵、风机、汽车及内燃机配件等产品，在全国同类产品中占有重

要位置,一批传统出口产品,如湘绣、羽绒制品、鞭炮、烟花、陶瓷、花岗石等,在国际市场享有盛誉。四白(白沙烟、白沙液酒、白沙啤酒、白沙矿泉水)系列闻名全国。全市集散的商品量、交易额、商业活动的辐射面在全省乃至我国整个中南地区具有重要地位。长沙是湖南的金融中心,此外,保险市场、信托投资、期货交易、证券交易、外汇交易等也日趋活跃,与国际金融接轨率日益提高。长沙是全国重要的商品粮、商品猪生产基地,粮食和牲猪生产在全国都位居前列。水产品、蔬菜、水果、烟草、湘莲、食用菌、茶叶等大宗农副产品构成了长沙农业鲜明的特色。随着市场经济的发展,长沙农业注重在"两高一优"上下功夫,使传统农业向市场农业、城郊型农业、生态农业方向转变。

作为已有2000多年历史的长沙港,近年来因老港区地处城市中心,已受到陆域狭窄,场地分散,作业效率低、吞吐能力小、航道条件诸方面的制约。2003年之夏,长沙开始整体拆迁有千年历史的长沙老港,湘江大道上北起金华殿码头、西湖桥码头和南至南湖港码头等十里港区全部拆除,并迁至霞凝新港,长沙港正以全新的面貌展现在人们面前。

(2)霞凝新港

霞凝港区位于长沙市北部开福区的捞霞开发区内,地处湘江右岸;毗邻长沙市绕城线、长湘线、京广铁路和石长铁路,地理位置优越,交通十分便利。港区岸线3640米,是目前湘江流域最深的内河港口之一。港区总体规模建设货运泊位11个,其中千吨级泊位8个,其他泊位3个,港口吞吐能力为490万吨,港口仓储35万吨。

霞凝新港的规模、设施、功能、科技含量等均居全国内河港口一流水平,为长沙水运业的复兴、集装箱运输、远洋运输及现代物流业的勃起和发达,搭建坚实的平台。2004年一期工程建成投产,总投资2.268亿元。同年,根据长沙市整体规划,长沙西湖桥集装箱码头和南湖集装箱码头先后实施整体拆迁至霞凝新港。2006年底二期工程建成,与一期南北两向延伸,建成4个千吨级泊位,以件杂货、干散货为主,兼顾集装箱装卸运输,设计货物年吞吐量120万吨,总投资2.16亿元。安装了中国内河港口一流的现代化起重设备。三期工程2007年动工,投资7.05亿元,建成2000吨级集装箱泊位2个,2000吨级件杂泊位2个,滚装斜坡码头(兼顾战备)1个,铁路专用线1条,码头岸线总长400米,码头设计货物年吞吐量150万吨,主要承担液态散货的装卸运输任务。

▲
霞凝港区

霞凝新港已发展有 7 条国际集装箱内支运输线,开辟韩国、日本、美西、欧洲、澳洲、非洲、南美东、地中海等数十条国际航线;每周有进出口国际集装箱航班 40 多个,货物通过湘江入长江经上海港口中转运往世界各基本港,形成了通江达海,物流全球的水路网络体系优势,承担着长沙及湘中地区 60%以上的内支线集装箱装卸任务。

2.铁路运输

宣统三年(1911 年),粤汉铁路长沙至株洲段建成通车后,长沙地区才开始有铁路货运。1920 年 3 月,以湘路公司名义与株萍路签订联运合同,为湖南省铁路货运联运之始,在原已开行混合列车的基础上,从长沙市新河站始发,增开长沙至安源(江西萍乡)混合列车 2 对,同年,完成联运货运量 7286 吨,到 1924 年达到 4.4 万吨。1936 年,粤汉铁路全线通车,次年从新河、长沙北、长沙东三个站装大米到广东省,旧装 10 车,并组织开行大米成列直达运输;从广东省装运到长沙卸车的货物有食盐、海味、果品等。抗日战争时期,长沙市境内铁路主要承担军运任务,民用货物发送多为粮食和农付土特产品,到达长沙的货物主要有食盐、糖、棉纱、煤油、火柴等日用工业品。

1937—1939 年,长沙市境内铁路全部毁坏或拆除,铁路运输全部中断,1945 年 11 月才修复,当时主要承担军用货物运输。在解放战争期间,长沙市境内铁路复遭国民党军队溃退时破坏,运输再次中断。湖南和平解放后,立即组织力量抢修,于 1949 年底,粤汉铁路全线修复通车,当时主要任务是运送部队和军需货物进军西南。

1951 年 4 月,中国、苏联铁路联运开始后,长沙北站、长沙南站列为开办中苏货运联运站,长沙发往苏联的主要货物是肉类、柑橘,苏联运到长沙的货物多为工业机械或设备。1952 年 1 月 10 日,衡阳铁路局在长沙成立"长沙营业所",属长沙站管理,开始办理零担货物承运到达和整理包装业务。1953 年,长沙北站办理专用线货物运输的发送和到达业务。

1954 年 1 月 1 日起,长沙北和长沙南两站开始办理国际货物联运,1956 年,长沙站办理的零担货运业务移交给长沙北站。1957 年 7 月 7

日,长沙南站辟为水陆联运换装站,水陆联运的货物主要是煤炭和分盐,年运量 25 万~30 万吨。

1957 年 10 月,京广铁路全线贯通,从长沙发送的货物北可至北京南可达广州,长沙成为中部地区的货物集散地和铁路枢纽。

湘黔铁路是连接湖南和贵州的重要干线铁路,早在 1936 年国民政府就与德国签订修建湘黔铁路的借款协定,并进行初测,后因抗战爆发被迫中止。1958—1960 年曾两次复建又两度停工,1970 年 9 月再次复工,1972 年 10 月建成通车,前后历时 37 年。该路的建成,增加了西南地区通往东部沿海地区的通道,缩短了云、贵、川三省到中南、华南、华东地区部分省(市)的距离。

石长铁路北起石门县,经常德市、益阳市到达长沙市,现为国家 I 级单线干线铁路。该铁路 1998 年 10 月开通运营,北接焦柳线,中连洛湛铁路娄益段,东南接京广线,其石门至益阳段与洛湛通道兼容。这是湖南第一条股份化铁路,建成后客货运收入每年以 30% 以上的速度增长。

近年来修建了途径长沙的京港客运专线、沪昆客运专线、以及正在建设中的长株潭城际铁路,对促进长沙的经济发展发挥了重要作用。

长沙比较重要的火车站现在有三个,分别是长沙站、长沙北站、长沙南站。

长沙站的前身是长沙东站。宣统三年(1911 年)十二月兴建,长沙老火车站始建于 1912 年,占地约万余平方米,站前广场不足千平方米,地面凹凸不平。站内有四股车道、两个站台、一个候车室,设备十分简陋。由于后来军阀混战,站房遭到了损毁,到 1947 年站房先后经过了两次修建,才恢复了大致的面貌。直至 1949 年长沙解放,才兴建了一些平房,作为办公、售票、行李包裹装卸用房。1952 年 1 月 10 日,成立长沙运输营业所,由该站管辖,办理零担货物承运、到达和整理包装业务。1954 年 8 月,该站定为开办国际铁路联运站。1956 年零担货运业务移交长沙北站。1977 年 7 月 1 日,新建的长沙火车站在历时三年之后在隆重的庆贺声中正式建成通车。2009 年,长沙火车站入选全国 60 年 300

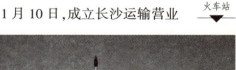

长沙
火车站

▲
长沙北站

座最美建筑。

长沙北站于 1918 年 9 月设立，仅有 4 股道，主要办理货运业务，兼办客运，每天只通过二三对列车。1951 年 4 月 1 日和 1954 年 1 月 1 日起分别定为办理中苏联运和国际铁路联运站。1956 年客运移交长沙站办理，同时接收长沙站办理的零担业务，主营货运。1967 年站场扩建，股道增设到 20 条，新建了货运仓库，为京广线的重要编组站。1960 年黑石铺新建危险品仓库，该站原办理的危险品货物运输业务予以移交。此后，站场不断扩建和改建，装卸机械化程度不断提高。

长沙北站为一等货运站，办理整车、零担、集装箱、鲜活等货运业务。2004 年底因站段调整，长沙东站、长沙北站、长沙南站（于 2007 年拆除）合并成立新的长沙北站，2007 年将原株洲车务段管辖的黑石铺站纳入管理。长沙北站成为下辖长沙北站、长沙东站、黑石铺站、新开铺站、丝茅冲站、捞刀河站和霞凝站的综合性货运站，也是长沙地区最重要的货物集散地之一。

长沙南站位于长沙市雨花区，2007 年 11 月正式开工，2009 年 12 月随着京港高铁武广段开通而正式投入运营。长沙南站现有 2 个车场，分别为京港客专车场和沪昆客专车场，共有 13 台 28 线。

除此以外，还有长沙东站、霞凝站、暮云市站、树木岭货场等车站。

长沙东站位于湖南省长沙市雨花区，是一个区段站，站型为横列式一级二场，建于 1977 年。站内南、北分室与长沙站相衔接，车站等级为一等站。主要办理整车、集装箱货物发到。

霞凝站位于湖南省望城县谷山乡，建于 1918 年，现为四等站。主要办理旅客行李、包裹托运以及整车货物发到。

暮云市站位于湖南省长沙市南托乡，建于 1937 年，现为四等站。主要办理旅客行李、包裹托运以及整车货物发到。

树木岭货场是长沙市中心唯一的整车、集装箱运输的物流货流配载中心，提供运输、仓储、配送等一条龙服务，被定为长沙—深圳"五定班列"湖南方面的始发站。

3.公路运输

长沙现代公路,发端于20世纪20年代初建成的长(沙)(湘)潭军路。此后又续建长(沙)常(德)、长(沙)浏(阳)等公路。至1949年8月的近30年中,长沙地区通车公路仅4条,总长265.2公里,桥梁(多系木结构)26座,总长588.9延米。与公路相应发展的汽车运输,则始创于1922年8月龙骧长途汽车公司经营客运。1928—1935年,湖南官督民办第一汽车路局和湖南公路局,由6辆2.5吨"大卡车"开办货运,发展到44辆货车,由于多数货车临时加座作为客车使用,故专用于运货的仅18辆,分散在长沙、浏阳、平江、湘潭、邵阳等地。抗日战争期间,大批车辆应征参加前线运输和后方抢运,继而公路遭破坏,汽车停开,人员流离。抗日战争胜利后,湖南公路局以长沙为重点的"复员"运输一度兴旺,当年货运收入占总收入的36%。此时,国民政府交通部直辖第二运输处,大办货运,与之竞争。"二运处"采取一吨以上货运按托运人指定地点装卸;各处、站还指定专人招揽客货,了解车辆及客货动态,尽量减少车辆空驶,以每月运量增减及车辆运用效率高低,作为单位考核标准。实行结果,各线货运骤增。新中国成立前夕,百业萧条,长沙仅有公私破旧进口汽车400余辆,国民政府和地方经营的省内外客运班线不足20条,压班、停班现象时有发生。

新中国成立后,公路运输蒸蒸日上。1950年1月,省公路管理局在长沙成立,统一全省路政,在医治战争创伤、修复公路的同时,开始有计划地重点建设,仅以7个月工期,建成过去多年无力修复的宁乡沩江大桥,打通"湘西走廊"。新中国成立初期,湖南省运输公司长沙营业所(1950年改长沙分公司)大力恢复和发展生产,仅4个月就恢复省内外客运班线33条。1953年大规模经济建设开始后,运量连年上升,省运输局长沙总站采取"变单车运输为拖挂运输,变一班制生产为多班制生产,变就车修理为总成互换"的措施,缓解运力严重不足的矛盾。在"大跃进"中,由于运输任务猛增,运力更加不足,车辆超负荷运转,尚只能担负重点货物运输,导致车辆"半跑半修",受损严重。在国民经济调整时期,虽有不少企业下马,但汽车客货运仍有较快发展。1978年后,长沙公路运输市场逐步放开,打破汽车运输独家经营的格局。

现在长沙市主干道有五一路、芙蓉路、韶山路、东风路、解放路、长沙大道、三一大道、中山路、黄兴路、湘江路、潇湘大道、万家丽路、人民路和

"六桥三环"。六桥三环:橘子洲大桥(一桥)、银盆岭大桥(二桥)、猴子石大桥(三桥)、三汊矶大桥(四桥)、黑石铺大桥(五桥)、月亮岛大桥(六桥)、一环线、二环线、三环线。2012年11月,福元路大桥通车。

　　长沙在城市的东南西北各设立了长途汽车站,在长沙火车站旁还设立了长株潭客运汽车站。途径长沙的高速公路星罗密布,其中长常高速公路已经延伸到张家界而成为长张高速公路。作为渝长高速公路一段的长吉高速公路在湖南境内也已全线贯通。长浏高速公路也正在修建,西端连接既有的长永高速公路,向东经过浏阳市区后,通过大围山山区延伸到江西省。京珠高速复线的一段长株高速公路也已通车。长潭西线高速公路将长沙河西与湘潭市区的通勤时间缩短至20分钟。

　　4.航空运输

　　长沙民用航空事业源于1926年8月。广州国民政府国民革命军北伐经长沙,由北伐军航空队在市南郊大十七铺修建临时简易军用机场,供空中运输之用。市北郊新河大园洲(今三角洲)开始修建军民合用机场。1931年1月,湖南航空处续修大园洲机场,同年6月28日起,先后开辟长沙至省内平江、浏阳及广东省曲江和江西省萍乡等地的8条以军用为主的临时地方航线。1934年1月,湖南航空处改为隶属第四路军指挥部。同年秋,国民政府在"统一航空运动"的名义下,撤销湖南航空处,人员、设备(含飞行人员29人,飞机14架)调走。从而结束民国时期湖南地方经营的军民航空事业。据1935年《申报年鉴》记载,当时长沙的空运业务"以客运为主……货运极少,邮运常有"。此后,中德合办的"欧亚航空公司"(后改为"中央航空公司")和中美合办的"中国航空公司"先后开辟经停长沙的平粤、沪港、沪渝等5条省际航线。

　　新中国成立后,长沙市和湖南省的民航事业飞速发展。1957年4月长沙民航站成立,随即开辟广州—长沙—武汉—郑州—北京航线,航班为301/302,1957年10月7日,这条航线开始夜航。1989年8月长沙黄花机场开通后,实现由"经停站"到"始发站"的转变,先后与国内23个大中城市架起了"空中桥梁",并于1990年6月实现长沙至香港直航包机航线。长沙在历史上曾拥有过长沙大园洲机场、浏阳唐家洲机场、宁乡历经铺机场、长沙协操坪机、长沙大圫铺机场的机场等。其中长沙协操坪机场是湖南最早的民用机场,其余机场均为军用机场,在战争中几经毁损,最终废弃。

现用的长沙黄花国际机场位于湖南省长沙市城东,为 4E 级民用机场,距离长沙城区约 10 公里。该机场于 1986 年 6 月 25 日动工,1989 年 8 月 29 日首航,现有一条长 3200 米的跑道,2011 年 7 月正式启动第二跑道建设工程, 将能够满足空客

A380 等 F 类飞机的使用要求。目前已开通航线 130 条,包括中国大陆境内大中城市以及香港、台北等地和两岸航线以及至泰国曼谷、韩国首尔和大邱、日本大阪等 90 多个城市的定期航班。

5.管道运输

2006 年,长沙—常德天然气管道工程竣工,该管线始于长沙星沙首站,经望城、益阳至常德皇木关末站,全长 181 公里,年输气量 2.2 亿立方米,中远期经加压后可达 3 亿~6.4 亿立方米。

长期以来,长沙的成品油供应主要依靠京广线、湘黔线采用铁路运输,不可避免地受铁路运输能力紧张,因此,在湖南省政府的支持下,中石化湖南成品油管道一期工程建设完工,管道全长 274 公里,从长岭经岳阳、长沙、湘潭至株洲,于 2008 年 8 月建成投产,岳阳至长株潭的成品油运输率先实现了管道输送。二期工程由长沙—郴州、湘潭—娄底成品油管道正在抓紧建设,长沙的油库已经完成了扩建。

二　物流旗舰

2001 年底,长沙名列国家经贸委确定的中小企业社会化物流服务体系建设试点城市,这是长沙在全国中西部地区的重要交通枢纽城市和物流节点城市地位的体现。长沙市政府更是提出启动物流发展战略,政府大力提升长沙作为一个商贸中心城市的地位,力图将长沙市打造成中南地区的商贸物流中心城市。从而最终使长沙成为连接沿海、连通西北部的大型物流基地,为湖南乃至周边省份参与国际竞争提供一个国际化的物流平台。

1.物流园区

长沙已正式将现代物流业确立为未来重点发展的新兴产业之一。为

此,长沙市政府更是投资 20 亿元打造长沙四大物流设施区,各设施区承担着不同的功能定位:北部捞刀河地块将定位于中低端区域货流集散中心;东北部星沙工业园附近(长沙经济技术开发区)建设成为专业制造物流中心;东部芙蓉、雨花区一带将重建为专业超市与物流相结合的大规模多功能物流中心及服务零售体系的城市配送中心;南部大托铺区域则重点发展物流与中低端日用品商贸结合的多功能物流设施,着力打造辐射中南的物流中心。

长沙正在着力打造东西南北以及空港 5 个物流园。其中,投资 10 亿元建设的湖南物流总部项目已落户高铁东部新城长沙市黄兴镇,已于年2011 年底投入使用。

黄兴镇地理位置优越,15 公里半径覆盖长沙 70%的主城区,园区 40公里半径内覆盖长株潭 70%的主城区。在功能布局上,分为物流信息中心、后勤配套区、综合办公区、仓库区、零担货运区、停车区六个部分。每个分区按照特定的专业及功能要求,在公共服务、环境景观、基础设施配套、交通、空间组织等方面紧密联系、互为依托。

黄兴物流园是东物流园,主要功能是商贸。长沙将对中心城区现有的这些大型市场的一些功能进行外迁、保留、提升。湖南物流总部将为其物流功能的剥离提供服务平台。湖南物流总部建设将弥补长沙市长期以来商贸物流基础设施缺失的短板,并对湖南物流总部建设的规划设施、整体布局了进行指导。

长沙南物流园位于长沙县跳马乡新田村,占据京珠高速东南横线北的有利交通优势,形成了综合服务型的物流园区。该物流园区辐射长株潭地区,主要为商贸、高端产品提供仓储、运输、加工、城市配送、信息、综合服务等功能。

长沙西物流园位于望城区,交通便利,处于北横线、北三环和 S101交会处附近,是综合服务型物流园区,主要功能定位在为湖南西部地区货运集散、河西生产资料物流服务、商贸服务、城市配送、信息服务等。

长沙北物流园位于金霞物流园、霞凝港附近,是货运服务型物流园区。该园区发展多式联运,承担中南地区长途运输及区域物流集散、生产服务、城市配送等。

长沙空港物流园位于黄花机场,连接长株高速、长永高速和机场高速,交通便利,主要功能定位是为临港产业及高附加值产品提供航空运输、物流加工、仓储配送、货运代理及信息服务等。

除了以上五个物流园区之外,长沙市零担物流主要集中在以高桥为中心的零担市场,包括高桥物流市场,圭塘物流园,恒基物流园,大桥三区,黎托仓库区等。而以马王堆为中心的零担市场包括九道湾,汇源物流园,南湖大市场等。绝大多数企业都是夫妻店经营、家族式经营。而长沙专线物流过度集中在高桥, 高桥货运市场是一个自发形成的货运市场,现在已经有 1000 家左右专线物流公司进驻。

2.物流企业

长沙 5A 级的物流企业共有三家,分别是:湖南全洲医药消费品供应链有限公司、湖南金霞粮食产业有限公司、湖南湘通物流有限公司。

(1)湖南全洲医药消费品供应链有限公司

全洲药业集团始创于 1999 年,总资产超过 4 亿元,是一家具有医药研发、制药工业、物流配送、连锁零售、电子商务、临床应用为一体的现代大型企业集团。湖南全洲医药消费品供应链有限公司成立于 2005 年,位于长株潭融城核心地带,是全洲药业集团的全资子公司,专业从事集医药、消费品的采购、物流、仓储、保税、分拨配送、进出口、商务与结算、信息与数据、电子商务、营销呼叫、虚拟生产、供应商管理库存(VMI)及供应链金融增值服务等服务外包工作于一体的国内一流供应链服务商。

公司拥有现代化、信息化、自动化、智能化于一体的现代物流基地,经过多年的实战运营已培养了一批高素质的专业供应链经营管理团队。同时,公司通过运用先进的管理信息技术、整合上游 5000 多家大型知名厂商资源及 10000 多个下游供应链分销网络资源、遍布全省各区县及全国二类以上大中城市物流网络,采取融商流、物流、信息流、资金流于一体的现代新经济模式,为合作伙伴搭建了集医药及消费品采购与采购执行平台、物流配送平台、分销与分销执行平台、虚拟生产平台、进出口平台、信息平台、电子商务平台、供应链融资平台于一体的供应链综合服务平台。

(2)湖南金霞粮食产业有限公司

湖南金霞粮食产业有限公司的前身是始建于 1950 年的长沙市第一粮食仓库,主要从事粮食种植、收购、储备、加工、饲料、物流、贸易、期货等业务。如今是一家由湖南长沙芙蓉北路国家粮食储备库及长沙第一粮油实业公司改制后设立的国有独资公司,公司注册资本 5000 万元,总资

197

产 7 亿元。它是确保长沙地区粮食安全和流通稳定的重要载体,承担着中央、省、市粮食储备、收购、加工、运输、出口等任务,系湖南省农业产业化龙头企业。

公司拥有 200 多经营户、1000 多从业人员、年货物吞吐量 160 万吨、年交易额 15 亿元的粮食饲料交易市场,是全国大型的粮食饲料原料现货交易市场;为中部地区最大的国家粮食储备库;中南地区最大的期货交割库。

公司投资 6.8 亿元,在长沙金霞经济开发区征地 394 亩建设公司新址,新址建筑面积 20 万平方米,年大米加工能力 20 万吨,仓容 30 万吨,铁路专用线 3 股道,年货物吞吐量 300 万吨,市场交易额 50 亿元。公司发挥金霞粮食物流园内铁路、港口、仓储的基础优势,打造金霞系列品牌,拓展现代粮食物流,努力打造成为全国最大的粮食饲料交易市场、湖南最大的粮食物流中心。公司与湖南省水稻研究所合作共同研发的沁香系列 3 个优质稻种,是湖南省近年来首次被评的一等优质稻品种,荣获第九届湖南国际农博会、第六届优质稻米博览会双料金奖。

(3)湖南湘通物流有限公司

湖南湘通物流有限公司是一家由广铁集团全资控股的铁路多元企业,中国物流与采购联合会和湖南省口岸协会常务理事单位。始建于 2001 年 4 月,注册资金 5000 万元,拥有上亿元固定资产,在湖南境内设立 12 个分公司,有近 100 个营业网点,业务范围覆盖湖南全省,物流网络辐射全国各地。

主营业务包括铁路、公路、民航、水路的货物运输,铁路行包快运、货车、行李车包租、集装箱多式联运,长、大、笨重、超重等特种货物运输;国内客运及铁路票务代理;物流配送及其他铁路客货运输延伸服务;各类运输业务咨询和运输信息查询。

长沙除了以上三家 5A 物流企业之外,全球性的物流企业通过在中国内地寻找合作伙伴在长沙设立了分公司或办事机构,如 DHL(中外运敦豪)、FedEx(联邦快递)、TNT(荷兰天地)等;也有很多全国性的物流公司在长沙设立了分支机构,如中远物流、中铁物流、中邮物流、中海物流、招商局物流、宝供物流等;还有其他的本地物流企业,如省商业储运物流公司、长沙新时速货物运输服务有限公司、长沙好运来运输服务有限公司等。

第九章

物 流 技 术

20世纪初,随着工业化大生产,科学技术迅猛发展,汽车、火车、轮船、飞机等现代交通工具的出现,货物的流通向规模化、速度化方向发展。进入21世纪,信息技术日新月异,物流在社会经济生活中作用越来越重要,各种智能、便捷的现代物流技术如雨后春笋般出现,并在现代化的生产及生活中大放异彩。

第一节　数字生存

美国麻省理工学院媒体实验室主任尼葛洛在所著的《数字化生存》一书中开宗明义地写道:数字不再只和计算有关,它决定我们的生存。并指出在科技发展到一定高度的时候,人类可以将自身的智慧,以及与外界的联系,经过"原子到比特"的编辑、组合、排列、压缩、还原的复杂程序,经过一定载体的传输和接受,再经过过滤、分拣、排列、筛选和管理,很好地满足人类及社会的发展需求。电子商务、EDI系统、物流仿真等技术对现代物流的影响尤其巨大且得到广泛应用。

一　电子商务

互联网的快速发展和广泛应用,为电子商务的发展提供了坚实的基础,作为21世纪主要的经贸方式之一,电子商务在世界各地、各行各业迅速发展,对人们的生产、生活方式产生深刻的影响,给世界贸易格局和经济增长方式带来巨大变革。

1.顺应潮流迎风起——电子商务的发展

人类最早采取"以物易物"的交换方式,货物所有权的转换紧紧地伴随物流的转换而发生。随着货币的产生,人类的交易链上出现了第一层中介——货币,货币开始成为货物交换的媒介,"一手交钱,一手交货"成为交易双方都能接受的方式,但货物所有权的转换仍然是紧随物流的(只不过是以货币为中介),这个阶段由于生产力的发展和社会分工的出现,信息流逐渐表现出来,并开始发挥作用。随着社会分工的日益细化和商业信用的发展,专门为货币作中介服务的第二层中介出现了,比如银行,这些专门机构所从事的是货币中介服务及货币买卖,此时,物流和资金流开始分离,产生了多种交易方式:交易前的预先付款,交易中的托收、支票、汇票,交易后的付款如分期付款、延期付款等,这些都意味着货物所有权的转换和物流的转换分离开来。同时,也带来了相应的风险,如货物的实际质量与销售商所宣传的不相符,承诺的售后服务不兑现,顾客拿到货物不付款等,要规避这些风险就必须依靠尽可能多的信息,信息流的作用更加凸显出来。

随着网络技术和电子技术的发展,电子中介作为一种工具被引入了生产、交换和消费中,人们做贸易的顺序仍要经历交易前、交易中和交易后三个阶段,但进行交流和联系的工具发生了改变,如从以前的纸质单证变为如今的电子单证。此时的电子信息流处于一个极为重要的地位,它贯穿于货物交易的整个过程,不仅控制货物流通的整个过程,还对这个过程的商务活动进行记录,是分析物流、导向资金流、进行经营决策的重要依据。由于电子工具和网络通信技术的应用,使交易各方的时空距离几乎为零,有利地促进了信息流、商流、资金流、物流这"四流"的有机结合。对于某些可以通过网络传输的货物和服务,甚至可以做到"四流"的同步处理,通过上网浏览、查询、挑选、下单、付款、评价,用户可以在网上完成整个购物过程。

综上所述,电子商务是指利用简单、快捷、低成本的电子通信方式,买卖双方不谋面地进行的各种商业和贸易活动。电子商务是以计算机网络为基础,以电子化方式为手段,以

电子商务交易过程

用户注册 → 用户登录 → 商品浏览 → 放入购物车 → 付款方式选择 → 生成订单

200

商务活动为主体,在法律许可范围内所进行的商务活动过程。

由电子商务概念模型图可知,电子商务活动中,如果是实体货物的交易,相对应的物流活动是必不可少的,实体的货物一般储存在物流中心中,当客户在网上下单订购时,商家根据客户

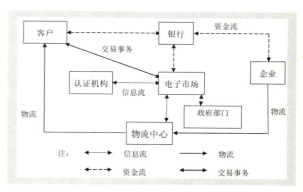

▲ 电子商务
概念模型

的需求,在物流中心中拣选货物,然后根据配送方向对货物进行分类、集装、配载,最后选择合适的运输方式和运输线路,按质、按量、按时地配送到客户手中。其中政府部门主要制订与电子商务有关的法律、法规和政策,以保证电子商务安全、正常地进行和健康、有序地发展;认证机构主要是认证电子商务中交易双方的身份,以保证电子商务运作的安全性。

电子商务有多种类型,其中主要包括 B to C(企业与顾客)、B to B(企业与企业)、C to C(顾客与顾客)等模式,无论采用哪一种电子商务模式,其本质上都是通过现行的网络技术,实现包括信息交换、电子货币传送、网上信息存取、网络服务器存取技术与设计、信息分级服务、信息目录存取等商务服务,从而达成既定的商务目标。

不同电子商务模式的物流一般流程实际上大同小异,均可简要地表述如下:

①企业将要销售的货物储存在物流中心,将货物的信息通过图片、文字、视频、音频等形式在网络上进行展示,客户通过浏览器访问网站,了解货物的信息,确定需要购买的货物,选定后在网上填写订单,填写订单时可选择付款方式、送货时间等。

②厂方通过订单确认客户,同时通知自己的应用系统组织已被客户选定的货物。

③客户通过电子结算与金融部门交互执行资金转移。

④金融部门通过电子邮件(或其他方式)通知买卖双方资金转移的结果。

⑤厂方发送已组织好的货物,并送达到客户手中。

从上述电子商务的实际流程可以看出:电子商务集信息流、商流、资金流、物流为于一身,是一个完整的贸易交易过程。

2.电子商务通世界——电子商务与物流

电子商务时代的来临,给物流带来了新的发展,使物流具备了一系列新特点。

(1)信息化

电子商务时代,物流信息化是电子商务的必然要求。物流信息化表现为物流信息的商品化、物流信息收集的数据库化和代码化、物流信息处理的电子化和计算机化、物流信息传递的标准化和实时化、物流信息存储的数字化等。因此,条码技术、数据库技术、电子订货系统(EOS)、电子数据交换(EDI)、快速响应(QR)及有效客户响应(ECR)、企业资源计划(ERP)等技术与观念在物流中得到普遍的应用。信息化是一切的基础,没有物流的信息化,任何先进的技术设备都不可能应用于物流领域。

(2)自动化

自动化的基础是信息化,自动化的核心是机电一体化,自动化的外在表现是无人化,自动化的效果是省力化,自动化扩大了物流作业能力、提高了劳动生产率、减少了物流作业的差错等。物流自动化的设施非常多,如条码/语音/射频自动识别系统、自动分拣系统、自动存取系统、自动导向车、货物自动跟踪系统等。

(3)网络化

物流的网络化是物流信息化的必然,是电子商务下物流活动的主要特征之一。这里指的网络化有两层含义:一是物流配送系统的计算机通信网络,包括物流配送中心与供应商或制造商的联系通过计算机网络,另外与下游顾客之间的联系也通过计算机网络通信。二是组织的网络化,即所谓的企业内部网。比如,台湾的电脑业在20世纪90年代创造出了"全球运筹式产销模式",这种模式的基本点是按照客户订单组织生产,生产采取分散形式,即将全世界的电脑资源都利用起来,采取外包的形式将一台电脑的所有零部件、元器件、芯片外包给世界各地的制造商去生产,然后通过全球的物流网络将这些零部件、元器件和芯片发往同一个物流配送中心进行组装,由该物流配送中心将组装的电脑迅速发给订户。这一过程需要有高效的物流网络支持。当今世界因特网等全球网络资源的可用性及网络技术的普及为物流的网络化提供了良好的外部环境,物流网络化不可阻挡。

（4）智能化

物流的智能化即利用集成智能化技术，在基于物联网的广泛应用基础上，综合运用物联网、计算机、自动控制和智能决策等技术，由自动化设备和信息化系统独立完成包括订单、运输、仓储、配送等物流作业环节，从而自行解决物流中某些问题的能力。这是物流自动化、信息化的一种高层次应用。物流作业过程中的库存水平的确定、运输路径的选择、自动导向车的运行轨迹和作业控制、自动分拣机的运行、物流中心经营管理的决策支持等问题都需要借助于大量的运筹和决策才能解决。具体而言，要实现物流的智能化，需要具备以下几项关键技术：①信息采集技术，涉及传感器技术、数据处理技术、电子标签读写等；②移动通讯技术，以便于进行物流系统的实时跟踪；③数据管理技术，物流运输过程中会产生大量的数据，要实现物流运输系统的调度与优化，就必须能很好地进行物流基础数据管理；④智能交通技术，降低货物的运输成本，缩短货物的送达时间，随时了解货物在途中的状态，也是整个物流运输管理中的重要环节。其他技术还包括物流系统中的现代供应链管理技术、人工智能技术、基于商业智能的决策支持技术等。

（5）柔性化

柔性化本来是为实现"以顾客为中心"理念而在生产领域提出的，但要真正做到柔性化，即真正地能根据消费者需求的变化来灵活调节生产工艺，没有配套的柔性化的物流系统是不可能达到目的的。国际生产领域纷纷推出弹性制造系统、计算机集成制造系统、制造资源系统、企业资源计划以及供应链管理的概念和技术，这些概念和技术的实质是要将生产、流通进行集成，根据需求端的需求组织生产，安排物流活动。因此，柔性化的物流正是适应生产、流通与消费的需求而发展起来的一种新型物流模式。这就要求物流中心要根据消费需求"多品种、小批量、多批次、短周期"的特色，灵活组织和实施物流作业。

物流是电子商务的重要组成部分，物流活动保障电子商务的正常运行，同时，电子商务技术又促进了物流管理水平的提升，两者相互联系、相互促进。

（1）物流是电子商务的重要组成部分

电子商务的本质是商务，商务的核心内容是货物的交易，而货物交易会涉及四个方面：货物所有权的转移、货币的支付、有关信息的获取与应用、货物本身的转交,即商流、资金流、信息流、物流。其中商流、资金流与信息流这三种流的处理都可以通过计算机和网络通信设备实现。物流,作为四流中最为特殊的一种,是货物实体的流动过程。对于少数货物和服务来说,可以直接通过网络传输的方式进行配送,如各种电子出版物、信息咨询服务等。而对于大多数货物和服务来说,物流仍要经由物理方式传输。过去,人们对物流在电子商务中的重要性认识不够,对于物流在电子商务环境下应发生的变化也认识不足,认为对于大多数货物和服务来说,物流仍可采用传统的经销渠道。但随着电子商务的进一步推广与应用,物流能力的滞后对其发展的制约越来越明显,物流的重要性对电子商务活动的影响被越来越多的人所认识。

(2)物流是实现电子商务的保证

物流作为电子商务的重要组成部分是实现电子商务的重要保证。离开了现代物流,电子商务过程就不完善,无论网络上订单传递的速度多快、网上转账的准确性多高,顾客订购的实体货物如不能按时、按质、按量送到顾客手中,那么网上的所有活动所节省的时间和成本都会被浪费掉。

(3)物流保证生产的顺利进行

无论在传统的贸易方式下,还是在电子商务下,生产都是货物流通之本,而生产的顺利进行需要各类物流活动的支持。生产的全过程从原料的采购开始, 便要求有相应的供应物流活动将所采购的材料到位,否则,生产就难以进行;在生产的各工艺流程之间,也需要有原材料、半成品的物流过程,即所谓的生产物流,以实现生产的流动性;部分余料、可重复利用的货物的回收,也需要所谓的回收物流;废弃物的处理需要废弃物物流。可见,整个生产过程实际上包含了系列化的物流活动。合理化、现代化的物流,通过降低费用从而降低成本、优化库存结构、减少资金占压、缩短生产周期,保障了现代化生产的高效运行。相反,缺少了现代化的物流,生产将难以顺利进行,无论电子商务是多么便捷的贸易形式,仍将是无米之炊。

(4)物流服务于商流

在商业活动中,货物的所有权在购销合同签订的同时,便由供方转移到了需方,而货物实体并没有因此而到达需方。在电子商务条件下,顾客通过网络购物,完成了货物所有权的交割过程,但电子商务活动并未结束,只有货物和服务真正到达顾客手中,商务活动才告终结。在整个电子商务中,物流实际上是以商流的后续者和服务者的姿态出现的。没有现代化的物流,轻松的商务活动只会退化为一纸空文。

(5)物流是实现以"顾客为中心"理念的根本保证

电子商务的出现,在最大程度上方便了最终消费者。他们不必到拥挤的商业街挑选自己所需的货物,而只要坐在家里,上网浏览、查看、挑选,就可以完成购物活动。但试想,如果他们所购货物迟迟不能到达,抑或商家送货非自己所购,那消费者还会上网购物吗? 物流是电子商务实现以顾客为中心理念的最终保证,缺少现代化物流技术与管理,电子商务给消费者带来的便捷便等于零,消费者必然会转向他们认为更为可靠的传统购物的方式上。

电子商务作为数字化生存方式,代表未来的贸易方式、消费方式和服务方式。因此要求整体生态环境要完善,要求打破原有物流行业的传统格局,建设和发展以货物代理和配送为主要特征,物流、商流、信息流有机结合的社会化物流配送中心,建立电子商务物流体系,使各种流畅通无阻,才是最佳的电子商务境界。

3.轻轻一点万物达——电子商务的前景

随着人们对电子商务的认识不断加深,电子商务已经不仅仅是网购那么简单,随着网络生活的不断延伸发展,电子商务的外延也在不断地发生着变化,具有外资背景的电子商务企业和项目日益增加,基于超越国界的 Internet 的电子商务不可逆转地走上了世界经济一体化的道路。

在未来电子化服务普及的网络世界中, 可以在各种网络终端上如 PC 机、电话手机、电视机、智能化信息家电等,输入某种需求,如时间、预算、要求的服务内容等,电子化服务就会自动搜寻网上所有相关的服务模块,以最佳的方式把不同的服务组合在一起,最后给出一个满足需求的结果。每个网站所提供的服务模块都是标准化的,服务模块之间可以互相交谈,也可以互相交换信息。个人或企业可以进入提供电子化服务的门户要求服务,也可以凭借各种不同功能的智能化信息家电产品直接上网要求服务。企业想上网经营业务,只要将所提供的服务或产品以标准化的方式放置于网站上, 每天 24 小时将会有无数在网上搜寻服务的模块自动与这个网站联结并与网站提供的服务的模块自动交换信息,核对客户所提供的产品或服务是否满足要求,如果条件满足,即可成交。因此,企业不必花费大量的资源为自己的网站作广告,而可以更专注发展其核心业务，提供更多更具竞争性的产品及服务以争取更多的网上客户。由于电子化服务可以提供网络消费者更多的选择，更好的服务，更有效的结果，因此将会受到各方面的重视。

据统计，2012 年我国电子商务市场交易额已达 7.85 万亿元，同比增长 30.83%，其中 B to B 交易额为 6.25 万亿元，同比增长 27%；网络零售交易规模达 1.32 万亿元，同比增长 64.7%；网络团购等其他领域也呈现增长势头。电子商务服务企业直接从业人员现已超过 200 万人，目前由电子商务间接带动的就业人数，已超过 1500 万人。按我国电商企业分布的密集程度划分，排在前十的省(直辖市)依次为浙江、广东、上海、北京、江苏、山东、四川、河北、河南和福建，其中浙江、上海、江苏、四川均属于长江流域。而 2013 年我国电子商务总交易额超过 10 万亿元，5 年来翻了两番，其中网络零售交易额约为 1.85 万亿元，5 年来平均增速达 80%，我国网络零售市场规模在这一年已经超过美国，成为世界最大的网络零售市场。我国电子商务的快速发展势头将持续下去。

二　EDI 系统

EDI 是 Electronic Data Interchange 的缩写，即电子数据交换，指按照一个公认的标准形式的结构化事务处理或信息数据形式，实施商业或行政事务处理从计算机到计算机的电子传输。

EDI 由硬件和软件两个部分组成，硬件包括计算机、网线等，软件主要由转换软件、翻译软件、通信软件等组成。发送方发送信息时：转换软件主要把平面文件转换成电子文件，然后由翻译软件把电子文件翻译成交易双方认同的标准文本，最后由通信软件发送到接收方；接收方接收信息时：首先通过通信软件收取信息，随后利用翻译软件把信息翻译成

EDI 系统
作业过程
▼

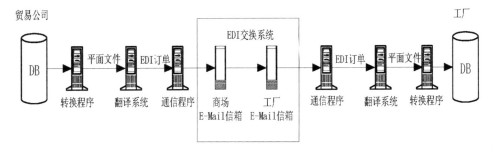

接收方可以识读的文件,最后通过转换软件转换成平面文件。

需要注意的是 EDI 主要用来传递合同、订单等重要的商业信息,而通知等普通信息一般不会通过 EDI 来进行传递。世界上现有 700 多种不同的 EDI 版本。

EDI 的通信网络有两种形式,一种是直接连接方式,另一种为间接连接方式。直接连接方式指双方通过数据专线或电话拨号线连接,直接相互传递 EDI 信息。如果一个企业有众多的合作伙伴,如采用直接连接方式,可能会因为合作伙伴的不同而采用不同的 EDI 版本,从而导致成本增加。间接连接方式指通过间接的第三方增值网络来实现不同企业间通过 EDI 来传递信息,增值网络(Value Added Network)简称 VAN,是将制造业、批发业、物流业、零售业等之间的信息,通过计算机服务网络来相互交换的信息系统。VAN 最大的特点是通过计算机服务网络使不同的企业、不同的网络系统可以相互连接,从而使不同形式的数据交换成为可能。由于 VAN 实现了不同系统的对接和不同格式的交换,为无数的使用者提供了交换数据的服务,创造了附加价值,因而被称作增值网络。

EDI 技术从产生到成熟经历了比较长的时间,而且随着物流技术的发展,与物流活动相应的物流 EDI 技术也逐渐完善。

1.千呼万唤始出来——EDI 技术的起源

工业、交通与通信的发展,以及生产社会化促进了经济全球化、产业结构调整,随着资本的大量转移,跨国公司的涌现,国际贸易也进入飞速发展的时代。在国际贸易中,由于买卖双方地处不同的国家和地区,因此在大多数情况下,不是简单直接地面对面地买卖,而必须以银行进行担保,以各种纸面单证为凭证,方能达到货物与货币交换的目的。

全球贸易额的上升带来了各种贸易单证、文件数量的激增。虽然计算机及其他办公自动化设备的出现可以在一定范围内减轻人工处理纸面单证的劳动强度,但由于各种型号的计算机不能完全兼容,实际上又增加了对纸张的需求。此外,在各类商业贸易单证中有相当大的一部分数据是重复出现的,需要反复键入。而重复输入也使出差错的几率增高,同时重复录入浪费人力、时间,效率低下。因此,纸面贸易文件成了阻碍贸易发展的一个比较突出的因素。

另外,市场竞争也出现了新的特征。价格因素在竞争中所占的比重逐渐减小,而服务性因素所占比重增大。销售商为了减少风险,要求小批量、多品种、供货快,以适应瞬息万变的市场行情。而在整个贸易链中,绝大多数的企业既是销售商又是供货商,因此提高商业文件传递速度和处理速度成了所有贸易链中成员的共同需求。同样,现代计算机的大量普及和应用以及功能的不断提高,已使计算机应用从单机应用走向系统应用;同时通信条件和技术的完善,网络的普及又为 EDI 的应用提供了坚实的基础。

正是在这样的背景下,以计算机应用、通信网络和数据标准化为基础的 EDI 应运而生。由于 EDI 具有高速、精确、远程和巨量的技术性能,因此一经出现便显示出了强大的生命力,迅速在世界各主要工业发达国家和地区得到广泛的应用。

20 世纪 60 年代末,欧洲和美国几乎同时提出了 EDI 的概念。早期的 EDI 只是在两个商业伙伴之间,依靠计算机与计算机直接通信完成。20 世纪 70 年代,数字通信技术的发展大大加快了 EDI 技术的成熟和应用范围的扩大,也带动了跨行业 EDI 系统的出现。20 世纪 80 年代,EDI 标准的国际化又使 EDI 的应用跃入了一个新的里程。

时至今日,EDI 历经萌芽期、发展期已步入成熟期。英国的 EDI 专家明确指出:"以现有的信息技术水平,实现 EDI 已不是技术问题,而是一个商业问题。"

EDI 受到青睐的原因主要有下面几个:①大大缩短业务运作时间,交易双方的信息经由计算机通信网络传输,瞬间到达;②大幅度降低差错率,由于信息处理是在计算机上自动完成的,无须人工干预,所以除节约时间外也可大幅度降低业务处理过程中的差错率,从而降低资料出错的处理成本;③降低库存成本,由于使用 EDI 后可大幅度缩短供需双方的业务处理时间,因而需方可减少库存,如美国数字设备公司应用了 EDI 后,使存货期由 5 天缩短为 3 天;④实现贸易无纸化,因为信息传递都是通过网络完成,所以能大幅度节省纸张、印刷、储存及邮寄的费用,立即降低了贸易文件成本;⑤促进企业国际化,随着企业使用 EDI,业务不再受到地域的限制,可以很方便地与不同国度的企业自如地进行信息沟通,推动企业走向全球。

2.传送音符 EDI——物流 EDI 技术

总体而言,应用 EDI 的成本较高,一是因为通过 VAN 进行通信的成本高,二是制订和满足 EDI 标准较为困难。但近年来,互联网的迅速普及，为物流信息活动提供了快速、简便、廉价的通讯方式，所以，互联网将为企业实施物流EDI提供坚实的基础。

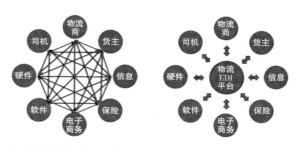

物流EDI平台使用前后对比

传统物流企业购货贸易过程是：需求方向供应方提出订单；供应方得到订单后，就进行它内部的纸张文字票据处理，准备发货；纸张票据中包括发货票等。买方在收到货和发货票之后，开出支票，寄给卖方；卖方持支票至银行兑现；银行再开出一个票据，确认这笔款项的汇兑。

当使用物流EDI系统后，要把上述双方在贸易处理过程中的所有纸面单证由EDI通信网来传送，并由计算机自动完成全部或大部分处理过程。具体为：企业收到一份EDI订单，则系统自动处理该订单，检查订单是否符合要求；然后通知企业内部管理系统安排生产；向零配件供销商订购零配件等；有关部门申请进出口许可证；通知银行并给订货方开出EDI发票；向保险公司申请保险单等。从而使整个物流信息活动过程在最短时间内准确地完成。

EDI最初是由美国企业应用在企业间订货业务活动中的电子数据交换系统，其后EDI的应用范围从订货业务向其他业务扩展，如POS销售信息传送业务、库存管理业务、发货送货信息和支付信息的传送业务等。近年EDI在物流中广泛应用，被称为物流EDI。

所谓物流EDI是指货主、承运业主以及其他相关的单位之间，通过EDI系统进行物流数据交换，并以此为基础实施物流作业活动的方法。物流EDI参与单位有发送货物业主（如生产厂家、贸易商、批发商、零售商等）、承运业主（如独立的物流承运企业等）、实际运送货物的交通运输企业（铁路企业、水运企业、航空企业、公路运输企业等）、协助单位（政府有关部门、金融企业等）和其他的物流相关单位（如仓库业者、专业报关业者等）。

物流EDI的详细操作步骤如下：

①发送货物业主在接到订货后制订货物运送计划，并把运送货物的清单及运送时间安排等信息通过EDI发送给物流运输业主和接收货物业主。

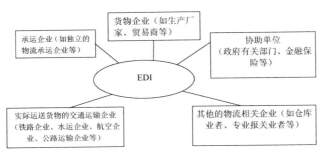

承运企业（如独立的物流承运企业等）

货物企业（如生产厂家、贸易商等）

协助单位（政府有关部门、金融保险等）

EDI

实际运送货物的交通运输企业（铁路企业、水运企业、航空企业、公路运输企业等）

其他的物流相关企业（如仓库业者、专业报关业者等）

▲物流EDI模型图

②发送货物业主依据顾客订货的要求和货物运送计划下达发货指令、分拣配货、打印出物流条形码的货物标签并贴在货物包装箱上，同时把运送货物品种、数量、包装等信息通过EDI发送给物流运输业主和接收货物业主，方便他们依据请示下达车辆调配指令。

③物流运输业主在向发货货物业主取运货物时，利用车载扫描读数仪读取货物标签的物流条形码，并与先前收到的货物运输数据进行核对，确认运送货物。

④物流运输业主在物流中心对货物进行整理、集装、制作送货清单并通过EDI向收货业主发送发货信息。在货物运送的同时进行货物跟踪管理，并在货物交纳给收货业主之后，通过EDI向发货物业主发送完成运送业务信息和运费请示信息。

⑤收货业主在货物到达时，利用扫描读数仪读取货物标签的条形码，并与先前收到的货物运输数据进行核对确认，开出收货发票，货物入库。同时通过EDI向物流运输业主和发送货物业主发送收货确认信息。

物流EDI的优点在于供应链组成各方可基于标准化的信息格式和处理方法通过EDI共同分享信息、提高流通效率、降低物流成本。

3.小试牛刀显威力——长江流域成功应用EDI的案例

我国长江沿线的港口集装箱运输已经成功应用EDI技术近十年，效益显著。利用电子数据交换技术，促进我国西部集装箱运输发展，使集装箱运输行业整体技术水平和总体规模再上台阶，是西部地区交通运输行业信息化建设的关键内容之一。同时，海运国际集装箱运输EDI技术向内河、内陆腹地的铁路、公路集装箱集疏运延伸、发展，最终形成一个完整的集装箱运输EDI网络体系。

长江流域的重庆港、南通港、上海港是我国长江沿线EDI系统实施比较好的港口，并且取得了比较好的效果。

重庆位于长江"黄金水道"的上游，与我国第一大港上海港形成首尾"水海联动"模式。而"水海内贸集装箱EDI应用系统"将重庆港和上海港通过 EDI 有机联系在一起，实现两港之间的信息快速、准确传递。自 2000 年以来重庆港集装箱吞吐量明显上升，与集装箱运输相关的信息量也大幅度攀升，当时重庆港已有的信息系统已不能满足集装箱作业量增长的需要。2002 年 8 月《重庆市口岸物流信息系统规划方案》获得交通部批准，加入全国交通运输 EDI 信息网。该系统在重庆港的应用提高了业务工作效率，加快了信息传输速度，率先在重庆寸滩理货作业点基本实现了无纸化作业，理货员通过 PDA 掌上设备进行现场数据的采集和记录，产生 E-DI 系统所需要的原始数据并上传。加强了获取市场物流信息的能力，与外贸物流相关的业务合作单位的业务量提高了 30%，直接产生经济效益估算至少每年有 320 万元。

▲ PDA
掌上电脑

> **PDA 掌上设备**
>
> 　　PDA 是 Personal Digital Assistant 的缩写，即个人数字助理，是一种辅助个人工作的数字工具，主要提供记事、通讯录、名片交换及行程安排等功能。分为工业级 PDA 和消费品 PDA。
>
> 　　工业级 PDA 主要包括条码扫描器、rfid 读写器、POS 机等。
>
> 　　消费品 PDA 主要有智能手机、平板电脑、手持的游戏机等。

南通港航通过 EDI 的实施带来了可观的经济效益与社会效益。

在经济效益方面，每年可降低成本 900 多万元。其中：①每年降低装卸成本数百万元。南通港航 EDI 使车、船、库场的使用、装卸作业的调度以及装卸设备设施和工时的利用更加合理、灵活，从而降低装卸成本。②每年减少物资消耗 60 万元。南通港年平均物资消耗 1200 万元，南通港航 EDI 能确保物资储备适度、使用合理，从而压缩物资消耗，按每年压缩 5% 计算，则每年可减少物资消耗 60 万元。③压缩货物滞留时间，每年节约货物流通成本 1886 万元人民币。每吨货价格按 2000 元计算，流动资金年利率 6.0%，船舶在港停时减少 0.446 天，8300 万吨货可节省利息支出 444 万元人民币。

社会效益主要表现在以下几个方面：①加速把南通港建设成为"大港口、大物流、现代化"的国际大港的经营。发展战略目标的实现，使南通港早日成为具有现代港口功能、适应国民经济和社会发展需要的以能源、粮食、矿石、集装箱运输为主的大、中、小泊位相结合的国际深水中转港，加快南通港建设成为现代化大港的进程。②优化港口产业结构，促进技术进步，EDI 系统实施会使南通港港与现代国际运输惯例接轨，跟上现代港口发展的步伐,增强南通港同国内港口竞争的整体实力。③充分挖掘装卸设备设施和库场的潜力,通过集成,把决策层、管理层和作业层联成一个有机的整体,提高管理的现代化水平和生产作业的自动化水平,激发港航业员工的积极性和创造性。④南通港航 EDI 实施有助于促进综合服务系统的建设,改善综合服务环境,加强与外界的交流,用现代化的服务设施和手段,以全新的面貌向腹地、中西部提供优质的港口服务,树立南通港的崭新形象。⑤南通港航 EDI 实施使更多的职工在日常工作中使用计算机以及各种现代化的生产经营工具,促进技术、管理和生产部门间以及这些部门的各类人员间的协调和配合,变革生产、工作方式,转变旧观念,提高各类人员的素质,适应现代港口发展的需要。

从 2007 年 12 月 1 日起,上海港已全面实施船载外贸危险货物 EDI 无纸化申报,实现了国内业界一直追求的外贸危险货物无纸化申报的梦想。申报人员只需打开电脑,在网上轻点鼠标,即可轻松完成外贸危险货物进出口申报的全部操作。长期以来,船载外贸危险货物申报一直采取传统的纸面申报模式,申报人员需要携带三联申报单证和附属材料,来回奔波于船舶装卸作业码头、海事部门和其他相关单位之间,整个流程通常需要 2~3 天。随着上海国际航运中心建设的不断推进,上海港外贸危险货物进出口量大幅增长,传统的纸面申报模式已无法适应上海国际航运中心建设的发展要求。如今通过 EDI 申报系统,所有的申报信息全部通过电子方式进行流转,整个申报、审批流程只需 30 分钟即可完成,申报成本大大降低的同时,申报效率显著提升。经初步估算,船载外贸危险货物 EDI 申报系统的使用,可累积为社会每年带来近 1400 万元的直接经济效益;更为重要的是,该系统实施后可大大提高外贸危险货物的通关效率,缩短载运危险货物船舶的在港时间,也有助于提高上海口岸的形象。

三 物流仿真

物流仿真是针对物流系统进行系统建模,并在电子计算机上编制相应应用程序,模拟实际物流系统运行状况,并统计和分析模拟结果,用以指导实际物流系统的规划设计与运作管理。

1.仿真物流导实践——物流仿真技术

物流系统是一个复杂的事件系统,具有以下特点:①不确定性,这种不确定性存在于物流系统中的每一节点,包括客户需求、原材料供应供需关系、采购准备时间、运输时间等。②复杂性,物流系统包含供应商、制造商的选择,配送中心的选址,运输方式的选择等。③物流系统各个实体主动改变内部或外部结构,以适应环境的变化,从而呈现出物流系统的非线性。④物流系统各个实体为了适应市场环境的变化,与周围环境和其他实体间不断进行交互作用,并根据学到的经验改变自身的结构和行为方式,寻找合适的实体组成物流系统,使其逐步具备适应性。⑤多样性,物流系统各实体要素间处于不断相互作用和不断适应的过程,使实体向不同的方面发展变化。⑥动态性,指要求物流系统提供更加完备、迅速和灵活的服务,并随时保持物流信息的畅通,使现代物流系统具有一定的柔性。

正因为物流系统具有上述特点,所以很难用数学公式或表格来计算求解系统的因果关系。系统仿真就是对实际观测所获得的数据建立起来的一种动态模型,既反映了系统的物理特征和逻辑特征,也表达了系统的静态性质和动态性质,有利于对系统进行分析。

物流仿真不管实际物流系统是否存在,均可通过建立系统研究模型,将实物数据输入仿真系统,通过数据运算和图形模拟,产生贴近实际物流系统的信息输出。仿真实验具有良好的可控性、无破坏性和可重复性。仿真过程经济安全,不受气象条件和场地环境的限制。仿真的实时性使实时系统的仿真应用成为可能,为仿真应用奠定良好的基础。

通常,物流仿真使用的建模方法有排队理论、petri 网、线性规划等。另外,一些专业的物流仿真软件平台,提供基本的功能元素,使仿真的编程工作大大简化,常见的有 witness、em-plant、flexim 等。

由于物流系统的专业化和规模化,物流仿真已经逐步成为物流行业规划与建设的必备环节。其中,Flexsim 是一款运用比较普遍

> **petri 网**
> 系统的数学和图形描述分析工具。能深刻、简洁地描述控制系统,特别是能较好地描述并发系统的结构,并能对系统的动态性质进行分析。该方法以图形的表达方式描述系统,可直观地显示系统的动态过程,具有可读性和易于理解的特点。同时,Petri 网理论从组织结构、控制和管理的角度来描述系统,对实际系统的共性进行高度的抽象。Petri 网模型在不同的应用领域可以得到不同的解释,具有通用性,特别是对物流系统进行功能描述和建模分析非常有效。

的商业化的离散事件系统仿真软件，是由美国的 Flexsim Software Production 公司研制的，以面向对象的技术为基础，并具有超强的三维显示功能及卓越的柔韧性，该软件的重要特点是建模快捷方便，以及显示能力强大，提供了原始数据拟合、输入建模、图形化的模型构建、虚拟现实显示、运行模型进行仿真试验、对结果进行优化、生成 3D 动画影像文件等功能。

2.物流枢纽出真知——物流仿真在物流枢纽中的模拟

物流仿真在物流枢纽中应用得比较多，如自动化立体仓库、供应链库存系统、港口集装箱的物流仿真等。

(1)自动化立体仓库

自动立体化仓库是由自动化仓库和立体化仓库两者结合在一起组成的。自动化仓库是由电子计算机进行管理和控制，不需要人工辅助作业，而实现收发作业的仓库。立体仓库是采用高层货架以货箱或托盘储存货物，用巷道堆垛起重机及其他机械进行作业的仓库。

自动化立体仓库的构成如下：

①高层货架。用于储存货物的钢结构，高度一般为 6 米或 6 米的整数倍。

②托盘。为了使货物有效地装卸、运输、保管，将其按一定数量组合放置于一定形状的台面上，这种台面有供叉车从下部插入并将台板托起的叉入口，以及以这种结构为基本结构的平台和在这种基本机构上形成的各种形式的集装器具。

自动化
立体仓库

③巷道堆垛机。用于自动存取货物的设备。

④输送机系统。负责将货物运送到堆垛机或从堆垛机将货物移走。输送机的种类很多，常见的有辊式输送机、链条输送机、悬挂式输送机等。

⑤AGV系统。即自动导向小车，采用自动或人工方式装载货物，按设定的路线自动行驶或牵引着载货台车至指定地点，再用自动或人工方式装卸货物的工业车辆。

⑥自动控制系统。驱动自动化立体库系统各设备的自动控制系统。

⑦库存信息管理系统。用来管理自动化立体仓库内部的人员、库存、工作时间、订单和设备的软件实施工具。

AGV小车

综上所述，电子商务技术是自动化立体仓库的运行基础，其中高层立体货架是自动化立体仓库的主要标志之一，成套先进的装卸搬运设备极大地提升了自动化立体仓库的作业效率，先进的计算机控制技术是自动化立体仓库的主要手段，实现搬运、存取的机械化和自动化储存管理，并可与上级计算机联网组成内部局域网，从而实现管理、监控、执行的功能。

自动化立体仓库可以实现存储入库、存储出库、搬运拆箱及空箱叠放全过程的自动化。

①存储入库。货物入库存储是在入库站台上进行的。装卸搬运工具如叉车将货物送到入库站台的托盘上，待人工确认货物品牌后，入库过程自动完成。输送线自动将托盘送到货架端部，堆垛机将货物送到由主控计算机预先分配好的货位上进行存储，在此过程中可对货物的数量和质量进行检验。

②存储出库。货物的出库是由仓储管理人员向主控计算机输入出库指令，计算机按一定的原则根据出库单货物的品种及数量，控制堆垛机将相应的库存货物从货位上取出并放置在输送线上，输送线自动将货物输送到出库站台。同时出库的托盘经叠放机将空托盘五个一组叠好送到货架存放或送到入库站台备用。

③搬运拆箱、空箱叠放。自动化立体仓库中的通讯系统由无线通信和光通信两部分组成。运行中的自动导引小车，同控制台通过无线通信自动交换信息。立体库和拆箱机器人则通过红外光传递信息，完成移载任务。自动导引小车在出库站台接受命令后，将货箱运到指定站点，然后

搬运机器手自动将货箱搬运到翻转台上,随即实行人工质量检查。检查合格后,拆箱机器人自动送到后道工序自动处理,同时脱箱机器手将货物脱出后,把空箱自动送到高位叠好,经输送线送至堆放机处由堆放机堆放整齐,待完成一定批量作业后,堆放好的空箱由自动导引小车自动送走。

④中央控制。中央控制室集中放置管理计算机、监控计算机和自动导引小车控制系统计算机,管理人员在中央控制室下达任务,通过显示器画面监视系统工作过程,管理人员还可以随时打印各种报表、数据供计划人员决策。

通过物流仿真技术在自动化立体仓库中的应用,使自动化立体仓库具备了以下特点:占地面积小、仓储容量大;保管质量高;可方便、迅速地进行货物的出入库作业,工作效率高;便于实现仓库作业的机械化、自动化,出入库作业效率高、仓库周转能力强;储存的经济效益高。

(2)供应链库存系统仿真

供应链库存系统仿真是仿真技术的重要应用领域之一。系统仿真技术为供应链库存问题带来了新的解决思路和方法上的支持,被认为是供应链库存管理与控制领域最有应用前景的方法之一。

供应链库存系统仿真是指供应链上各节点网络系统、库存控制方式、库存控制策略以及与库存密切相关的生产、运输等环节的衔接要素构成的网络结构和管理策略的统一体。

供应链的最终目的是满足客户需求,同时实现自己的利润。它包括所有与满足客户需求相关的环节,不仅仅是生产商和供应商,还有运输、仓储、加工、零售和顾客本身。客户需求是供应链的驱动因素,供应链是从客户需求开始,逐步向上延伸的。例如,当顾客从沃尔玛购买洗发水,供应链就开始于顾客对洗发水的需求,它的下一个环节是沃尔玛分销商、洗发水生产厂商。供应链是动态的,并且包括不同阶段的产品流、信息流和资金流。沃尔玛提供商品、价格信息给顾客,顾客付款得到商品,沃尔玛再把销售信息和补货信息传给分销商,分销商给沃尔玛发货,同时提供价格信息和补货到达日期。

基本的供应链库存系统仿真是由零售商、分销商、制造商和供应商几个部分组成的。客户需求到达零售商,并购买现有的货物,超出了供给能力的需求则进入排队。每天开始时,零售商和分销商检查其库存水平,并决定订购货物的数量。同样,工厂决定生产多少产品,他们都使用一个固定的策略。成本是与订货、制造、持有和缺货相关的。这个模型仿真的结果为供应链各级成员的日平均成本以及客户等待时间的分布。该模型的目标是要找到供应链中合适的库存策略参数,使成本最低和等待时间最短。

(3)港口集装箱物流系统仿真

港口集装箱物流系统又称集装箱码头物流系统,是由集装箱、锚地、拖轮、泊位、堆场、港口集装箱搬运设备、信息基础设施以及人员等若干相互制约的动态要素构成的复杂系统。

港口物流是社会物流活动的一个组成部分,所以同样具备一般物流活动的三个基本要素,即流体、载体、流向。港口集装箱物流则是依托港口这个物流节点上的服务平台所完成的物流基本服务和衍生的各项增值服务,其基本功能是通过各种运输工具实现集装箱水陆、陆水或水水的流动。

港口集装箱物流系统本身是一个内部结构和交互关系复杂的系统,根据作业过程可将它细分为多个子系统,如码头前沿作业系统、大门服务系统、堆场系统、信息管理调度系统。

系统仿真方法常被用来辅助港口的分析决策。集装箱码头物流系统是典型的离散事件动态系统,目前对离散动态系统的建模多采用形式化建模技术、非形式化建模技术和复合建模技术。

第二节 物联网

物联网概念最早起源于比尔·盖茨1995年《未来之路》一书,在《未来之路》中,比尔·盖茨已经提及物联网概念,只是当时受限于无线网络、硬件及传感设备的发展,并未引起足够重视。随着技术不断进步,物联网再次引起广泛关注,作为计算机、互联网、移动通信后的又一次信息化产业浪潮。

物联网的是英文名称是"Internet of Things",它是新一代信息技术的重要组成部分。顾名思义,"物联网就是物物相连的互联网"。包含两层意思:首先,物联网的核心和基础仍然是互联网,是在互联网基础上的延伸和扩展的网络;其次,其用户端延伸和扩展到了任何物品与物品之间,进行信息交换和通信。物联网通过智能感知、识别技术与普适计算、泛在网络的融合应用,被称为继计算机、互联网之后世界信息产业发展的第三次浪潮。物联网是互联网的应用拓展,与其说物联网是网络,不如说物联网是业务和应用。因此,应用创新是物联网发展的核心,以用户体验为核心的创新是物联网发展的灵魂。

一　物具智慧

想象一下,当托运易碎的玻璃器具时,包裹的包装能够自动显示托运品的种类以及相应的安全提示,还能显示温度、湿度等,托运易腐品时,还能够自动降温;开车出现操作失误时汽车会自动报警;公文包会提醒忘带了什么东西;衣服会"告诉"洗衣机对颜色和水温的要求。这些貌似不可思议的事情在物联网上都有可能会变为现实,其实,这只是物联网最基础的应用。

在地球上,有人和物之分,互联网过去连接的主要是人和人,现在还包括了人和物、物和物。物联网是一个宽泛概念,通俗地讲,物联网是万物都可以上网,物体通过装入射频识别设备、红外感应器、全球卫星定位系统、激光扫描器或其他方式进行连接,与互联网结合起来而形成的一个巨大网络。其目的,是让所有的物体都与网络连接在一起,进行信息的交换与共享,并方便识别和管理,最终实现物体的实时、智能化管理的网络。

物联网是通过在物体上嵌入电子标签等能够存储物体信息的标识,由相应阅读器读取其中信息并通过无线网络将即时信息发送到后台信息处理系统,而各大信息系统可互联形成一个庞大的网络,从而达到对物品实施跟踪、监控等智能化管理的目的。其实质是利用射频自动识别(RFID)技术,通过计算机互联网、电信网等实现物体的自动识别和信息的互联与共享。

具体来说,物联网的工作包括以下三个过程:

(1)物体的标识和识别

目前受到普遍好评的识别技术是射频识别技术, 即 RFID 技术。RFID 技术是一种非接触的自动识别技术, 它通过射频信号自动识别目标对象并获取相关数据。RFID 基本由三部分组成：标签，由耦合元件及芯片组成，每个标签具有唯一的电子编码，附着在物体上标识目标对象；读写器，读取（有时还可写入）标签信息的设备，可设计为手持式或固定式；天线，在标签和阅读器间传递射频信号。

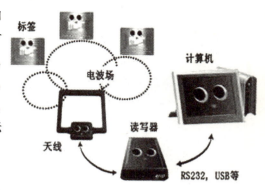

标签 计算机 电波场 读写器 天线 RS232，USB等

（2）信息的传输过程

信息的传输可分为有线传输和无线传输两种。在物联网中，数据从采集设备到后台处理中心的传输过程中这两种传输方式都将涉及。物体的标识信息被采集设备读取的过程、信息从各采集设备传输到物联网主干网等过程都是无线传输；物联网主干网是指现行的通信网，包括 Internet、电信网以及各企业网等，它是典型的有线传输，主要负责信息处理中心与外部设备间的通信。

频自动
识别技术

（3）后台中心的智能化处理

后台中心主要对前端采集的信息和数据进行汇集、转换、分析以及根据用户的具体需求进行信息的适配和事件的触发。由于从末梢节点获取大量的原始数据，并且这些原始数据对于用户来说只有经过转换、筛选、分析处理后才有实际价值，后台中心就承担了该项工作，同时后台中心还要根据具体的服务内容分门别类地整理这些数据，并根据用户触发的事件进行相应的响应。

物物相连
的物联网

1. 物物相连传信息——物联网的起源

如果将我们生活的世界称为物理世界，将互联网称为信息世界的话，那么我们可能会发现：物理世界发展的历史远远早于信息世界，物理世界中早已形成了自己的生活规则和思维方式，尽管那些从事信息世界建设的人们希望将两者尽可能地融合在一起，但是物理世界与信息世界分开发展、相互割裂的现象明显存在，造成了物质资源的浪费与信息

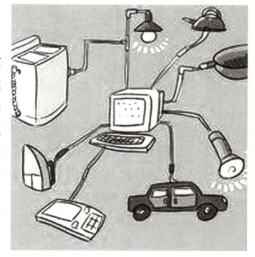

智慧的
物联网

资源不能被很好地利用等问题。例如，由于我国医疗信息化程度不够，患者的医疗信息不能够共享，每个患者辗转在不同医疗机构之间多花费的各种检查与手续费用平均多出1000多元；由于物流自动化程度不高，我国的物流成本占GDP的比重高达16%，几乎是美国的一倍。

过去我们的思维方式一直是将物理世界的社会基础设施（高速公路、机场、电站、建筑物等）与信息基础设施（互联网、计算机、数据中心）分开规划、设计与建设，而物联网的概念是将人、钢筋混凝土、网络、芯片、信息整合在一个统一的基础设施之上，通过将现实的物理世界与信息世界融合，通过信息技术去提高物理世界的资源利用率、节能减排，达到改善物理世界环境与人类社会质量的目的。

社会需求是物联网产生的真正推动力。在经济全球化的形势下，商品在世界范围内的快速流通已经成为一种普遍现象。传统的技术手段对商品的跟踪识别效率低、成本高，容易出现差错，已经无法满足现在物流业的发展需求。同时，经济全球化使所有的企业都面临激烈竞争的局面，企业需要及时获取世界各地对商品的销售情况与需求信息，为全球采购与生产制订合理的计划，以提高企业的竞争力，这就需要采用先进的信息技术手段和现代管理理念。

互联网的演化从多个方面把物理世界和虚拟世界融合，它成为一个大的数据库。物联网要做的事，从感知到知识、到推理到解决问题，这是一个全方位的过程。所以，就物联网的定义，一个是要把物联上，另外要把和物相关的信息联到互联网上。所以，物联网不仅仅是把物联到互联网，还要把和物相关的信息联上，在此基础上，人类可以以更加精细和动态的方式管理生产和生活，达到"智慧"状态，提高资源利用率和生产力水平，改善人与自然间的关系。

物联网是在计算机互联网的基础上，利用RFID、无线数据通信等技术，构造一个覆盖世界上万事万物的"Internet of Things"。在这个网络中，商品能够彼此进行"交流"，而无需人的干预。其实质是利用射频自动识别（RFID）技术，通过计算机互联网实现商品的自动识别和信息的互联与共享。

　　射频自动识别技术(RFID)正是能够让商品"开口说话"的一种技术。在"物联网"的构想中，RFID 标签中存储着规范而具有互用性的信息，通过无线数据通信网络把它们自动采集到中央信息系统，实现商品的识别，进而通过开放性的计算机网络实现信息交换和共享，实现对商品的"透明"管理。温度 RFID 标签，在冷链运输温度监

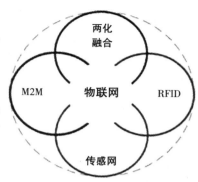

控方面得到广泛的应用。冷运专业车辆定位管理系统是一个集成 GPS/温度检测技术、电子地图和无线传输技术的开放式定位监管平台。温度 RFID 标签在对冷藏车厢内温度数据的采集传输、记录和出现超限温度报警的同时，还对冷藏车资源进行有效跟踪定位管理。

物联网的
技术

传感技术

　　传感技术同计算机技术与通信技术一起被称为信息技术的三大技术。从仿生学观点，如果把计算机看成处理和识别信息的"大脑"，把通信系统看成传递信息的"神经系统"的话，那么传感器就是"感觉器官"。微型无线传感技术以及以此组件的传感网是物联网感知层的重要技术手段。

　　2.与物整合显智慧——物联网在物流中的应用

　　物联网的应用非常广泛，在物流作业的各个环节中以及在众多行业中都发挥着作用。

　　(1)冷链物流

　　物流运输由卸装、包装、保管一直到输送都必须有实时可视化的温度控制，才能维持原来的价值，让用户吃得放心、用得舒心。冷链物流中完整记录物资所处环境的温度，对于其保鲜以及问题原因的调查有着积极的作用。

　　为整合冷链一体化智能管理，节省系统成本，温度传感器的 GPRS+温度探头放入冷库内固定，通过固定在冷库外的 GPRS、GSM 模块进行温度数据的传输。针对不正常的升温或降温，通过后台监控报警后，工作人员迅速采取降温或升温措施，从而降低或避免损失。

温度标签直接放置在冷车车厢内对运输货物进行温度监控。把读写器放在驾驶室,把 RFID 天线引入冷厢内,温度标签直接放入冷厢内,寻找合适的位置固定。通过读写器,将冷车内的温度变化实时传输给温控中心。据制冷快报记者了解,控制中心负责与智能车载终端的信息交换,各种短信息的分类、记录和转发,与其他相关职能部门的网络互连,以及这些部门之间业务信息的流动,同时对整个网络状况进行监控管理,一般适合用于血液,疫苗生鲜食品、雪糕车、冻肉、配送等。

冷鲜食品由于其特殊性,本身就对流通链上的各个环节要求很高。有人说,"冰淇淋如果融化,即使再冻上也不能称为冰淇淋了,而是牛奶和冰晶的混合物"。其实,很多冷冻产品都存在这个问题,一旦解冻即使再次冷冻、冷藏,都会改变食品的原有口感,甚至导致食物腐败。因此在冷冻食品供应链上,采用 RFID 技术的意义和作用很大。

近日, 中式快餐吉野家装备了 RFID 无线射频识别冷链温度监控系统。这小小的 RFID 温度标签内部装备有芯片和温度传感器,并且装有超薄的纽扣电池,能够连续使用五年以上。温度传感器随时收集到的温度信息不仅能够实时存储在 RFID 芯片里面, 还能够通过 RFID 读写天线传送出去,并且可以实现远距离读写(最远距离 30 米)。当食材存放在仓库中时,还可以通过 RFID 时时观测记录食材保温箱的温度信息。

同样是北京地区知名中式快餐的和合谷公司,其冷藏车队也采用了 RFID 冷链温度监控系统,在运输过程中,一旦出现温度异常,系统就会自动报警,司机在第一时间就能采取措施,从而避免因人为疏忽导致的冷链风险。

(2)危险化学品运输

危险化学品在其运输过程中发生的泄漏等事故,不仅会造成经济损失,而且破坏环境,大部分原因要归结为对化学危险品的运输缺乏有效的监管手段。

针对我国当前危险化学品运输安全管理现状,曙光无锡城市云计算中心与定华科技共同合作打造 DHE——危险化学品运输安全物联网系统。DHE 系统能够为石化、石油、化工、化肥、医药、核能、储运等行业提供各类具有爆炸、易燃、毒害、腐蚀、放射等特点的危险化学品的装卸及运输安全监测、安全事故紧急处理提供一整套产品、技术和服务方案。

DHE 采用 RFID、GPF、GIS、3G、网络等技术和相关设备,通过危化品全方位监管系统和 3G 视频记录仪的研发和应用，解决了目前危化品运输的车、货、人以及温度、湿度、外来干扰信息无法进行实时视频监控的问题，实现随时了解车辆和货物状况、提前预防事故发生的目的。

(3)物流供应链

供应链是围绕核心企业,通过对信息流、物流、资金流的控制,从采购原材料开始,制成中间产品以及最终产品,最后由销售网络把产品送到消费者手中的,将供应商、制造商、分销商、零售商、直到最终用户连成一个整体的功能网链结构。

供应链不仅是一条连接供应商到用户的物流链、信息链、资金链,而且是一条增值链,物料在供应链上因加工、包装、运输等过程而增加其价值,给参与供应链上各种物流活动的相关企业带来收益。

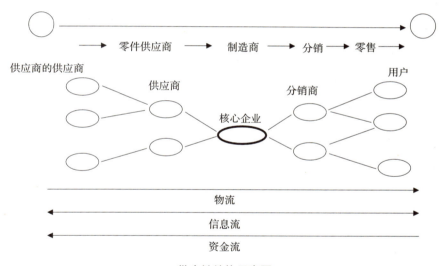

供应链结构示意图

供应链的每个成员都应当能够追溯产品生产者以及产品成分、包装、来源等特征,将不同的技术解决方案整合起来,使物理供应链(货物的运动轨迹)和信息供应链(数据的收集、存储、组织、分析和访问控制)能够相互集成。

以服装配送为例,在配送中心每件服装都被贴上了 RFID 标签,运输检查人员根据从配送管理系统发来的补货订单来扫描和检查衣服,装运检查员使用电脑和专门的阅读装置扫描成批衣服,他只需关注包装箱内有哪些衣服,打印装箱单并放到成衣包装箱内即可。包装箱会再次附上新的 RFID 标签,然后被运输配送走。通过分布在各地的 RFID 装置,企业信息管理系统每天会收到数万件衣物的数据信息,这些信息被传送到相关商店的信息管理子系统。

因此,在配备了 RFID 装置的商店、配送中心和 RFID 标签系统中,无论衣服现在处于供应链的什么位置,它能被快捷准确地定位。这将极大提升供应链管理的效率,对于很多以快制胜的产业来说,效率就是生命。

(4)港口集装箱 RFID 物流管理系统设计

传统的集装箱管理主要依赖人工管理,处于人工、半人工状态,效率非常低。现代集装箱管理迫切需要一种能够实时记录箱、货、流信息,记录开关箱时间和地理信息的电子标签,从而提升集装箱物流的整体水平。集装箱电子标签应用环境非常复杂,技术难度很大,提出的各项技术指标、功能需求、工艺要求都远远大于普通电子标签。集装箱电子标签对标签的安全性、可靠性提出了非常苛刻的要求。

RFID 电子封条十分完美地解决了这一的问题,并融进 GPRS 技术的新一代能重复使用的电子标签。电子标签录入箱、货等数据,并通过无线局域网传送到数据中心,对集装箱实行全程实时在线监控,集装箱物流链的所有节点可随时在系统网站查询物流信息,合法和非法开箱的时间和地点均能准确记录并在网站实时显示。包括集装箱信息、装/卸船信息、箱运的信息、查验信息、开/关箱门的时间、地理位置、状态、物流信息都能即时查询,且能实时地传给远在千里之外的后台管理系统,在世界上任何地方都能登录到系统平台查询某个集装箱的状态。

项目组针对跨境集装箱运输的特点,从集装箱装箱点、进场、装船、卸船、出场到拆箱点,本系统确定了应用集装箱电子标签的工艺流程。按照作业流程又可分"门到门"和"港到港"两大流程。

(1)"门到门"流程

①装箱点。应用手持式读写设备首先对标签进行初始化,将标签号、集装箱号、货物名称等录入到标签上,选择 GPS 地理位置。对装完的集装箱关上箱门挂上电子标签并将动态信息上报至服务器。

②港区进/出场道口。当挂有电子标签的集装箱卡车驶入进/出场道口通道,安装在进场道口的固定式读写器自动读取电子标签,将所有安全和物流动态信息上传至服务器,物流信息显示在网页上。确认电子标

签的安全状态（箱门是否被非法打开和关闭，则系统发出报警信息，便于发/收货人追查）。根据集装箱箱号，从服务器中获取 EDI 电子装箱单数据，并将部分 EDI 数据记录到标签中，同时将安全和物流等动态信息上传至服务器。

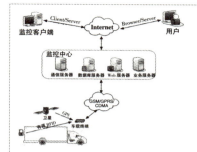

- 实时信息监控：采用有源 RFID 技术，结合 GPS 全球卫星定位技术、GPRS 技术、GIS 技术、计算机网络和数据库等技术，监控中心能实时监控车辆动态、地理位置等信息，并实时动态显示在 GIS 平台上
- 中心平台远程操作：中心平台远程对电子铅封施封/解封，确保货物运输的安全性
- 实时报警功能：中心平台远程监控货柜或集装箱电子铅封的工作状态，一旦被非法打开或碰坏，中心平台可以实时收到报警信息，并立即启动应急处理，警方也可同时查处

实时监控系统

③海关查验。在查验点，海关确认集装箱的安全状态后，授权打开标签，拔出标签上的钢栓开箱门，开箱门的时间和地理位置信息自动记录到标签内，并将动态信息上传至服务器，物流信息显示在网页上。海关查验结束后关上箱门，在授权状态下将钢栓插入标签完成挂标签。此时标签自动记录关箱的时间和地理位置信息自动记录到标签内，同时将动态信息上传至服务器。

④装/卸船。当装有电子标签的集装箱装/卸船时，安装在桥吊上的固定式读写器自动读取电子标签的信息，并将集装箱的安全状态和物流等动态信息上传至服务器。

⑤开箱点。在收货的开箱点，使用移动式读写设备手动读取电子标签，并将集装箱物流全程动态信息上传至服务器存档备查，授权开启并摘下电子标签。

挂有电子标签的集装箱通过 6 个受控点的全流程安全、箱、货、物流等动态信息显示在网页上。

(2)"港到港"流程

①出口流程。由于承运的集装箱分布在全国各地，因此装箱已在各装箱点完成。本流程中把挂电子标签的操作安排在集装箱进入港区道口之前进行。应用手持式读写设备首先对标签进行初始化，将标签号、集装箱号、货物名称等信息录入到标签上，选择 GPS 地理位置并将动态信息上报服务器。进场、查验、装船的操作工

集装箱视频识别及验残系统

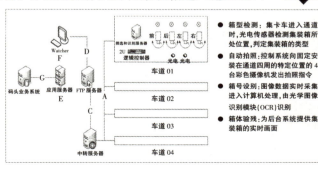

- 箱型检测：集卡车进入通道时，光电传感器检测集装箱所处位置，判定集装箱的类型
- 自动拍摄：控制系统向固定安装在通道四周的特定位置的 4 台彩色摄像机发出拍摄指令
- 箱号识别：图像数据实时采集进入计算机处理，由光学图像识别模块(OCR)识别
- 箱体验残：为后台系统提供集装箱的实时画面

艺参照"门到门"流程。

②进口流程。卸船的操作参照"门到门"流程。出场和摘标签的操作在出场道口完成。装有电子标签的集装箱卡车驶入出场道口通道时,安装在道口的固定式读写器自动读取电子标签,并将集装箱物流全程动态信息上传至服务器存档备查,并摘下电子标签,物流信息显示在网页上。集装箱卡车驶出道口。

二 物物相连

潘多拉星球上所有的动植物构成了一个巨大的网络,每个物体之间都能通过心灵的沟通来指挥其行为,而沟通的方式正是纳威人的辫梢和树木的根须。天人合一的巨大网络让所有的一切变得有生命和灵性,人与自然之间的互相依存也变得清晰可触。

——电影《阿凡达》片段

电影《阿凡达》为人们展示了一个神奇的外太空世界,这些细节具体到现实科技的发展,就是物联网在未来的典型应用。的确,物联网技术的应用将"让一切自由连通"。

如前所述,物物相连就是物联网的用户端延伸和扩展到了任何物品与物品之间,方便它们进行信息交换和通信。物联网实际上还是一个正在发展的技术,它有如下一些趋势。

联通万物的物联网

①物联网应用已从简单的基础应用发展向信息化的综合物联网智能解决方案转移。目前,信息化对物联网的要求已从基础的无线抄表、车辆位置监控、移动 POS 应用发展到智能化综合解决方案,信息化应用趋势重点在物联网智能化应用解决方案,例如:气象感应系统预知台风来袭时,交通感应单元自动通知渔船返港,高速公路封闭,规定居民转移区域;当车祸发生时,路面监控系统自动通知急救医院并提供最佳路线,GPS 系统提示来往该路段的车辆绕行;每月公共服务系统自

动记录水电煤气用量,通知户主后在银行账号中自动扣款,目前现有的 M2M 应用也是物联网的构成基础。就如人体各个系统的不同性能

> **M2M**
> 物联网中的 M2M:指机器对机器,扩展一下就是把物与物联系起来,以达到人与物、物与物的实时交流。

一样,不同的 M2M 系统会负责不同的功能处理,通过中心处理单元协同运作,终极组成智能化的社会系统。

如今,我国正处在产业化和信息化融合的网络化推进阶段,产业控制需要实现智能化、远程化、实时化和自动化,M2M 推广应用正当其时,潜力巨大。而 3G 网络建设带来的无线宽带突破,更为 M2M 服务的发展提供了承载基础,中国移动下一个上亿级用户规模的应用将是 M2M,而全球运营商都已开始积极推动 M2M 业务的发展。其次,手机与物联网终端融合。手机如何与物联网终端融合从而更好地发挥手机的利用率,已成为运营商在物联网信息化应用的重要发展趋势。例如,iPhone 和 iPad 将采用 NFC 技术即传感网技术发展手机替代支付系统, 这对用户来说很有好处,因为它可以帮助削减与信用卡手续费相关的成本。英国 MoCo 公司帮助用户采用 NFC 手机追踪人员和资产,这套系统通过将 RFID 标签放置在固定或移动位置,或需要追踪的物体上,帮助用户追踪供应链的资产,或确认工作场所里员工的位置。例如员工上下班时,可以将各自的 NFC 手机轻碰一个固定的位置,生成实时的考勤记录,以便管理人员监测。机构用户只需让员工将他们的 NFC 手机轻碰或靠近标签,就可以实时获取人员和资产的位置及活动信息,位置或资产信息可在用户手机和服务器间进行交换。

②农业物联网的应用包括动物溯源、温室监控、森林防火监控等,将成为物联网应用的主要开发领域。将农业生产过程中最关键的温度、湿度、二氧化碳含量、土壤温度、土壤含水率的信息实时采集,利用 M2M 运营支撑平台和 GPRS、ESGE 网络传输, 利用短信息、WEB、WAP 等手段,让从事农业生产的客户掌握这些信息。比如,面对国内日益频发的食品安全问题,动物溯源称得上是物联网应用的又一亮点。目前,物联网应用集成商已经与农业部合作开发动物溯源系统,这将为溯源扩充到动物领域之外的农业产品应用打下良好基础。

③智能家居开发是物联网应用的蓝海。如今,智能家居逐渐成为潮流家装的诉求重点,更为舒适、智能化的生活体验俨然成为重新定义家

居内涵的新标准。围绕智慧型家居所应运而生的新产品和新技术层出不穷,而作为调节居室温度与空气的家用空调,更为引人关注。例如,目前的 U-home 智能家居在物联网时代为客人打造的多网融合智能化解决方案,其特点就是通过有线和无线网络相结合的方式,实现电信网、广电网、互联网、电力网的"多网融合",将"家庭小网"联向"社区中网",并最终与"世界大网"网网互联、互联互通。消费者生活中的楼宇对讲、安防功能、视频监控功能,以及家庭内的灯光、窗帘控制和家电控制等,乃至家庭能源管理、社区信息查询和社区服务等,都最终融合汇总到一起,形成一个有机的整体解决方案。家中的电视屏、电脑屏、智能终端屏以及 3G 手机等任何一块屏幕,都是家庭的信息中心和管理中心。U-home 的智能终端作为家庭的管理中心,不仅可以管理家中各类家电,还可以打电话、可视对讲、视频监控、进行外出布防、看天气预报、查询各类社区资讯等,真正实现了电视、手机、电脑以及小区对讲屏等多个终端的"N 屏合一",让消费者在生活中切实享受到"多网融合"的便利与舒适。

除此之外,中国物联网的应用领域正在不断扩张,从身分识别、电子票证,到资产管理、食品与药物的安全监控、仓储物流等,皆已加快发展进程。中国许多城市已进行物联网的应用试点, 比如, 青岛全面展开 RFID 应用,包含金融、公共安全、工业生产、公共事业管理等 10 多个领域;北京交通包括公交车、地铁及出租车皆开通刷卡应用;广州的"羊城通",集结公交通、电信通、商务通于一身;2010 年上海世博会更是实现了诸如电子门票、手机支付、食品安全、安防、楼宇监控、客流分析、井盖监控、概念车等的应用。

事实上,物联网不仅需要技术革命,更是牵涉新兴经济领域各个行业、各个产业的发展,需要多种力量的整合。因此在发展技术的同时,同样需要国家的新兴经济产业政策和立法走在前面,只有制订出适合新兴产业革命和发展的政策与法规,才能保证物联网大有作为,并且真正造福于人类。

参考文献

1. 罗传栋.长江航运史(古代部分)[M].北京：人民交通出版社,1991.

2. 张步天.先秦汉晋时期洞庭湖区及其四邻的水陆交通格局[N].益阳师专学报,1993.(7)：71-73.

3. [明]李登.万历上元县志.卷4[M].载《南京文献》第八号,1947(8)：43.

4. 黄鸿山.长元吴丰备义仓研究[D].苏州：苏州大学,2004：11-17.

5. 顾琳.六朝时期建康的仓库[J].中国历史地理理论丛,2005.10：30-35.

6. 徐占春.近代上海转口贸易的历史统计[J].统计研究,2002.12：101-109.

7. 金立成.上海港的历史变迁[J].中国航海,1982.1：79-87.

8. 刘汉东.水路交通运输与魏晋南北朝商品经济的发展[N].许昌师专学报,1998(3)：53-56.

9. 张帆.南京国民政府民用航空业研究(1927—1937)[D].河南：河南大学,2004：12-29.

10. 李玉连.南京港吞吐量预测及发展对策研究[D].大连：大连海事大学,2000：13-16.

11. 葛刚、周怀宇.两汉三国时期合肥的发展[N].中共合肥市委党校学报,2008(3)：51-54.

12. 黄国亮、陈治亚.长沙市物流企业发展调查与思考[J]中外物流.2007(11)：20-23.

13. 夏春玉.物流与供应链管理[M].大连：东北财经大学出版社,2007.

14. 宋华.电子商务与电子供应链管理[M].北京：中国人民大学出版社,2004.

15. 陶忠.南通港航 EDI 中心系统的设计及实现[J].开发研究与设计技术,2007.3：141.

16. 吴功宜.智慧的物联网：感知中国和世界的技术[M].北京：机械工业出版社,2010.

17. 曹方.物物相连 无线护航 [J].上海信息化,2012.11：127-128.

18. 吴德本.物联网综述(1)[J].有线电视技术,2011.1：107-110.

19. 张静芬.中国古代的造船与航海[M].北京：商务出版社,1997.

20. 刘沛安.江苏古代造船与水运[J].江苏船舶,1982.2：51-56.

21. 韩意、赵鼎.成都的历史与现实[J].赤峰学院学报,2008.12：8-9.

22. 范小平.对长江文明的重新估价[J].中华文化论坛,2003.1：35-39.

23. 宋伟峰.Flexsim 在物流系统规划中的应用研究[D].北京：北京交通大学,2007：28-35.

24. 谢辉、董德存、欧冬秀.基于物联网的新一代智能交通[J].交通科技与经济,2007：33-36.

25. 岳建明、袁伦渠、刘悦.推动智能物流的发展[J].网络与信息化,2007：213-215.

后　记

　　曾经有位学者说，水可谓美丽至极；水听到了好听的音乐时所呈现的结晶，更是美不胜收。这一切都让我们人类更加珍视生命，并陶醉于生命的流光溢彩。至于水结晶是不是具有如此灵性，足能感知人类的情绪，自然有不同的观点，但水是生命之源，大概没有人会反对。千百年来浩浩荡荡、奔腾不息的长江，就是以"水"世世代代无私地哺育着两岸的人民，也以"水能载舟""日行千里"的载运特性惠泽人民的生产和生活。

　　翻看历史的长卷，《淮南子·物原》里说："燧人氏以匏济水，伏羲氏始乘桴。"可见，在人类社会的早期，人们就能够"假舟楫者，非能水也，而绝江河"。但在生产力水平低下的古代，挂帆远航绝非易事，长江自古被人们视为天堑，"畏途随长江，渡口下绝岸。差池上舟楫，杳窕入云汉"（杜甫·白沙渡），诗人以细腻的笔触，写出了跨江渡河的艰辛。自古以来，正是长江两岸的先民，不畏艰险，热爱长江，征服长江，呵护长江，形成了自然与人类的和谐关系，长江也给予了两岸人民以丰厚的回报，成为一条东通万国、北连京陕、南接云贵、西达巴蜀的运输大通道，历史上形成了有名的港埠要津、通商口岸，以及运河之城、油木之城等，现代更有上海、武汉、重庆三大航运中心。作者怀着对长江的深厚感情，感觉肩上有一种沉甸甸的责任感和使命感，要把长江货通万邦、物畅其流的恢宏历史进行全面的理性审视，梳理总结，全方位展现在世人面前。

　　真是事非亲历不知难，"问渠那得清如许？为有源头活水来"，要想把书写好，首先要掌握足够的资料。长江航运与沿途开埠历史历经千年，资料浩繁，但史料多散见于典籍、书刊，俯拾皆是但又漫无头绪，整理起来非常费时费力，有些史料还要比对和勘误，同时，还要兼顾书稿史话体裁的要求，保证读者在读本书的过程中，不仅学习了知识，还能品味阅读的趣味和快乐。因此，写作过程备感艰辛。但《中华长江文化大系》的编委会给予了编撰者热情的鼓励，也提出了高标准的要求。作者以一种"咬定青山不放松"的毅力，尽量收集各种零散资料，一遍一遍地反复阅读、研讨，"青灯黄卷伴更长，花落银钲午夜香"，不觉寒来暑往，四时交替，本以为一年半载可以完成的任务，竟然花费 3 年有余的时间，才最终完成书稿。本书名为《物之驿站》，是喻"物"经过长江沿岸无数的港站和物流枢纽进进出出，辗转运往各地，得以实现物畅其流，犹如"人"在旅途，经过"驿站"小憩，而后去往自己要去的地方，故以此名。

　　本书编撰者为武汉理工大学张培林教授、孙孝文教授和长江航务管理局崔文主任，从设计整体框架、提出编撰思路、确定材料取舍，参与书稿撰写和对文字进行审核编校，三位编撰者不敢有丝毫懈怠，都亲力亲为，以确保书稿的质量。武汉理工大学交通学院博士研究生王皓、刘宏刚、刘瑶、硕士研究生曲径、周军、肖唯楚、韩丽娟、张雅婷等参与了大量编撰工作，还有一些专家也对本书的编撰提出了很好的意见和建议。在此，衷心感谢所有参与本书编撰的人员，也衷心感谢阅读本书的广大读者。本书参考和借鉴了相关研究者的资料，恕不一一列出，在此一并表示感谢。

　　尽管我们力求书稿的完美，但由于作者水平所限，书中难免存在疏漏错误之处，敬请批评指正。

编　者
2013 年于武汉

总 后 记

　　《中华长江文化大系(二)》是一套全面介绍长江文化的系列读本。交通运输部长江航务管理局举长江航运之力,集社会各界之智,担纲编撰本套丛书,全力以赴、又好又快完成了这一精品之作。三年磨一剑、易稿十多遍,旨在打造赏心悦目、朗朗上口、优美动听、爱不释手的读者体验。本丛书时间跨度五千年,地域涵盖全流域,力求以人文历史的宏大视角、生动精练的史话语言,深入浅出,雅俗共赏,全方位展示多彩的长江文化,为读者提供完整准确的长江印象。

　　《中华长江文化大系(二)》是迄今为止规模最大、内容最全的流域文化丛书,堪称自然长江与人文长江水乳交融之作。在本丛书正式出版之际, 我们对一代国学大师季羡林先生生前对长江文化的关爱和厚望,表示深切怀念和衷心感谢;对李学勤、汤一介、杨叔子、乐黛云、程裕祯、解波等专家学者给予的热情关心和大力支持, 表示由衷的敬意和感谢;对刘玉堂、李强、熊学斌、李伟红、周祥恕、曹成、孙新华、马之林、施华、张正柱、刘锋、周家华、别道玉、赵冕、钟小珍、肖德才、萧洪恩、李励生、孙君恒、武乾、王玉德、何晓明、郭康松、席龙飞、胡利民、田友国、彭东方等同志付出的心血、提供的帮助,一并表示诚挚谢意!

　　长江文化博大精深,限于认识和水平,错漏之处敬请读者批评指正。

黄　强　唐冠军

2013 年 3 月

《中华长江文化大系(二)》

第一编　浩淼苍茫
第1卷　长江流域的纵横水网
第2卷　长江流域的林海莽原
第3卷　长江流域的农耕文明
第4卷　长江流域的丰饶渔牧
第5卷　长江流域的物产宝藏
第6卷　长江流域的生态世界
第7卷　长江流域的港埠沧桑
第8卷　长江流域的灾异防治

第二编　金粉烽烟
第1卷　长江流域的君王与后苑
第2卷　长江流域的诤臣与谏官
第3卷　长江流域的古国与城邑
第4卷　长江流域的寨主与帮派
第5卷　长江流域的武林与流派
第6卷　长江流域的客栈与青楼
第7卷　长江流域的军事与兵法
第8卷　长江流域的军阀与兵燹

第三编　千秋吏法
第1卷　长江流域的法制与社会
第2卷　长江流域的官场与吏治
第3卷　长江流域的酷吏与官祸
第4卷　长江流域的行帮与商规
第5卷　长江流域的礼制与法制
第6卷　长江流域的犯罪与治安
第7卷　长江流域的律师与诉讼
第8卷　长江流域的公堂与断案

第四编　商贾兴衰
第1卷　长江流域的商帮与会馆
第2卷　长江流域的财源与税赋
第3卷　长江流域的都市与商会
第4卷　长江流域的金融与巨家
第5卷　长江流域的商品与集散
第6卷　长江流域的商事与商法
第7卷　长江流域的商务与商俗
第8卷　长江流域的儒商与策划

第五编 伦理传承

第1卷 长江流域的家学与家训
第2卷 长江流域的宗族与世家
第3卷 长江流域的儒学与修身
第4卷 长江流域的道教与人格
第5卷 长江流域的佛学与宗派
第6卷 长江流域的礼教与祠堂
第7卷 长江流域的信仰与崇拜
第8卷 长江流域的民族与融合

第六编 语言文化

第1卷 长江流域的官话与方言
第2卷 长江流域的寓言与笑林
第3卷 长江流域的文字与嬗替
第4卷 长江流域的成语与典故
第5卷 长江流域的妙语与智慧
第6卷 长江流域的警句与格言
第7卷 长江流域的谚语与歌谣
第8卷 长江流域的室名与别号

第七编 天堑通途

第1卷 长江流域的交通运输
第2卷 长江流域的河道治理
第3卷 长江流域的人工运河
第4卷 长江流域的桥梁隧道
第5卷 长江流域的水坝船闸
第6卷 长江流域的邮政通信
第7卷 长江流域的物流枢纽
第8卷 长江流域的引航救助

第八编 山水传奇

第1卷 长江流域的奇水幽谷
第2卷 长江流域的隐士修炼
第3卷 长江流域的牌坊春秋
第4卷 长江流域的塔寺僧俗
第5卷 长江流域的异居秘闻
第6卷 长江流域的仙山宝岛
第7卷 长江流域的名镇古村
第8卷 长江流域的七彩名区